2021-2022 年度河北省社科基金一般项目"党史学习教育对增强大学生辩证思维能力的实证研究"

许宁 ■ 著

思想政治教育专业
博士学位论文数据实证研究

以参考文献为主的分析

中国社会科学出版社

图书在版编目（CIP）数据

思想政治教育专业博士学位论文数据实证研究：以参考文献为主的分析／许宁著.—北京：中国社会科学出版社，2021.8
ISBN 978 - 7 - 5203 - 8341 - 7

Ⅰ.①思…　Ⅱ.①许…　Ⅲ.①思想政治教育—博士—学位论文—研究—中国　Ⅳ.①D64

中国版本图书馆 CIP 数据核字（2021）第 073276 号

出　版　人	赵剑英
责任编辑	刘　艳
责任校对	陈　晨
责任印制	戴　宽

出　　　版	中国社会科学出版社
社　　　址	北京鼓楼西大街甲 158 号
邮　　　编	100720
网　　　址	http://www.csspw.cn
发 行 部	010 - 84083685
门 市 部	010 - 84029450
经　　　销	新华书店及其他书店

印刷装订	三河弘翰印务有限公司
版　　　次	2021 年 8 月第 1 版
印　　　次	2021 年 8 月第 1 次印刷

开　　　本	710 × 1000　1/16
印　　　张	16.5
插　　　页	2
字　　　数	280 千字
定　　　价	88.00 元

凡购买中国社会科学出版社图书，如有质量问题请与本社营销中心联系调换
电话：010 - 84083683

前　言

　　思想政治教育是我们党各项工作的生命线，加强和改进思想政治教育工作既是我们党的优良传统又是新时代党的建设的重中之重。思想政治教育专业博士学位论文是我国思想政治教育专业高级专业人才培养质量的确证，是加强新时代思想政治教育学科建设的抓手。对思想政治教育博士学位论文的有机构成要素进行数据统计与分析研究，旨在精细诊断我国思想政治教育学科建设现状、博士点地域分布、博士培养现状以及存在问题，进而总结思想政治教育学科建设发展的规律，为推进我国社会主义意识形态建设贡献应有的力量。

　　从思想政治教育博士学位论文的研究样本选择看，主要以我国实施马克思主义理论研究与建设工程以来的博士学位论文为主，具体包括2006—2016年的807篇思想政治教育专业博士学位论文。思想政治教育专业博士学位论文的有机构成要素包括"标题""摘要""关键词""正文""参考文献""导师""所在院校""学位年度"等多个方面。本书主要选择了其中的"参考文献"要素为研究视角，之所以选择这样的视角，是因循了"只有站在巨人的肩上才能成为巨人"的原理。从"参考文献"的学科范围、新颖度、类型、数量等可以分析诊断思想政治教育专业博士学位论文可能达到的水平和高度。

　　对思想政治教育专业博士学位论文研究样本的数据分析主要运用了引文分析、参考文献共现分析、聚类分析、共词分析、词频统计、可视化等技术。数据分析的重点是"参考文献"，通过对"参考文献"数据统计与分析研究，力求实现从"以小见大"到"从大到小"的转化。"以小见大"就是通过"参考文献"这一"小"的视角，总结分析思想政治教育专业博士学位论文写作中存在的诸多问题，探寻思想政治教育专业在学科建设、人才培养、学术研究等方面存在的问题、原因及对策。"从大到小"就是在对思想政治教育专业学科建设等方面规律性认识的基础上，提出合理化建议，用以指导思想政治教育专业博士培养。

本书包括导论、正文五章、结语三个部分。

导论部分阐明了选题的背景、意义，概述国内研究现状，介绍了本书要解决的问题、运用的研究方法，提出了本书研究的创新之处。

正文部分为五章，共涉及三方面内容，第一章是第一方面内容，对807篇思想政治教育专业博士学位论文整体概况和论文"标题""摘要""关键词"的文本分析，目的是了解思想政治教育专业博士点成立以来博士学位论文的研究概况，从外看各种数量分布，从内看分析内容，即思想政治教育专业博士学位论文的研究在思想政治教育研究体系中的情况及特点。第二章到第四章是第二方面内容，以参考文献为计量单位，进行数据分析，一方面以此来了解使用参考文献的特性，另一方面使用分词、聚类、词频、可视化等方法对各种特征文献的摘要和关键词进行分析，以此了解思想政治教育专业博士学位论文研究领域及其与其他学科之间的联系，同时分析影响参考文献使用类型的影响因素。第五章是第三方面内容，针对第一、第二方面内容的分析，总结思想政治教育专业博士生撰写博士学位论文存在的问题、思想政治教育专业博士培养存在的问题、思想政治教育学科存在的问题，并提出针对性的建议。

第一章是807篇思想政治教育专业博士学位论文的概况分析，呈现出我国拥有丰富的思想政治教育学博士生导师资源，有稳定的学术研究队伍，成就了一批拥有学术底蕴和学术胸怀的学科研究领跑者。同时，导师团体还有很多贡献科研力量的空间。在研究的道路上，形成合理的思想政治教育学研究集群，既要加强学术研究的横向沟通与学习交流，也要注重纵向研究的传承与挖掘，形成符合思想政治教育学科内涵外延的若干研究学术高峰，促进思想政治教育学的蓬勃发展，为推进习近平新时代中国特色社会主义思想的传播和宣传奠定良好的思想氛围。

以博士学位论文的标题、关键词和摘要为视角进行主题分析，807篇博士学位论文的题名涉及906个词语，出现8次及以上的词语共85个，占词语数量的9.4%；摘要涉及16913个词语，出现在50%博士学位论文摘要中的词语仅有41个，占所有词语的0.000003%；涉及关键词1933个，在10篇及以上文章中出现的关键词共22个，占总数的1.1%。分别以论文题名、关键词进行共词分析，建构共词网络，并运用社会网络分析方法进行集群分析，从中找到聚焦的研究内容。对摘要进行分词处理，进行共词分析，运用树状聚类、多维尺度和 LDA 模型分别进行文本聚类分析。分析结果，一方面呈现研究的广泛与新颖，另一方面呈现研究的体系化建设有待加强。807 篇思想政治教育博士学位论文的研究内容具有多元化、研究领域扩张化和研究体系松散化等趋势。

第二章到第四章是 807 篇思想政治教育专业博士学位论文的参考文献分析，共有 134893 项参考文献，统计分析出思想政治教育专业博士学位论文参考文献由著作、期刊、外文题录、硕士论文、博士论文、报纸、国际期刊、年鉴数据、重要会议、国际会议 10 种类型组成，分别占比44.8%、40.2%、9.7%、1.9%、1.7%、0.9%、0.8%、0.02%、0.02%、0.004%。著作、期刊参考文献的老化期限分别为 15.6 年、9.06年；参考文献数据量庞大，但单篇文献引用率偏低，表明思想政治教育博士学位论文的研究处于领域扩张阶段，缺乏持续性的研究；思想政治教育专业对经典著作的引用率偏低；期刊文献共引程度很低，仅为理论数量的 0.001%，表明期刊参考文献之间关系的稀疏和思想政治教育学科体系的零散，与博士学位论文主题分析呈现出的多元化相呼应。思想政治教育的研究内容极其广泛，但是深度有限，因为论文间没有明显的继承关系。807 篇思想政治教育专业博士学位论文来自于 54 所学校，其中有 5 所学校的博士生没有引用过《邓小平文选》，占学校数量的 9.3%；有 17 所学校的博士生没有引用过《江泽民文选》，占学校数量的 31.5%；有 16 所学校的博士生没有引用过《列宁全集》，占学校数量的 29.6%；有 6 所学校没有引用过《马克思恩格斯全集》，占学校数量的 11.1%；有 11 所学校没有引用过《毛泽东选集》，占学校数量的 20.4%。不难看出，在思想政治教育专业博士生培养过程中，学科相关马克思主义经典作家和新中国各代领导人的著作使用率偏低。

第五章通过对 807 篇博士学位论文的主题和参考文献的分析，从三个方面诊断了思想政治教育专业博士学位论文相关问题：第一，博士学位论文撰写过程中存在的问题，具体包括部分博士生理论基础有待加强、博士学位论文成果回应社会重大现实问题不够、部分博士生信息检索能力有待提升、部分博士生的写作规范性有待提升。第二，思想政治教育专业博士生培养过程中存在的问题，具体包括研究方向的设置有待凝练、博士生的课程体系有待进一步完善、博士生导师需加强对博士生的指导。第三，思想政治教育学科建设与发展过程中存在的问题，具体包括研究成果的影响力有待进一步提升、高层次人才队伍结构有待优化、学术资源共享有待完善、思想政治教育学科需加强与相关领域之间的学术交流。

　　针对 807 篇思想政治教育专业博士学位论文数据分析中存在的诸多问题，提出了四个层次的建议：第一，学科建设层面，具体包括加强马克思主义理论对思想政治教育研究的指导、凝练学科研究方向、增强研究问题的历史维度、丰富思想政治教育学的研究对象、提升思想政治教育研究者的业务素养、形成百家争鸣的学术氛围等。第二，博士培养层面，具体包括课程体系设置、培养思想政治教育专业博士生的人文情怀、博士生研究成果共享等。第三，博士生撰写博士学位论文层面，具体包括加强多学科交叉研究、增强研究的时效性等。第四，增强思想政治教育有效性的监督与评价。

目　　录

导　论

一　选题背景与研究意义

(一) 选题背景

中国共产党在各个历史时期都十分重视对广大人民群众进行深入细致的思想政治教育。思想政治教育专业博士阶段的研究是思想政治教育学科学术成果的重要代表，那么以思想政治教育学博士学位论文文本为研究切入点，可以较清晰地了解思想政治教育学科发展的历程，总结思想政治教育学科研究发展的规律，为学科今后发展提供一定的参考。

冯刚、郑永廷在《思想政治教育学科 30 年发展研究报告》中提到，思想政治教育的研究范畴、内容缺乏科学化、系统化和规范化，[①] 那么，思想政治教育实际开展的研究又是在什么范畴内进行的什么内容研究呢？实有必要对思想政治教育专业博士学位研究做一整体透视，为思想政治教育研究体系的科学建构与完善提供客观的支持。

学位论文的摘要具有独立性和自含性，即使不阅读论文的全文，也能获得必要的信息。[②] 学位论文的关键词是为了文献标引工作而从论

---

① 在冯刚、郑永廷主编的著作《思想政治教育学科 30 年发展研究报告》的第 84 页提到，学科范畴理论研究的数量总体上还很少，远未达到规范化、系统化的程度，也尚未对其做出明确、严格、公认的科学界定和解释。第 92 页提到，针对思想政治教育现有基本范畴还需进一步梳理、提炼和总结，特别是关于范畴不够精确、不够规范，结构不够合理，层次不够清晰，体系不够严密的情况，需要理论工作者之间多些交流与探讨，围绕现有范畴，把理讲清。第 208 页提到，教育内容在一定程度上存在"多、杂、空、变"的状况，教育内容比较宽泛，内容之间相互交叉、重叠甚至抵牾，缺乏内容的科学组合和整体联系，内在逻辑不强，影响教育的科学性和有效性。我国现有思想政治教育内容科学化、系统化、规范化还不够。

② GB/T 7713.1—2006, 学位论文编写规则 [S].

文中选取出来用以表示全文主题内容信息的术语。基于摘要和关键词的功能，本书利用数据挖掘技术，对思想政治教育博士点成立以来收集到的思想政治教育专业博士学位论文的摘要和关键词做系统的扫描，以此分析思想政治教育博士学位论文的研究概况，以及研究内容在思想政治教育体系中的情况，影响思想政治教育博士学位论文内容撰写的主要因素。针对分析的结果，基于思想政治教育博士培养的定位，找出博士生层面研究的优势与不足，为思想政治教育博士的人才培养提供一定的建议。

思想政治教育学科虽然已经有 30 余年的发展历史，但相对于其他社会科学学科而言，还属于年轻的学科。在博士学位论文的研究中，参考文献为论文提供论点支撑和研究的资料来源，反映哪些理论是思想政治教育研究的根基，同时能够展现思想政治教育领域知识流通的情况，通过参考文献的分析，能勾勒出研究中已知和未知的界限，为思想政治教育的马克思主义属性提供强有力的数据支撑。

马克思对数学促进科学发展的意义有深刻的洞见，保尔·拉法格在《回忆马克思》一书中写道："马克思认为，一种科学只有在成功地运用数学时，才算达到了真正完善的地步"（法拉格，2005，第 44 页）。[1] 本书从数据分析的视角，对思想政治教育博士学位论文进行实证研究，可丰富思想政治教育研究的方法。

博士学位论文是马克思主义学科发展中最关键的环节之一，是对学科建设成效的巡礼，是学术研究和人才培养能力的集中展现。[2] 本书以 2006—2016 年的 807 篇思想政治教育博士学位论文为研究对象，以包含摘要、关键词的主题分析和参考文献分析为例，对思想政治教育博士学位论文的数据进行梳理研究，尝试为思想政治教育专业博士学位论文做一次透视，揭示博士学位论文研究在思想政治教育研究体系中的位置，揭示思想政治教育博士学位论文研究的资料来源，以及思想政治教育领域知识流通的情况，清晰地掌握思想政治教育专业博士学位论文研究哪些领域比较受重视，而哪些领域研究比较薄弱，发现

---

[1]　袁振国：《实证研究是教育学走向科学的必要途径》，《华东师范大学学报》（教育科学版）2017 年第 3 期。

[2]　北京大学马克思主义学院组编：《马克思主义理论学科学术发展报告（2015）》，中国人民大学出版社 2016 年版，第 473 页。

思想政治教育博士学位论文存在的优势与不足；以学位论文的研究现状为基础，挖掘由此反映出的博士培养的相关问题，继而推测思想政治教育学科的发展状况。

（二）研究的意义

本书的意义，主要是通过对思想政治教育专业博士点成立以来，思想政治教育专业博士学位论文的主题和参考文献数据的统计分析，客观了解思想政治教育专业博士学位论文研究的主要内容、思想政治教育研究的支撑材料，以及与其他学科之间的知识沟通情况，即学位论文研究的整体状况。思想政治教育博士学位论文是思想政治教育研究领域学位水平最高的学术研究，在思想政治教育研究领域具有一定的代表性。通过对思想政治教育博士学位论文的分析，发现思想政治教育专业博士培养的状况，继而了解思想政治教育学科的发展概况。

1. 本书把思想政治教育博士点成立以来搜集到的 807 篇博士学位论文作为分析对象，基于学位论文的题名、摘要和关键词，对学位论文作主题分析，形成了思想政治教育博士点成立以来的博士学位论文整体性研究。梳理思想政治教育专业博士研究成果的概况，对思想政治教育博士生的培养状况有客观化的认识。对今后思想政治教育博士生的培养和博士生撰写博士学位论文提出一些建议。

2. 通过对搜集到的 807 篇博士学位论文的 134893 项参考文献分析，掌握思想政治教育专业博士学位论文间的知识沟通走向，客观分析思想政治教育学的研究与马克思主义理论、马克思主义理论一级学科下的其他六个二级学科，以及与其他哲学社会科学的学科之间的相关度。为今后博士生培养过程中，需要哪些基础理论和知识的广度要求提供客观数据支撑。

3. 通过对 807 篇博士学位论文的 60406 项著作参考文献和 54249 项期刊参考文献进行分析，统计思想政治教育研究领域高贡献力的期刊论文、学者和经典著作，为思想政治教育专业博士生和思想政治教育领域的学者提供参考。并建议构建思想政治教育专业文献资料数据库，在博士培养过程中，为博士生获得领域内的文献提供针对性的便利服务。

4. 本书在分析 807 篇博士学位论文的主题和参考文献使用的特性基础上，结合思想政治教育学科的意识形态性，提出加强博士生问题意识的建议，使思想政治教育博士生的应用性研究以国家意识形态为导向，提升思想政治教育研究解决社会现实问题的能力。

5. 通过本书的分析，从参考文献分析、主题分析入手透视思想政治博士学位论文研究的情况，以此发现思想政治教育专业博士培养过程中的问题，继而追踪出思想政治教育学科发展的概况，通过这个层级递进式的研究，最终试图为思想政治教育学科的发展提供一些建议。

二　国内博士学位论文和学位论文参考文献研究的现状及分析

博士学位论文是学科体系内最高水平的学位论文，虽是学科研究的一隅，却有较强的学科研究代表性。

（一）国内以学位论文为分析视角的研究概况

以博士学位论文为视角分析学科发展趋势的论文，在学术知网上检索，检索条件为"论文篇名中包含学位论文 and 研究主题包含学科"，检索出符合条件的论文共 620 篇，其中马克思主义理论学科的 6 篇，分别为《近十年来思想政治教育学科博士学位论文：回顾与反思》《马克思主义理论学科博士学位论文研究方法运用的实证分析》《2012 年国内毛泽东研究学位论文统计分析——以中国知网 154 篇学位论文为样本》《2014 年国内毛泽东研究学位论文计量分析——以中国知网 140 篇学位论文为样本》《2015 年国内毛泽东硕博士学位论文统计分析——以 178 篇学位论文为样本》《2013 年国内毛泽东研究学位论文的分析与思考——以中国知网 112 篇学位论文为样本》，这 6 篇文章中有 4 篇文章的第一作者是一个人，说明，在马克思主义学科之中，以学位论文为分析视角的研究者寥寥无几。且经查阅，这些文献是从所属学科分布、研究主题分布、产出单位、关键词的个数与频次进行分析的，主题分布是作者依据摘要、关键词、文章内容人工进行的分类，没有涉及利用计算机进行聚类、因素分析、多维尺度分析等统计方法。以博士学位论文为视角分析学科发展趋势的 620 篇论文，其时间分布如表 1 所示。

表1　　　　以博士学位论文为视角分析学科发展趋势的论文的年代分布

序号	年度	篇数	占比（％）	累计占比（％）
1	2016	57	9.19	9.19
2	2015	61	9.84	19.03
3	2014	48	7.74	26.77
4	2013	59	9.52	36.29
5	2012	64	10.32	46.61
6	2011	55	8.87	55.48
7	2010	44	7.10	62.58
8	2000—2009	197	31.77	94.35
9	1999 年以前	35	5.65	100.00

　　可以看出，相关论文 2010—2016 年的文章占总体文章的 62.58%，而 2009 年及以前的文章占总体文章的 37.42%，从学位论文的视角出发研究学科问题的文章在近年来开始加强。经过查阅这 620 篇文章的题目、关键词和摘要，得出部分文章的主题是学位论文的评估、选题的指导、管理与利用、对学位论文的要求等方面，即主要是从学位论文的现实情况出发，提出指导性意见，与我们研究的从博士学位论文的视角分析学科概况的方向不一样，据此，我们从新限定搜索条件为论文题目包含"学位论文"和论文题目包含"学科"，以此突出搜索的重点，在 CNKI 中搜索得到 137 篇文章，剔除优秀学位论文评选结果、学位论文提要等与通过学位论文分析学科建设及问题不相关的文章，剩余 76 篇文章，并对这 76 篇文章的关键词作共现的可视化分析，如图 1 所示。

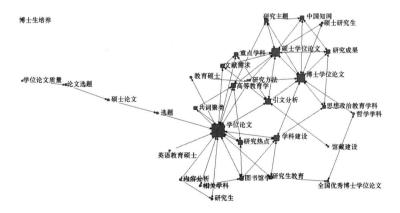

图1　76 篇文章的关键词的共现分析

从图 1 中清晰可见，现在从学位论文分析学科相关问题的视角的文献，主要内容集中在从学位论文的视角出发，通过共词聚类、引文分析、内容分析法、研究方法的使用，获取本学科的研究热点，获取学科的建设情况，虽然本领域文章在社科类文章中占比很小，2016 年及以前只有 76 篇文章，但至少说明这个视角的研究已经被学者发现并逐渐重视，任何科学研究都是为了解决实际问题而进行，如果这个视角的分析能够总结规律，预测趋势，更好地服务社会，这种分析视角会逐渐壮大的。

（二）国内以学位论文参考文献为分析视角的研究概况

分析学位论文参考文献的文章在 2016 年及以前共 21 篇，分别为《关于我校博士学位论文文后参考文献的分析》（1993 年）、《学位论文在参考文献著录中的表达》（1997 年）、《英语专业研究生学位论文中参考文献的引用规范化问题》（1999 年）、《从参考文献分析硕士学位论文质量》（2001 年）、《我校博士学位论文参考文献著录分析》（2002 年）、《论英语硕士学位论文中的参考文献问题》（2007 年）、《对 1999—2004 年全国优秀博士学位论文文后参考文献的统计与分析》（2007 年）、《硕士学位论文参考文献分析——以西北政法大学为例》（2009 年）、《硕士学位论文参考文献分析研究——以西北政法大学 07 届 333 篇硕士学位论文为例》（2009 年）、《密码学硕士学位论文参考文献的差错分析》（2010 年）、《从学位论文参考文献的引用现状看本科生科研素养——以 T 校英语专业为例》（2011 年）、《英语学科教育硕士（两年制）学位论文参考文献研究——以广西师范大学为例》（2012 年）、《对我国民族传统体育优秀硕士、博士学位论文参考文献的调查与分析》（2012 年）、《对体育教育训练学专业硕士学位论文参考文献的统计与分析》（2012 年）、《体育教育训练学硕士学位论文参考文献的统计与分析》（2013 年）、《山西师范大学化学文献保障研究——基于 2009—2011 硕士学位论文参考文献的分析》（2013 年）、《博士学位论文文后参考文献的比较分析——以 B 大学 160 份博士学位论文为样本》（2014 年）、《北京中医药大学博士学位论文参考文献的调查与分析》（2014 年）、《我国硕士、博士学位论文的学术贡献有多大？——基于 2013 年核心期刊论文参考文献的实证分析》（2015 年）、《郑州大学信息管理学院硕士学位论文参考文献分析》（2015 年）、《2013 年服装设计与工程专业硕士学位论文的参考文献分析》（2016 年）。①

研究内容包括从参考文献的视角分析学位论文的质量，分析核心期刊参考文献中学位论文的贡献率，大部分论文是从引用时间、引用类型、引用语言对参考文献进行宏观的概括。21 篇文章共涉及 52 个关键词，主要涉及的就是参考文献、学位论文、硕士学位论文、博士学位论文等分析对象，内容分析法、统计分析、比较分析等分析方法，文献保障、学术贡献、信息素养等相关结论。

三　本书要解决的问题

本书与博士学位论文写作、博士生培养、学科之间的关系密不可分，学科特点决定着博士培养的目标，博士培养目标决定博士培养过程，培养过程的学术成效直接由博士学位论文体现的逻辑，以搜集到的 807 篇思想政治教育专业博士学位论文的主题和参考文献为分析切入点，试图以"以小见大"的方式，即通过总结分析思想政治教育专业博士生博士学位论文写作中存在的问题，挖掘相关博士培养、学科建设中存在的一些问题，再依据"从大到小"的顺序，即从学科建设、博士培养、博士学位论文写作等方面提出一些建议。

（一）　了解思想政治教育专业博士学位论文研究的主题分布

基于学位论文摘要和关键词的功能，即通过摘要可以了解论文的必要信息，且摘要具有自身的独立性；关键词表述论文的主题内容，本书通过对摘要、关键词的分词分析、词频统计分析到语义网分析，呈现思想政治教育学研究的主题分布。以此透视研究集中的领域与重大现实问题的呼应程度，以及主题中所蕴含的主要的研究对象等信息。

（二）　分析思想政治教育专业博士学位论文引用文献的特性

参考文献分析法，是探讨学术沟通模式、科学知识结构及学科界限的

---

① 21 篇文章都是期刊文献。

一项重要指标。[①] 通过对博士学位论文的参考文献的分析，可以呈现思想政治教育研究的理论支撑来源和学科间的知识交流。可分析出思想政治教育知识获得与传播的范围；从文献老化的角度，可透视出思想政治教育研究更新的速度，与思想政治教育学科属性和定位相比，找出差距与建议；参考文献的共现分析，呈现出思想政治教育的研究内容极其广泛，但是深度有限，因为论文间没有明显的继承关系。

（三）提出思想政治教育专业博士生撰写博士学位论文存在的问题

通过对博士学位论文的参考文献和主题分析，反映出部分博士生的马克思主义理论基础相对薄弱，信息素养有待提升，论文写作还存在不规范的地方，论文成果回应社会重大现实问题的能力有待加强。针对博士学位论文存在的问题，从思想政治教育专业博士生撰写学位论文的角度，提出以马克思主义理论为指导，增加知识储备，培养关注社会、关注祖国命运的情怀，增加研究时效性等方面建议。

（四）提出思想政治教育专业博士生培养的建议

通过数据实证研究，以思想政治教育专业博士学位论文为视角清晰透视思想政治教育的研究范畴、研究内容、研究对象等，了解经常被博士学位论文引用的文献所建构的思想政治教育知识交流结构，包括最常被研究的思想政治教育主题、研究思想政治教育所聚集的学科领域知识及研究者的切入点。对应思想政治教育学的学科定位和思想政治教育专业博士生的培养目标，从思想政治教育专业博士生培养的角度，提出课程体系建设、专家学者队伍建设、博士研究生研究成果共享等方面的建议。

（五）加强思想政治教育学科建设的建议

依据本书的分析逻辑"由小见大"，即从学位论文研究到博士培养再到学科建设，通过对思想政治教育专业博士学位论文、博士培养方面的透视分析，试图挖掘出思想政治教育学科存在的相关问题，如学科学术成果

---

① Price，D. J. de S.，"Networks of Scientific Papers：The Pattern of Bibliographic References Indicates the Nature of the Scientific Research Front"，*Science*，1965.

的影响力有待提升、高层次人才队伍结构有待优化、有待畅通学术资源共享渠道、需加强与相关领域之间的学术交流等。

四　本书研究运用的主要方法和创新点

（一）主要方法

有学者对1979—2008年中国知网收录的有关思想政治教育的文章进行了分析，发现有97.03%的文章使用的是传统的研究方法。① 本书将用到词频统计、知识图谱等数据实证分析方法，引文分析法，共被引分析、聚类分析和可视化分析等方法。

实证分析。只要是基于事实和证据的研究，都可以称为实证研究。从性质上讲，实证研究包括定性研究和定量研究。从方法上，包括文献、考古、调查、访谈、观察、视频、词频、知识图谱和统计分析，这是一个基于定义的基础上不断丰富、不断创新的方法链条。本书主要用到文献、词频、知识图谱和统计分析。

引文分析。引文分析法是一项用在研究论文引用文献的方法，已被认定为探讨学术沟通模式、科学知识结构及学科界限的一项重要指标。② 引文分析是透过文献期刊资料类型、年代、主题等分析被引次数，评估文献的排列、规律与质量，是一种以文献的引用与被引用所特有的相互关系构成的资讯，用来观察特定文献或学科的引用模式，包括资料类型、引用年代分布、高被引文献类型、作者或期刊、语言、主题分布状况等，可进一步观察文献的变化趋势，并可以与其他学科或不同引用年代互相比较，发现其中的相关性。本书应用引文分析法分析思想政治教育研究文献类型，揭露文献的使用资料类型、年代、主题，比较不同年代使用的文献咨询需求，了解改变与演进的发展趋势，提供不同于以往的研究方式，有助于认识思想政治教育研究主题的演进。另外，配合共被引分析，进一步阐明思想政治教育研究主题的结构，以及学科领域内观念交互影响的情形。

共被引分析。共被引分析是将与主题相近的文献予以群集，并应用多

---

① 杨小芳：《教育学视界中的高校思想政治教育》，《思想教育研究》2013年第6期。

② Price, D. J. de S. , "Networks of Scientific Papers: The Pattern of Bibliographic References Indicates the Nature of the Scientific Research Front", *Science*, 1965.

元分析的多变量统计技术将资料加以分类、群集，并且可以使之视觉化，一般常以因素分析、集群分析与多向度分析等结合使用。在本书中，针对思想政治教育学科领域被引文献结合进行共被引分析，以了解不同时间文献主题的相似程度，揭示思想政治教育研究主题的演进。

聚类分析。本书透过系统聚类，将不同观察值（包括摘要的词语、关键词的词语）依据相对距离的远近加以分类，形成不同的集群，以便产生主题式的轮廓，然后对不同集群所具有的特性程度加以命名。研究群体的数目与边界确定借助因素分析结果。集群的命名主要依据集群内局中性相对较高的词语节点。LDA 聚类，有利于文本中词语的语义关系，进行文本聚类。

多维尺度分析。本书在进行多向度分析与集群分析时，选定欧几里得直线距离平方加以旋转，间接达成多向度分析与集群分析转换方式的一致性，通过多向度的二维空间图示，将词语之间的结构关系，以简单清楚的方式呈现，并且利用不同群聚中越靠近群聚中心的词语会有较高、较重要的特性，可以从词语的共线建立学科之结构图中辨认出重要的研究领域或组成词语。

可视化显示。本书除了使用上述分析方法绘制图谱外，还利用文献局中性绘制出词语社会网络图，以观察学科领域相关集群的研究主题演进与研究前沿核心内容。本课题则以最常用的程度局中性为衡量节点影响范围大小的指标。此外，为降低图谱本身负责度，呈现较为精简、准确，仅呈现该集群相对较高阈值的线性强度关系，相对较低值的线性强度关系值排除。

（二）创新点

1. 研究方法运用的创新，本书使用词频统计、分词、聚类、可视化等大数据分析方法对 807 篇思想政治教育专业博士学位论文的关键词、摘要作研究主题分析；使用数据挖掘方法分析 807 篇思想政治教育专业博士学位论文的 134893 条参考文献数据之间的关联。本书尝试将数理统计方法应用于思想政治教育研究领域。

2. 分析视角创新，本书以 CNKI 数据库收录的 807 篇 2006—2016 年思想政治教育博士学位论文的参考文献为研究切入点，分析出思想政治教育博士学位论文研究的支撑材料是多学科融合的，思想政治研究的学科基础是哲学、伦理学、政治学、教育学、心理学等学科。从文献老化的角度，透视出思想政治教育研究没有及时跟上时代的步伐。

3. 基于本书在思想政治教育专业博士学位论文相关数据采集过程中遇到的问题，建议建设思想政治教育学科相关数据库，并从数据的采集、数据的格式、数据的开放等方面给出了详细的建议。

五　思想政治教育博士学位论文文本研究的基本思路

本书试图从思想政治教育专业博士学位论文的主题分析和引文实证的角度为思想政治教育博士学位论文进行梳理分析，力图勾勒出思想政治教育学博士点成立以来研究的主题及热点内容，以此分析出此领域研究的趋势，依据思想政治教育学的基础理论，试图揭示现阶段研究的优势与不足。思想政治教育作为独立的学科，有其自身的研究体系，作为马克思主义理论一级学科下的一个二级学科，存在于与其他六个二级学科相辅相成的马克思主义理论体系之下，同时，思想政治教育是我国哲学社会科学体系的一部分，那么，思想政治教育的实际研究，在思想政治教育学科研究体系、马克思主义理论学科体系和哲学社会科学体系中，分别处在什么位置，发挥了哪些功效？这些疑问，促使笔者对思想政治教育博士点成立以来（2006—2016 年），CNKI 收集的 807 篇思想政治教育专业博士学位论文作主题和参考文献的数据实证分析。利用客观化的文本数据总结思想政治教育研究的成功之处的同时，发现思想政治教育专业博士生研究在现阶段存在的问题，并以此研究一隅推测思想政治教育研究领域的概况，提出研究的合理化建议。

本书是从博士学位论文总体分布情况以及博士学位论文的摘要、关键词、参考文献的视角进行实证分析，通过摘要、关键词的统计概括研究主题的分布，以此透视思想政治教育研究的针对性及各部分内容之间的联系，对于思想政治教育专业的整体定位进行一次客观的检视，挖掘思想政治教育专业各方向的显著差异和共同之处，为完善思想政治教育学科的设置提供量化参考指标，使决策科学化；分析参考文献选取的特点，挖掘出思想政治教育研究的理论源泉和知识基础，并通过分析高频的参考文献内容与作者，利用聚类等计算机技术进行热点研究领域的划分，以此清楚哪些研究领域得以重视，是否得到深入的研究，而哪些领域无人问津，为以后研究者的选题提供客观的参考依据。本书整体架构图，详见图2。

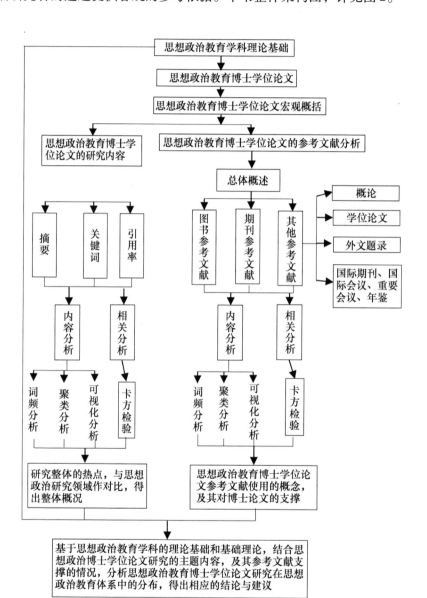

图2　本书分析架构图

第一章

思想政治教育专业博士
学位论文的概况

思想政治教育专业博士学位论文是我国思想政治教育专业高级专业人才培养质量的确证，是加强新时代思想政治教育博士学科建设的抓手。从思想政治教育博士学位论文的研究样本选择看，主要以我国实施马克思主义理论研究与建设工程以来的博士学位论文为主，具体包括2006—2016年的807篇思想政治教育博士学位论文。本章对思想政治教育博士学位论文的有机构成要素包括"题目""摘要""关键词""参考文献""导师""所在院校""学位年度"等多个方面进行总体特征的描述性研究。

第一节 思想政治教育专业博士学位
论文的学科特征

每一篇博士学位论文，除了传达专业知识外，也透露出各自的学术理念。博士学位论文本身是一份以文本形式呈现的研究成果，同时也是衡量一门学科建设水平的重要尺度，是推进学科发展的根本动力①。研究博士学位论文选题情况对提高人才培养质量、学科发展有着重要的意义。② 博士学位论文是马克思主义学科发展中最关键的环节之一，是对学科建设成效的

---

① 沈壮海：《思想政治教育发展报告2014/2015》，高等教育出版社2016年版，第9—10页。
② 北京大学马克思主义学院组编：《马克思主义理论学科学术发展报告（2015）》，中国人民大学出版社2016年版，第456页。

巡礼，是学术研究和人才培养能力的集中展现，① 所以，本书以思想政治教育专业博士学位论文为分析切入点，透视思想政治教育学科的整体状况。

一　思想政治教育专业博士学位论文的学科属性

用以评估学科的发展与发现趋势方面，学位论文有其代表性。博士学位论文多样化的研究议题可以依据摘要与关键词加以分类，形成不同的领域，了解思想政治教育学科的研究重点与发展趋势，描绘出学科的整体图像；了解不同研究领域受重视的程度，为今后博士生撰写博士学位论文提供一些建议。通过对论文参考文献的量化统计分析，可梳理思想政治教育研究领域、与其他学科的知识流动、博士学位论文之间的关联，以及研究领域高贡献力的学者队伍状况。本书依据客观数据的统计，可以分析出思想政治教育学科在人才培养、学者队伍建设、研究方向的设置、研究视野、与其他相关学科的关系等方面存在的问题，并试图提出一些针对性的建议。

二　思想政治教育专业博士培养与学位论文

优秀博士学位论文评选是对博士生培养质量的考核标准之一。② 博士学位论文是博士生培养的一个观测点，本书透过博士学位论文的关键要素分析，在学科领域基础理论尤其是中国化马克思主义理论的指导下，透视2006—2016 年的807 篇思想政治教育专业博士学位论文的发展状况，包括研究的对象、研究的领域、研究成果、课程体系的设置、学术共同体的构建情况、前期成果情况、研究的时效性及其取得的经验和不足，以文本为研究基础，为思想政治教育学的博士生以及所有思想政治教育学的研究人员提供客观化的研究总结，试图为学科进行内涵式发展提供一定的帮助。

三　思想政治教育学科与思想政治教育博士培养的关系

博士学位论文的质量和水平代表着学科的整体实力和发展特色。马克思主义理论一级学科设立至今只有10 年的历史，相较于其他学科而言时间较短，在人才培养方面做了很多积极探索，但也存在一些问题，需要不

---

① 北京大学马克思主义学院组编：《马克思主义理论学科学术发展报告（2015）》，中国人民大学出版社2016 年版，第473 页。

② 沈壮海：《思想政治教育发展报告2014/2015》，高等教育出版社2016 年版，第74 页。

断总结经验。① 科学研究是衡量一门学科建设水平的重要尺度，也是推进学科发展的根本动力。② 研究博士学位论文选题情况对提高人才培养质量、学科发展有着重要的意义。③ 博士学位论文是马克思主义学科发展中最关键的环节之一，是对学科建设成效的巡礼，是学术研究和人才培养能力的集中展现，④ 所以，本书以思想政治教育专业博士学位论文为分析切入点，透视思想政治教育学科的整体状况。

四 思想政治教育学科的建立与发展

思想政治教育具有马克思主义的根本学科属性；思想政治教育担负着马克思主义理论宣传与教育的学科使命；马克思主义的传播、发展及其价值实现离不开思想政治教育。马克思主义指导思想政治教育，为思想政治教育提供理论基础，首要的就是为思想政治教育提供了科学的世界观和方法论，而且在于马克思主义的一系列基本原理科学阐明了思想政治教育实践开展的有关理论问题，促进了思想政治教育实践的科学化发展，提升了思想政治教育学科理论发展的科学化水平。马克思主义基本原理对思想政治教育的理论奠基主要体现在思想政治教育本体论、价值论、方法论三个层面上。

1984 年思想政治教育本科专业的创立，标志着思想政治教育学科的建立，1987 年 9 月，国家教委印发了《关于思想政治教育专业培养硕士研究生实施意见》的通知，决定从 1988 年开始培养思想政治教育专业硕士研究生，从而标志着学科和专业建设取得进一步的进展。

1990 年清华大学、复旦大学、武汉大学等 10 所院校批准设立了思想政治教育专业硕士学位授予点，1996 年中国人民大学、武汉大学、清华大学 3 所高校设立了第一批马克思主义理论与思想政治教育博士学位授予点，这既有利于促进思想政治教育的基础理论研究，又向思想政治教育基

---

① 北京大学马克思主义学院组编：《马克思主义理论学科学术发展报告（2015）》，中国人民大学出版社 2016 年版，第 456 页。

② 沈壮海：《思想政治教育发展报告 2014/2015》，高等教育出版社 2016 年版，第 9—10 页。

③ 北京大学马克思主义学院组编：《马克思主义理论学科学术发展报告（2015）》，中国人民大学出版社 2016 年版，第 456 页。

④ 北京大学马克思主义学院组编：《马克思主义理论学科学术发展报告（2015）》，中国人民大学出版社 2016 年版，第 473 页。

础理论提出了新要求。思想政治教育学从 2005 年成为马克思主义理论一级学科下的一个二级学科，设立思想政治教育博士点。

五　思想政治教育专业博士学位论文分析点

以思想政治教育博士学位论文的标题、摘要和关键词为着力点，分析博士生的研究内容概况，以此透视学科的发展状况。文本总是思想的体现，要想厘清思想政治教育学科的发展现状，可通过博士学位论文这一隅的脉络梳理，通过对博士学位论文的"标题""摘要""关键词"等构成要素的分析，了解思想政治教育专业博士学位论文研究的对象、领域等信息，以此分析思想政治教育专业博士培养、思想政治教育学科发展的状况。试图为思想政治教育专业博士生的培养提供一些参考。

参考文献是学位论文的理论支撑和研究来源的基础，后人的研究都是在前人研究的基础上，进行完善与开拓性的研究，通过对博士学位论文参考文献的量化分析，可以清晰地呈现思想政治教育学科的知识结构，一方面客观了解思想政治教育学科知识体系中知识节点之间的联系，透视知识体系的紧密程度；另一方面，可以厘清思想政治教育学科与其他社会科学学科之间知识的流动走向，在大的哲学社会科学体系中，思想政治教育学科所处的位置及其功能的发挥，为思想政治教育学科的发展和思想政治教育学的博士培养提供一些针对性的建议。

第二节　思想政治教育专业博士学位论文的数据特征

本书的分析数据是来自于 CNKI 数据库收录的思想政治教育专业博士点成立以来，即 2006—2016 年思想政治教育博士学位论文，数据是本书的分析之源、结论之本，所以本着数据准确、唯一、完整性原则，对下载的数据进行了整理。对与数据相关的信息进行了概括性的描述，包括思想政治教育专业博士点的分布、思想政治教育专业博士点的学位论文的相关指标分布情况。

一　思想政治教育专业博士学位论文数据的整理

本书选取的是截至 2017 年 4 月 28 日中国知网（CNKI）收录的相关

分析数据，数据特征是学科分类精准匹配"思想政治教育"，年度为2006—2016年，共有论文807篇。为了确保数据的准确性，下载采用查新和 EndNote 两种格式。

检查下载数据是否准确，通过下载后数据汇总与原始807篇文章进行比对，查询下载过程中出现的问题，并进行数据的整理。发现的主要问题和处理办法详见以下几点。

第一，发现参考文献数据汇总的题名数量少于下载库的论文总数。查询原因发现：重名的数据，譬如论文题名为"大众传媒的思想政治教育功能研究"，涉及两位作者，分别为中国矿业大学的梁庆婷（2011年）、北京交通大学的刘胜君（2014年）。对文章题目，做"题目＋姓名"的唯一标识修改。

第二，发现参考文献数据汇总的题名数量多于下载库的论文总数。查询原因发现：篇名中有数字的，每条记录自动加1；通过文件名唯一的检索，查询出此类问题，并予以修改。

第三，发现参考文献的来源库与文献的字母标识不一致。根据参考文献来源库与参考文献中的字母标识的比对，检查出文献来源库标识错误的；进 CNKI 数据库数据再次核实数据，保障数据的准确性。

第四，汇总后数据比原始数据少，有的是没有下载的，有的是虽然下载了，但是题目写错了，由于数据量较大，造成前后数据出现张冠李戴现象，笔者及时纠正修改数据。

第五，编号交界处的重复数据，进行清洗，达到数据的唯一性。

第六，由于部分文本出现 Unicode，所以按照来源库统计数据时，造成同一来源库却出现两条不同的分类的现象。对这类数据进行分类替换，达到同一来源库唯一统计数据的标准。

第七，在思想政治教育专业博士学位论文的参考文献下载过程中，确认下载数据完整且不重复，确保了数据的唯一性、完整性。用到的是数据库查询唯一的语句，本书以三个关键词为参照物：思想政治教育专业博士学位论文的题目、来源和参考文献名称，发现有重复数据，其中《"90后"大学生劳动观教育研究》的参考文献中中国优秀硕士学位论文的数据1—10条下载两遍，中国优秀硕士学位论文全文数据库部分1—10条数据下载四遍，虽都为同一篇文章的同一文献来源，编号同为1—10，但却分类显示，经过比较 CNKI 数据库的原始数据，发现此篇文章的博士学位论文全文数据库的资料标为优秀硕士学位论文的数据，所以对不准确的数据进行了修改或删除，11—21 条数据下载三遍，经过查询为重复下载。《残疾大学生思想政治教育研究》《当代大学生政治观研究》参考文献中中国学术期刊网络出版总库部分的 1—10 条数据下载了两遍，经过查询，都少下载了中国学术期刊网络出版总库部分的 11—20 条数据，重新下载，补充数据。《从马克思到列宁："社会主义意识形态"的确立》参考文献中中国学术期刊网络出版总库部分的 11—20 条数据下载两遍，缺少 21—30 条数据。《大众文化的意识形态功能研究》参考文献中中国学术期刊网络出版总库部分的 40—50 条数据下载两遍，经过核实，进行数据删除。《东北解放区思想政治教育研究》参考文献中中国图书全文数据库部分的 40—50 条数据粘贴两遍。《高校生态德育研究》参考文献中中国学术期刊网络出版总库部分的 21—30 条数据下载两遍，缺少 31—40 条数据。《高校思想政治教育第二课堂建设研究》参考文献中中国学术期刊网络出版总库部分的 181—190 条数据下载两遍，缺少 191—200 条数据。《高校隐性思想政治教育研究》参考文献中中国学术期刊网络出版总库部分的 20—30 条数据下载两遍。《交往视域下大学生思想政治教育研究》参考文献中中国图书全文数据库部分的 61—70 条数据下载两遍，缺少 71—80 条数据。《伦理视域下高校思想政治教育体系构建研究》参考文献中中国博士学位论文全文数据库的 1—2 条数据下载两遍。《论思想政治工作的社会管理功能》参考文献中中国学术期刊网络出版总库部分的 41—50 条数据粘贴两遍。《马克思发展共同体思想研究》参考文献中中国图书全文数据库部分的 41—50 条数据下载两遍，中国学术期刊网络出版总库中的空数据 2 条。《日常生活理论视域下大学生思想政治教育研究》参考文献中中国学术期刊网络出版总库部分的 1—10 条数据粘贴两遍。《少数民族思想政治教育接受过程研究》参考文献中中国图书全文数据库部分的 201—210 条数据下载两遍，缺少 211—220 条数据。《思想政治教育现代化研究》参考文献中中国图书全文数据库部分的 21—30 条数据下载两遍，缺少 31—40 条数据。《思想政治教育与巩固党的执政基础研究》参考文献中中国学术期刊网络出版总库部分的 31—40 条数据下载两遍，缺少 41—50 条数据。《网络舆论引导研究》参考文献中中国图书全文数据库部分的 1—10 条数据下载两遍，缺少 11—20 条数据。《新民谣的情教功能》参考文献中中国图书全文数据库部分的 11—20 条数据下载两遍。《越轨社会学

视域下的大学生犯罪问题研究》参考文献中中国图书全文数据库部分的
21—30条数据下载两遍,缺少31—40条数据。《中国当代罪犯思想教育
若干问题研究》参考文献中中国图书全文数据库部分的51—60条数据下
载两遍。《中国和平崛起视野下的爱国主义教育研究》参考文献中中国图
书全文数据库部分的21—30条数据下载两遍,缺少31—40条数据。《大
学生政治素质评估研究》参考文献中外文题录数据库部分的第1条数据
下载三遍,下载三次的记录是来自于国际期刊,且国际期刊中已经表明此
数据,直接进行删除。

第八,查询记录是否为空,或是虽不为空,但是只有序号,没有参考
文献名称。发现外文题录118条只有序号,没有文献信息的数据,共涉及
18篇文章,详情如表2所示。

表2 有问题的外文题录涉及的博士学位论文

序号	博士学位论文题目	有问题的外文题录数量
1	榜样教育研究	1
2	城市社区精神文明建设研究	2
3	大学生心理健康辅导方法探索	1
4	当代中国榜样教育研究	1
5	德育动力机制研究	1
6	对话德育论	2
7	高校网络心理健康教育体系的构建	1
8	论康德的德性理论与道德教育思想	48
9	农村基层党员教育资源和机会配置研究	1
10	农村留守儿童道德情感研究	1
11	青年亚文化对大学生思想政治教育的影响机制研究	1
12	人格尊严及其实现	2
13	思想政治教育话语理论探要	1
14	文化哲学视域下的马克思主义大众化研究	2
15	新媒体背景下的政治整合研究	2
16	严复的制度与国民性互动思想研究	1
17	英国学校价值教育研究	2
18	中苏政治教育比较研究	48

经过 CNKI 的核实，数据确实为空。而学位论文的参考文献有相关信息，就是没有提取成功。重新从学位论文中获取数据，保障了数据的完整性。

两条参考文献信息为空，涉及两篇文章。分别为：《新媒体时代群体性事件舆论引导研究》《大学生网络游戏成瘾问题研究》，经核实为无效记录，并进行了删除。

第九，双向检查参考文献来源库与参考文献本身的字母标识是否相同，例如：当检查数据来自于中国图书全文数据库，且参考文献不包含"M"；或是来源库不是中国图书全文数据库，且参考文献包含"M"。查询出《当代大学生价值观生态研究》《价值多元背景下高校青年教师价值观研究》《美国大众媒介政治社会化功能研究》中，把来自于博士学位论文全文数据库和优秀硕士学位论文全文数据库的文献，标记为中国学术期刊网络出版总库。

为保障分析数据的完整性、准确性和唯一性，通过检索数据的环环相扣，对数据进行了双向核查，为数据分析提供了有力保障。

二　思想政治教育博士学位点的基本情况及分布

本书研究的思想政治教育博士学位论文，来自于 54 所学校，学校的详细信息见附录一，54 所学校中，东北地区 9 所，占比 16.7%；华北地区 9 所，占比 16.7%；华东地区 15 所，占比 27.8%；华南地区 2 所，占比 3.7%；华中地区 8 所，占比 14.8%；西北地区 6 所，占比 11.1%；西南地区 5 所，占比 9.2%。从全国 7 个地区的分布数量来看，研究产出数量从多到少的地区分别为：华东地区（15 所）、东北地区和华北地区（9 所）、华中地区（8 所）、西北地区（6 所）、西南地区（5 所）、华南地区（2 所）。

本书所涉及的数据，从博士学位点的成立时间视角看，思想政治教育博士学位点的成立时间分为 1996 年、1998 年、2000 年、2003 年、2006 年、2010 年 6 个时间点。东北地区最早成立思想政治教育博士学位点的时间是 1998 年；华北地区最早成立思想政治教育博士学位点的时间是 2003 年；华东地区最早成立思想政治教育博士学位点的时间是 1998 年；华南地区最早成立思想政治教育博士学位点的时间是 1998 年；华中地区最早成立思想政治教育博士学位点的时间是 1996 年；西北地区最早成立思想政治教育博士学位点的时间是 2003 年；西南地区最早成立思想政治教育博士学位点的时间是 2006 年。7 个地区最早成立思想政治教育博士学位点的时间先后分别为华中地区（1996 年）、东北地区和华东地区及华南地区（1998 年）、华北地区和西北地区（2003 年）、西南地区（2006 年）。

从论文产出博士点的视角看，华东地区思想政治教育博士学位点的分布最密集，而华南地区思想政治教育博士学位点的分布最稀疏，从各地区博士学位点的数量分布呈现出思想政治教育博士点的分布不均匀、发展不均衡，有待国家的宏观调控和统筹管理，在审批思想政治教育博士学位点的过程中，参考实际的地区现有分布指标，使得思想政治教育博士学位点能够得到均衡性的发展，使得思想政治教育学这种具有实践性的学科能够"无死角"地扎根于社会实践，促进思想政治教育学科的蓬勃发展，形成良好的学术研究氛围，为有志于从事思想政治教育学研究工作的学者提供更广阔的研究空间和更多的机会。

从思想政治教育学研究的起步时间分布视角看，华中地区起步最早，西南地区起步相对较晚。学术研究是没有地区限制的，思想政治教育学科的定位最终是为了培养能够运用马克思主义思想，与时俱进地发展习近平新时代中国特色社会主义理论，指导人们的工作和生活，思想政治教育博士学位点对博士生的培养目标除了包含自身的完善成长外，还要担负学科的建设发展，学科对于社会实践的理论支撑。思想政治教育学是我国在长期思想政治教育实践工作中总结出来且高于现实的学科，学科在我国具有整体性，对于学科点成立相对较晚、专门研究相对起步晚的地区与学科点成立相对较早、专门研究相对起步早的地区开创互联互通的学科交流局面，促进学科整体进步。

三　思想政治教育专业博士学位论文的总体分布

本部分对思想政治教育专业博士学位论文相关的指标作描述性的分析，包括试图使读者对思想政治教育专业博士学位论文的概况有初步的了解。

（一）培养单位发文情况。培养单位具体发文情况统计表详见附录二，从分析数据中看出，CNKI 收录的信息不完整，譬如：中山大学是 1998 年获批思想政治教育专业博士学位点的。经查阅中山大学思想政治教育专业博士招生计划，2016 年、2017 年都招收 9 个博士生。而 CNKI 收集的 2006—2016 年中山大学的数据只有一篇。研究数据的共享有待进一步的建设，包含技术支持和政策导向等方面的建设完善。

基于研究数据显示，产出量在前 10 位的学校有东北师范大学、中共中央党校、武汉大学、大连理工大学、中国地质大学、中国矿业大学（北京）、南昌大学、山东大学、上海大学、辽宁大学。其中，有 1 所学校思想政治教育博士学位点的成立时间是 1996 年，有 1 所成立时间是 1998 年，有 2 所成立时间是 2003 年，有 6 所成立时间是 2006 年。博士学位论文的产出量大的学校集中在 2006 年成立的思想政治教育学的博士点，一方面，是因为 2006 年博士学位点成立的学校总体数量最多；另一方面，说明论文产出能力与博士学位点的成立时间并不呈正相关关系。从产出量排前 10 位学校的地域视角看，东北占 3 所，华北占 2 所，华中占 2 所，华东占 3 所，西南、西北、华南地区的博士学位论文产出量没有在前 10 位的范围内。从产出量排前 10 位学校的学校层次视角看，除了 1 所学校不在教育部划分的 985、211 高校系列外，其他 9 所学校都是 985 或 211 高校。从产出区域的划分来看，产出量分布尤其是高产量的分布存在不均衡的状态。54 所学校中，发文量前 10 位的高校的产出量占所有学校发文量的 43.4%，各学校的产出量存在不均衡的现象；发文量后 10 位的高校的产出量占所有学校发文量的 10.0%。从大浪淘沙的角度看，只有保障足够的沙子的数量，才可能淘到好的沙子，所以，在博士生指标分配的视角，需注重全局的分配。

（二）导师情况。导师指导论文的具体情况见附录三，807 篇博士学位论文，涉及 250 名导师，来自 54 所学校，每所学校平均有 5 位导师，平均每位导师指导 3 名学生，指导论文数量不少于平均数的导师为 105 名，占数据样本涉及导师的 42.0%，指导论文数量少于平均数的导师为 145 名，占数据样本涉及导师的 58.0%。指导论文数量 10 篇及以上的导师共 12 人，分别为东北师范大学的张澍军（指导 16 篇）、山东大学的周向军（指导 16 篇）、中共中央党校的戴焰军（指导 15 篇）、东北师范大学的杨晓慧（指导 12 篇）、中共中央党校的段若鹏（指导 11 篇）、复旦大学的高国希（指导 11 篇）、复旦大学的邱柏生（指导 11 篇）、哈尔滨理工大学的高军（指导 10 篇）、福建师范大学的苏振芳（指导 10 篇）、东北师范大学的王立仁（指导 10 篇）、东北师范大学的王平（指导 10

篇）、东北师范大学的赵继伦（指导 10 篇），占博导数量的 4.8%。指导论文数量 10 篇及以上的导师分布在东北师范大学（5 名导师）、山东大学（1 名导师）、中共中央党校（2 名导师）、复旦大学（2 名导师）、哈尔滨理工大学（1 名导师）、福建师范大学（1 名导师），共涉及 6 所学校，占样本涉及学校数量的 11.1%，12 名导师指导的论文共 142 篇，占博士学位论文总数的 18.3%。4.8% 的导师指导了 18.3% 的博士学位论文。东北师范大学是 211 高校，复旦大学、山东大学是 985 高校，中共中央党校不在 985、211 划分范围内，哈尔滨理工大学、福建师范大学为非 985 非 211 高校。可见，导师指导论文数量的多少与学校的性质没有明显的正相关关系。指导 1 篇博士学位论文的导师共 96 名，占导师总数的 38.4%。说明我国有丰富的思想政治教育学博士生导师资源，有稳定的学术研究队伍，并形成了有影响力的思想政治教育学研究的中坚力量，造就了拥有学术底蕴和学术胸怀的学科研究领跑者。同时，导师团体还有很多贡献科研力量的空间，国家在考虑学科发展的总体状况下，充分挖掘博士生导师的知识和精神资源，为培养我国与时俱进的思想政治教育学博士奠定智力基础。在研究的道路上，形成合理的思想政治教育学研究集群，使知识有传承，使研究既有广度又有深度，既要加强学术研究的横向沟通与学习交流，也要注重纵向研究的传承与挖掘，形成符合思想政治教育学内涵的外延研究学术团体，促进思想政治教育学的蓬勃发展，为推进习近平新时代中国特色社会主义思想的传播和宣传奠定良好的思想氛围。

（三）论文年代分布。从表 3 可见，随着年度的增加，每年博士学位论文的数量呈现上升趋势，在统计样本的最后两年稍有回落，一方面由于博士学位论文的网络上传会有一些时间延迟，另一方面说明思想政治教育学博士点的研究相对处于发展中的平稳期。任何事情的发展都遵循一定的发展规律，不是杂乱无章的，思想政治教育学也是如此，学科发展历经 30 年，虽然还算是年轻的学科，但是发展如道路，没有一个方向走到头的，既是大方向一致，中间也是曲折迂回的，思想政治教育学成立 30 年来，有了很大的进步，呈现出蓬勃发展的积极向上的势头，但到一定程度，都应该有一个反思与总结，为之前的发展"把脉"，为今后的发展确定好大的方向，树立符合学科内涵和社会实践的发展目标，使学科永远在正确的道路上发展。

表3　　　　　　　　　　　807 篇博士学位论文的年代分布情况

序号	学位年度	数量汇总	序号	学位年度	数量汇总
1	2006	1	7	2012	127
2	2007	3	8	2013	144
3	2008	9	9	2014	145
4	2009	6	10	2015	125
5	2010	58	11	2016	86
6	2011	103			

思想政治教育学从 2005 年成为马克思主义理论一级学科下的一个二级学科，开始招收博士生，从 2006 年到 2013 年，CNKI 收录的思想政治教育学博士学位论文呈现出大幅度的增长，一方面，说明思想政治教育学的人才培养日趋优化。人才培养体系的建构及其实现是衡量学科发展水平的重要标准。[①] 另一方面，说明思想政治教育学的人才队伍不断发挥着作用，逐渐凝聚和形成了思想政治教育学的学术研究团队，团队积极发挥着研究的作用，保证了思想政治教育学的可持续发展。

（四）不同年份不同单位发文量的统计。不同年份不同单位的发文量详细信息见附录四，每所学校成立时间不同，发文总量受博士点成立时间的影响，为了避免这一因素的影响，作者对每所学校平均每年的发文量做一统计，得出每所学校每年平均发文量不符合均匀分布，客观地说明每所学校每年培养的博士生数量并不均匀，说明学校的培养力量存在很大的差距。在学科建设的人才培养方面，加大师资力量的宏观配置和培养，均衡各博士点的发展，形成比学赶帮的学科建设氛围，强的学校带动稍微弱的学校，最终实现每个博士点的壮大发展，大浪淘沙，顾名思义，只有足够的沙子数量，才能淘出金子。在思想政治学科发展大局中，每个博士点都是构成学科建设的有机体，在战略性、长期性、全局性的视角下，均衡学科发展，使思想政治博士点处处开花，为党的建设服务，为人民的幸福生活服务。以每所学校为视角，观察年度发文量的变化发现，有的学校每年产出博士学位论文的数量较稳定，而有些学校每年产出博士学位论文的数

---

① 冯刚、郑永廷：《思想政治教育学科 30 年发展研究报告》，光明日报出版社 2014 年版，第 8 页。

量有较大的变化，而其原因究竟是招生指标的变化还是学生培养年限的不同，需要联系学生学籍数据库和学校招生指标数据库而确定。

（五）依据关键词出现次数统计的关键词数详情见表4。

表4　　807 篇博士学位论文的关键词次数分布情况表

关键词出现次数	关键词数	关键词出现次数	关键词数
1	1306	11	2
2	151	12	2
3	63	14	3
4	27	15	2
5	14	16	1
6	12	18	1
7	7	21	2
8	5	73	1
9	3	149	1
10	4		

从关键词出现的次数可见，出现一次的关键词共1306个，占所出现关键词的81.3%［即（1306/1607）×100%］，一方面说明，思想政治教育学的研究多元化，其研究有一定的广度，思想政治教育学科虽然成立30多年了，但相对于哲学社会科学其他学科而言，还是一个新兴的学科，任何新兴学科开始阶段的研究都处于领域扩张阶段，说明思政学科符合学科的发展规律，研究具有广度。另一方面说明，研究的深度有待加强，一个人的研究力量是有限的，当某个领域或某些理论问题，不同的人从不同的视角进行多元化的研究，不利于挖掘研究问题的深度，形成学科代表性发展的文章。增强学科研究的协调发展，研究广度与研究深度的协调，达到一种均衡发展的状态。学科建设，立足学科定位和功能，思想政治教育学科是实践性的学科，具有很强的意识形态性，学科建设和人才培养，既要以党的政策为导向，又要夯实学科理论知识的研究与深化，为学科的科

学化发展掌舵，增强党的政策与学科理论知识的协调发展。思政博士学位论文的关键词的数量分布如图 3 所示。

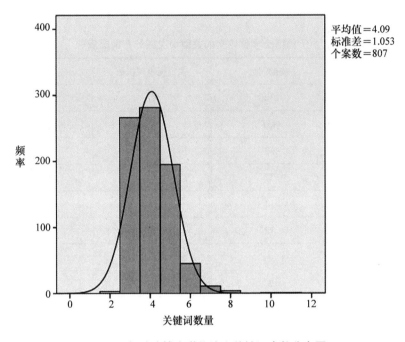

图3　思想政治博士学位论文关键词次数分布图

　　思想政治博士学位论文关键词的个数不符合正太分布，一是从国家层面直方图可见，二是从偏度系数和峰度系数分析，偏度系数（skewness）=1.2，峰度系数（kurtosis）=3.466，都大于1，所以，关键词的个数不符合正太分布。在博士学位论文规范性方面，要加强宏观调控，每个培养单位注意宏观导向的微观管理，确保思政博士学位论文的写作规范。

　　（六）每个培养单位关键词个数的区间分布。已经对来自 54 所学校的 807 篇博士学位论文的关键词个数分布有了总体的了解，如果说培养单位之间的要求有差距，那么每所学校的写作规范是否较为统一，即每所学校关键词个数的分布是什么样？具体的分布情况见附录五，从分布表格信息可见，因学校不同，其关键词个数的差异化有所不同，学校内关键词个数最大的极差数是 8，看来，每所学校要加强学位论文规范化的管理，按照《学术论文写作的国家标准和写作方法》（GB 7713—87）进行学位论文的撰写。虽然不同的思想政治教育博士点分布在不同的学校，但目标都是培养思想政治教育博士，为了人才的协调发展，加强学校之间的培养互动和国家层面的宏观管理。

（七）每个培养单位题目字符数区间分布。题目是每篇文章的"眼睛"，汇集着文章主题意思的表达，笔者从构成思想政治教育博士学位论文题目的字符数这个角度推测每所学校对于论文写作关于题目字符数的要求，以此作为辨别论文写作规范性的一个观测点。其具体统计情况参照附录六，学校内的题目字符最大极差是 26 个字符，学校间的题目字符最大极差是 34 个字符，从数据可见，无论是学校内部还是学校之间，其题目字符数的极差较大，极差数字统计的是极端情况，极端情况并不能说明常态，接下来，笔者进一步分析题目字符数的分布详情，以推测文章字符使用的规范性。

（八）依据题目字符数统计的论文篇数。从图 4 可见，题名的数量集中分布在 7—17。

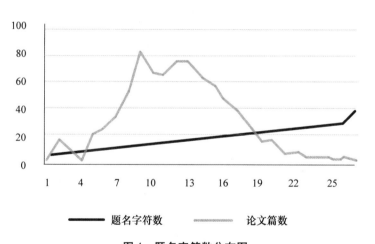

图 4　题名字符数分布图

从图 5 可见，思想政治博士学位论文题目的字符数符合正太分布，一是从直方图可见，二是从偏度系数和峰度系数分析，偏度系数（skewness）＝0.311，峰度系数（kurtosis）＝0.755，都小于 1，所以，论文题目的字符数近似正太分布。

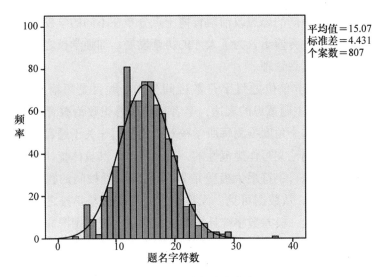

图5　题名字符数分布直方图

（九）论文摘要字符数量分布。

从图6可清晰看出，思想政治教育博士学位论文摘要的字符数量之间的极差很大，字符数量从226到4000不等。从图7可见，摘要的字符数不符合正太分布，一是从直方图可见，二是从偏度系数和峰度系数分析，偏度系数（skewness）=1.299，峰度系数（kurtosis）=2.191，都大于1，

论文数量

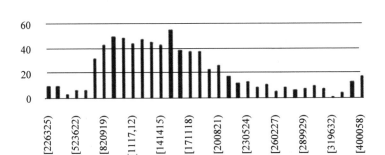

图6　论文摘要字符数量分布图

所以，摘要的字符数不符合正太分布。说明，思想政治博士学位论文摘要的字符数没有呈现出对称性、均匀变动性。思想政治教育专业的博士生要按照《学术论文写作的国家标准和写作方法》（GB 7713—87）进行学位论文的撰写。

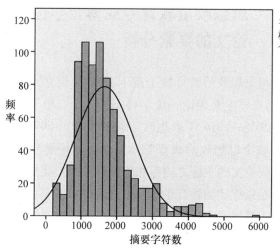

平均值＝1642.78
标准差＝816.416
个案数＝807

频率

摘要字符数

图7　论文摘要字符数量分布直方图

（十）同一所高校不同年度摘要字符数区间。博士学位论文摘要的字符数量总体上有较大差异且不符合正太分布，那么接下来分析每所学校每年产出的博士学位论文之间的差异。考虑到学校间的培养差异、时间性差异，分析每所学校同年度产出论文摘要字符数的分布，以此透视每所学校对摘要的字符要求。详细分析表格见附录七。每所学校每年度产出的博士学位论文摘要的字符最大极差为3352个字符，说明有的学校在博士学位论文字符数量上的要求较宽泛。

本小节主要从807篇博士学位论文的外部特征即写作的规范性进行分析，主要包括培养单位提供的博士学位论文的数量、导师指导论文的数量、论文数量的年代分布、不同年份不同单位的发文量、关键词出现的次数及其数量的分布、每个培养单位使用关键词次数的极值、每个培养单位论文名称的字符数的极值、每个培养单位论文摘要字符数的极值、每个培养单位不同年限的摘要字符数的极值及其极差。

从这些外部特征的统计来看，每所学校关键词个数、字符数的差别很大，不同学校间的差别就更大了，说明博士学位论文的写作规范性有待提高，思想政治教育专业博士生参照《学术论文写作的国家标准和写作方法》（GB 7713—87）和《学位论文编写规则》（GB/T 7713.1—2006）进行学位论文的编写。

第三节　思想政治教育专业博士学位论文的要素分析

马克思主义理论与思想政治教育博士点于 1996 年设立，思想政治教育学从 2005 年成为马克思主义理论一级学科下的一个二级学科，设立思想政治教育博士点，2005—2016 年思想政治教育专业的 807 篇博士学位论文在研究什么？在整个思想政治教育学体系中，这些研究处在什么位置？这 807 篇博士学位论文的主题之间存在怎样的关系？既然思想政治教育博士学位论文都是在思想政治教育学体系下进行的，本书试图从量化即实证的角度，找出 807 篇博士学位论文研究在思想政治教育学体系中的坐标，以及 807 篇博士学位论文之间的关系，以此透视思想政治教育学体系整体研究的状态，如范畴、研究内容等指标，找出研究的强势与弱势，为思想政治教育学科的建设和今后博士生的培养提供针对性的建议。

按照《学术论文写作的国家标准和写作方法》（GB 7713—87）精神，论文的题目、摘要和关键词都是论文主题的载体，包含论文的研究对象、研究方法及主要思想，本节通过对思想政治教育专业博士学位论文的题目、摘要和关键词的量化统计，分析思想政治教育专业博士学位论文的研究主题分布。

一　博士学位论文的题目分析

（一）词频统计分析。807 篇思想政治教育专业博士学位论文的题目，共包含 906 个词语，频次分布情况为：出现 1 次的词语为 514 个，占词语数量的 56.7%；出现 2 次的词语为 147 个，占词语数量的 16.2%；出现 3 次的词语为 67 个，占词语数量的 7.4%；出现 4 次的词语为 38 个，占词语数量的 4.2%；出现 5 次的词语为 29 个，占词语数量的 3.2%；出现 6 次的词语为 18 个，占词语数量的 2.0%；出现 7 次的词语为 8 个，占词语数量的 0.9%；出现 8 次及以上的词语共 85 个，占词语数量的 9.4%。

906 个词语在 807 篇博士学位论文中共出现 4868 次，出现 8 次以上的词语共出现 3398 次，占词语总次数的 69.8%，即 9.4% 的词语的出现次数占据了 69.8% 的题目词语总次数。说明出现 8 次及以上的这 85 个词语，对于思想政治教育专业博士学位论文来讲，具有很强的代表性。图 8 显示的是出现 8 次及以上词语的词云图，词越大代表出现的次数越多。

图 8　关键词出现 8 次及以上的词云图

在 807 篇思想政治教育博士学位论文的题目中，"大学生"出现在 147 篇题目中，占到研究的 18.2%，说明关于大学生的思想政治教育领域是思想政治教育专业博士生的重点研究领域。依据单个词语并不能显示研究之间的关联，下面将依据出现 8 次及以上词语之间的相似矩阵构建语义网，以此分析 807 篇博士学位论文的题目主要体现出来的研究信息。

（二）语义网分析。通过词语间的共同出现的次数，构建词语的相似矩阵，呈现 807 篇博士学位论文的题目所蕴含的研究对象、研究方法等信息，详见图 9。

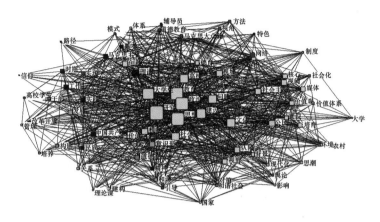

图9   出现 8 次及以上关键词的语义网络

807 篇博士学位论文的篇名经过分词处理后，依据词语间的相似程度，建构了词语网络图，每个方框代表一个词语，方框大小代表词语出现的频次，词语之间的连线表明词语间的联系程度。807 篇博士学位论文的篇名经过词语网络体现出，研究领域比较集中的是大学生和高校的思想政治教育。

二   博士学位论文摘要分析

（一）数据整理。提取整理数据，807 篇文献，其中 2 篇文献的摘要未被系统自动提取，回到原文，进行摘要数据的获得，它们是东南大学 2015 届滕飞博士的《马克思主义幸福观教育研究》、中国矿业大学（北京）2015 届李娟博士的《社会主义思想政治教育文化化研究》。

（二）数据分析

1. 词频的分析。807 篇博士学位论文，博士学位论文中的摘要分词涉及 16913 个词语，在 50% 文章中出现的词语只有 41 个词语，占总词语的 0.000003%；在 20% 文章中出现的词语是 217 个，占总词语数量的 1.3%；在 10% 文章中出现的词语是 473 个，占总词语的 2.8%。词语使用率的分布图如图10 所示。

从图10 可形象地看到，黄色的面积最大，即出现 1 次的词语最多，随着词语出现次数的增多，其所占比例降低，出现在 50% 博士学位论文摘要中的词语仅有 41 个，占所有词语的 0.000003%。从数量的统计来看，一方面，可知道研究的广泛性与开创性；另一方面，可知道研究的体

图表标题

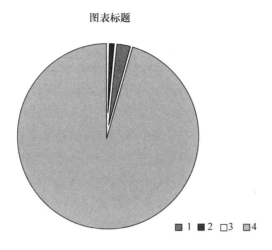

■1 ■2 □3 ■4

图10　词语使用率的分布图

系化建设有待加强。

　　图11呈现的是使用频次在前100位的词语可视图，在这幅图中，可以清晰地看到社会、发展、文化、研究、大学生、马克思主义、德育等词语用得较多，从思想政治教育研究对象来看，人的群体主要集中在大学生，网络、生态等词语也随着时代背景显示出研究热度。文化对于一个国家凝聚力提升的重要作用，也成为思想政治研究多次提及的研究点。核心价值观的培育和德育建设的机制、道德建设的引导等思想政治教育涉及的道德方面内容都包含其中。总体上，研究热点符合时代特色要求，但也存在研究对象较单一的情况。思想政治教育学科具有意识形态性，主要内容包含意识形态的教育，定位就是把人民群众的思想统一到习近平新时代中国特色社会主义思想上来共同建设祖国。

　　虽说大学生是民族的希望，在推动国家建设中具有不可替代的重要作用，但大学生也只是人民群众构成比例的一部分，大学生具有一定的客观认知水平，且具备进行统一思想政治教育研究和研究成果实践的优势，对于进行成果的总结、理论的完善具有得天独厚的优势条件。在自媒体盛行的当下，每一个人都可能成为思想的引领者，如何使每一个人都从国家实际出发，符合国家发展主旋律的引领，成为网络化时代思想政治教育研究的重要课题，首先，要重视全体人民群众的思想政治教育的研究，并根据人的不同思想水平和认知情况进行细

图 11　807 篇文章摘要中使用频次前 100 位的词语可视图

致的分层教育研究，达到人民群众这个人民整体的思想政治教育研究无死角，形成稳固的思想政治教育体系，从研究对象的视角看，大学生只是这个体系的一部分，根据学历划分，还有学前儿童、小学生、中学生、研究生、博士生，这些形态都是大学生的前身和后续，不能把大学生割裂出来，因为人的思想的形成不是从大学开始的，它是伴随着人的出现逐步形成的，即使只是为了更好地做好大学生的思想政治教育，也应该清楚大学生思想政治状态的由来和后续发展，何况我国思想政治教育的对象不仅仅针对大学生。虽然面对我国庞大的人口进行全方位的、有针对性的思想政治教育研究不是一件容易的事情，但研究人员可以把这个目标划分为不同的小任务，使得研究人员各自发挥所长，对每个小任务进行持之以恒的深入研究，最终将研究人员的小任务归纳总结，成为达到大目标的可行性的理论，这样还可以促进学术之间的交流和共进，构成思想研究领域的学术共同体，完善思想政治教育研究对象的体系建设，为思想政治教育学科的发展贡献力量。

根据词语的频数，从一定角度可以看出哪些是重点的研究，但是只有看清词语之间的联系，即通过语义网的分析，才能准确看到热点聚焦的地方。这与考虑一个问题从单独一个点考虑总是片面的，而通过与事物联系的重要的方面都得到考虑与分析，解决问题才会全面是一个道理的。

2. 聚类的分析。下面笔者分别构建文档—词汇矩阵、词汇—文档矩阵、文档—文档矩阵，以此来分析构成文章的主要的语义网，来分析研究的热点。第一步构建271×271的词汇—词汇的共现矩阵（部分），如表5所示。

表5　　　　　　　　807篇博士学位论文摘要高频词语共现矩阵

	把握	包括	保障	背景	本质	变化	表现	不同	不足	部分	层面	产生
把握	240	119	55	77	82	79	70	103	56	100	92	92
包括	119	383	118	138	106	101	117	154	94	172	113	158
保障	55	118	212	68	57	50	71	87	57	93	76	93
背景	77	138	68	253	69	77	74	106	53	120	92	111
本质	82	106	57	69	231	57	72	100	53	88	75	96
变化	79	101	50	77	57	221	71	103	40	86	70	112
表现	70	117	71	74	72	71	217	97	53	91	77	107
不同	103	154	87	106	100	103	97	306	67	127	107	140
不足	56	94	57	53	53	40	53	67	164	74	55	70
部分	100	172	93	120	88	86	91	127	74	297	104	144
层面	92	113	76	92	75	70	77	107	55	104	241	109
产生	92	158	93	111	96	112	107	140	70	144	109	315

根据词语共现矩阵，构建相似矩阵（部分），如表6所示。

$$\text{ochiia 系数} = \frac{\text{AB 共现的次数}}{\sqrt{\text{A 词出现的频次}} \times \sqrt{\text{B 词出现的频次}}}$$

表6　　　　　　　807篇博士学位论文摘要高频词语相似矩阵

	把握	包括	保障	背景	本质	变化	表现	不同	不足	部分	层面	产生
把握	1	0.393	0.24	0.312	0.348	0.343	0.31	0.38	0.282	0.3746	0.383	0.3346
包括	0.393	1	0.41	0.443	0.356	0.347	0.41	0.45	0.375	0.51	0.372	0.4549
保障	0.244	0.414	1	0.294	0.258	0.231	0.33	0.342	0.306	0.3706	0.336	0.3599
背景	0.312	0.443	0.29	1	0.285	0.326	0.32	0.381	0.26	0.4378	0.373	0.3932
本质	0.348	0.356	0.26	0.285	1	0.252	0.32	0.376	0.272	0.336	0.318	0.3559
变化	0.343	0.347	0.23	0.326	0.252	1	0.32	0.396	0.21	0.3357	0.303	0.4245
表现	0.307	0.406	0.33	0.316	0.322	0.324	1	0.376	0.281	0.3585	0.337	0.4093
不同	0.38	0.45	0.34	0.381	0.376	0.396	0.38	1	0.299	0.4213	0.394	0.4509
不足	0.282	0.375	0.31	0.26	0.272	0.21	0.28	0.299	1	0.3353	0.277	0.308
部分	0.375	0.51	0.37	0.438	0.336	0.336	0.36	0.421	0.335	1	0.389	0.4708
层面	0.383	0.372	0.34	0.373	0.318	0.303	0.34	0.394	0.277	0.3887	1	0.3956
产生	0.335	0.455	0.36	0.393	0.356	0.424	0.41	0.451	0.308	0.4708	0.396	1

　　用数字1减去相似矩阵的系数，得到相异矩阵（部分），如表7所示。

表7　　　　　　　807篇博士学位论文摘要高频词语相异矩阵

	把握	包括	保障	背景	本质	变化	表现	不同	不足	部分	层面	产生
把握	0	0.607	0.76	0.688	0.652	0.657	0.69	0.62	0.718	0.6254	0.617	0.6654
包括	0.607	0	0.59	0.557	0.644	0.653	0.59	0.55	0.625	0.49	0.628	0.5451
保障	0.756	0.586	0	0.706	0.742	0.769	0.67	0.658	0.694	0.6294	0.664	0.6401
背景	0.688	0.557	0.71	0	0.715	0.674	0.68	0.619	0.74	0.5622	0.627	0.6068
本质	0.652	0.644	0.74	0.715	0	0.748	0.68	0.624	0.728	0.664	0.682	0.6441
变化	0.657	0.653	0.77	0.674	0.748	0	0.68	0.604	0.79	0.6643	0.697	0.5755
表现	0.693	0.594	0.67	0.684	0.678	0.676	0	0.624	0.719	0.6415	0.663	0.5907
不同	0.62	0.55	0.66	0.619	0.624	0.604	0.62	0	0.701	0.5787	0.606	0.5491
不足	0.718	0.625	0.69	0.74	0.728	0.79	0.72	0.701	0	0.6647	0.723	0.692
部分	0.625	0.49	0.63	0.562	0.664	0.664	0.64	0.579	0.665	0	0.611	0.5292
层面	0.617	0.628	0.66	0.627	0.682	0.697	0.66	0.606	0.723	0.6113	0	0.6044
产生	0.665	0.545	0.64	0.607	0.644	0.576	0.59	0.549	0.692	0.5292	0.604	0

根据词语矩阵，分别进行树状聚类和多维尺度分析，先确定选择哪些词语变量进行聚类，采用"R型聚类"，利用文档—词汇矩阵构建词汇—词汇的相似矩阵，相似系统取值为0到1，以此为基础，进行词语之间的聚类，即相似系数越大，两个词语一起出现的概率就越大，反之两个词语一起出现的概率就越小，通过聚类可以看看哪些词语相近，从而剔除一些极其相似的词汇，减少分析的总词语数量，提高效率。

通过树状聚类图，详见附录八，附录八上面的标识，即0—25，表示能聚在一起的可能性，SPSS自动将词语间的距离映射在0—25之间。数字越高，表明分在一起的可能性越低。同组数字越低，说明分在一起的可能性越大、越合理。从此图中看出能分开的词语极少，所以我们不再进行词语的剔除，全部词语纳入分析指标。271个词语之间的树状聚类图，通过"剪枝"来确定分类的数量。从附录八可见，分类很细，几乎都不聚在一类。

树状聚类能够体现词语之间的相互关系，但不能体现每个词语在整个词语系统中的位置，下面通过多维尺度分析，根据词语之间的相异矩阵，将每个词语投射到二维空间中，使得词语之间的关系和词语在整个系统的位置得以形象化的体现。多维尺度分析结果。如图12所示，217个词语之间的关系属于平铺，且分布均匀，密度相似，说明思想政治教育博士学位论文研究的内容没有形成明显的分类，没有层次，研究的内容属于平铺的状态。如冯刚、郑永廷在《思想政治教育学科30年发展研究报告》中所言，思想政治教育学科的繁荣发展目前主要停留在规模扩张的外延发展阶段。[1]

通过聚类多维尺度分析，可以看出思想政治教育研究内容庞杂，没有形成明显的分类，这种现象，一方面因为思想政治教育研究以人类社会中广泛存在和发展变化的思想政治教育现象为研究对象，着力揭示思想政治教育的本质和规律，[2] 所以思想政治教育研究涉及的内容较广泛；另一方面也说明，在研究人员总数一定的前提下，一些研究存在表面化，没有形成学科该有的梯队式研究模式，在学术研究的交流与递进方面存在薄弱

---

[1]　冯刚、郑永廷：《思想政治教育学科30年发展研究报告》，光明日报出版社2014年版，第16页。

[2]　张雷声：《马克思主义理论学科体系建构与建设研究》，经济科学出版社2011年版，第174—175页。

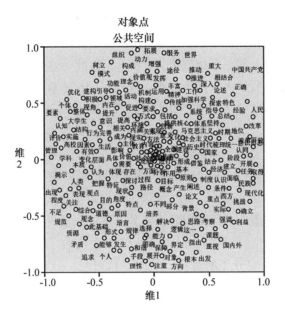

图12　217 个词语多维尺度分析结果

环节。

　　通过结果也可清晰地看到，研究的主要内容拘泥于概念化的研究，而缺乏概念的落地，或是理论指导实践的研究，即思政而思政。思想政治教育博士学位论文主题之间的逻辑性有待加强，即需要推进思想政治教育学科体系化的建设。在思想政治教育研究的这片森林，既要保护树木的独特性，也要注重树木之间的整体关联与协调统一性，形成和谐的、相互促进的局面，不断扩大思想政治教育研究的体系。

　　无论是树状聚类分析还是多维尺度分析，都是基于词语之间的联系来分析研究内容的整体状况，下面笔者基于 LDA 模型①对博士学位论文进行聚类。利用 LDA 模型，如果把 807 篇文章分为三类，下面列出每类中最相似的 5 篇文章。第一类的 5 篇文章为：《大学生心理健康辅导方法探索》《社会化媒体环境下公民政治认同教育研究》《新媒体视域下马克思主义大众传播研究》《哈贝马斯宪法爱国主义理论研究和公民道德建设的德性伦理学基础》；第二类的 5 篇文章为：《高校辅导员职业认同研究》

――――――――――

　　① LDA 模型：狄利克雷分配（LDA）拟合主题模型，是一种主题模型方法。

《高校网络舆情引导研究》《大学生政治素质评估研究》《重塑内在与外在两个世界》《思想政治教育视野下学习型干部培养质量管理研究》；第三类的5篇文章为：《当代大学生理想观研究》《加拿大高校公民教育方法研究》《高校辅导员核心能力建设问题研究》《高校廉政文化建设评价指标体系构建研究》《生涯视域中的思想政治教育研究》。三类中，聚在第一类的5篇文章中，文章摘要共同出现25个词语，5篇文章虽然聚为一类，但它们相似的地方只是，内容都包含中国，考虑到了时代因素、价值、领域、基础、意义、借鉴等比较宏观的说法；而不一样的地方是，看不出有具体明确的相似的研究对象、相似的研究方法、相似的研究基础和意义，可见一类的相似性或是融合度并不高。

三类中，第二类的5篇文章中，就有6个相同词语同时出现在5篇摘要中，政治、思想、教育、社会、具有、实现。第三类的5篇文章中，有13个词语同时出现在5篇摘要中，分别为：高校、研究、发展、理论、分析、创新、文化、方法、主要、概念、需要、原则、构建。

如果分为五类，则分类情况如下。第一类的5篇文章分别为：《高校学生园区思想政治教育研究》《大中小学社会核心价值观教育衔接机制研究》《生涯视域中的思想政治教育》《公民德性研究》《应然·实然·适然：我国高校辅导员角色的三维考量》。第二类的5篇文章分别为：《基于生态位理论的高校德育绩效评价研究》《当代大学生理想观研究》《当代大学生政治观研究》《思想政治理论课对大学生社会凝聚力作用的定量研究》《高校思想政治教育服务学习研究》。第三类的5篇文章分别为：《大学生政治素质评估研究》《加拿大高校公民教育方法研究》《当代西方社会思潮对大学生价值观的影响及对策研究》《道德外化与高校外化德育研究》《当代中国大学生精神动力培养研究》。第四类的5篇文章分别为：《社会化媒体环境下公民政治认同教育研究》《思想政治教育视野下学习型干部培养质量管理研究》《高校廉政文化建设评价指标体系构建研究》《德育视域下大学生情商培育研究》《当代中国农民信仰问题研究》。第五类的5篇文章分别为：《高校思想政治理论课教学模式变革研究》《高校网络舆情引导研究》《思想政治教育视域下大学生精神成人研究》《新媒体的发展趋势及其对价值观的影响》《高校思想政治教育环境影响因素分析与优化研究》。

五类里面的第一类5篇文章的摘要中有19个词语共同出现在5篇摘

要之中，分别为：研究、发展、理论、主要、价值、提出、进行、实践、基础、分析、问题、实现、重要、内容、途径、马克思主义、建设、内涵、梳理。第二类5篇摘要中有8个词语共同出现在5篇文章中，分别为：教育、理论、思想、研究、进行、基础、实践、问题。第三类5篇摘要中有19个词语共同出现在5篇文章中，分别为：社会、研究、精神、理论、思想、分析、实践、方法、主要、实现、具有、内容、重要、目标、内涵、形成、存在、提供、作用。第四类5篇摘要中有5个词语相同，分别为：理论、提出、发展、管理、需要。第五类5篇摘要中有1个词相同，为政治。

如果分为十类，则分类情况如下。第一类的5篇文章分别为：《当代中国农民信仰问题研究》《生涯视域中的思想政治教育研究》《西南民族地区大学生政治认同教育研究》《高校辅导员职业认同研究》《学习型社会建设中的终身德育研究》。第二类的5篇文章分别为：《网络思想政治教育理论研究》《社会主义协商民主背景下的公民意识培育》《我国知识产权教育与文化战略研究》《中国网络媒介的主流意识形态建设研究》《高校思想政治理论课教学模式变革研究》。第三类的5篇文章分别为：《当代主要错误思潮对我国大学生政治认同影响研究》《我国生态文明建设公众参与研究》《共青团青年志愿服务工作机制的建构与完善研究》《基于协同学理论的思想政治教育方法创新研究》《费边社会主义思想研究（1884—1984）》。第四类的5篇文章分别为：《思想政治教育视野下学习型干部培养质量管理研究》《高校辅导员核心能力建设问题研究》《高校思想政治教育服务学习研究》《基于生态位理论的高校德育绩效评价研究》《社会化媒体环境下公民政治认同教育研究》。第五类的5篇文章分别为：《思想政治理论课对大学生社会凝聚力作用的定量研究》《当代西方社会思潮对大学生价值观的影响及对策研究》《道德外化于高校外化德育研究》《高校思想政治教育环境影响因素分析与优化研究》《应然·实然·适然：我国高校辅导员角色的三维考量》。第六类的5篇文章分别为：《哈贝马斯宪法爱国主义理论研究》《"90后"大学生理想信念现状与教育对策研究》《复杂性思维视域下大学生思想政治教育研究》《和谐社会构建中城市文化建设研究》《当代中国大学生精神动力培育研究》。第七类的5篇文章分别为：《新媒体视域下马克思主义大众传播研究》《詹姆斯·麦迪逊多元主义政治思想研究》《江泽民意识形态建设理论研究》《当代大学生职业价值观研究》《社会化媒体环境下公民政治认同教育研究》。第八类的5篇文章分别为：《大中小学社会主义核心价值观教育衔接机制研究》《公民德性研究》《当代中国大学生马克思主义祖国观教育研究》《当代大学生政治观研究》《我国市场经济条件下诚信问题研究》。第九类的5篇文章分别为：《高校网络舆情引导研究》《加拿大高校公民教育方法研究》《高校学生园区思想政治教育研究》《赫尔曼·基泽克政治教育思想研究（1960—2000）》《新媒体的发展趋势及其对价值观的影响》。第十类的5篇文章分别为：《大学生政治素质评估研究》《德育视阈下大学生情商培育研究》《司法和谐研究》《美国中小学公民学课程标准研究》《当代大学生理想观研究》。

第一类5篇文章中，共同出现的词语共22个，分别为：政治、社会、问题、理论、研究、文化、进行、发展、分析、实践、提出、建设、主要、基本、产生、具有、部分、认知、实现、重要、历史、目标。第二类5篇文章中，共同出现的词语共8个，分别为：政治、发展、进行、实现、传统、具有、体系、存在。第三类5篇文章中，共同出现的词语共8个，分别为：教育、理论、方法、社会、发展、具有、重要、实现。第四类5篇文章中，共同出现的词语共7个，分别为：理论、教育、思想、发展、创新、重要、科学。第五类5篇文章中，共同出现的词语共7个，分别为：高校、思想、进行、分析、研究、提出、具有。第六类5篇文章中，共同出现的词语共13个，分别为：教育、研究、理论、政治、思想、社会、发展、问题、方面、价值、实现、形成、提供。第七类5篇文章中，共同出现的词语共6个，分别为：政治、理论、影响、基础、进行、具有。第八类5篇文章中，共同出现的词语共10个，分别为：研究、主要、社会主义、进行、理论、问题、基础、提出、基本、提供。第九类5篇文章中，共同出现的词语共6个，分别为：政治、分析、内容、创新、概念、内涵。第十类5篇文章中，共同出现的词语共10个，分别为：研究、社会、理论、发展、分析、影响、方面、重要、相关、全面。

以上是三种分类的结果，统计它们的共同特性是，每5篇文章的摘要中共同出现的词语的次数分布在 [1, 25]，且共同出现的词语没有涉及思想政治教育的要素研究，即不包括研究对象、研究方法、价值、功能等相关的理论知识，共同出现的词语都是形式化的语言。这一现象表明，思想政治教育的807篇博士学位论文在研究理论、方法、对象等根本问题上没有形成明显的条理清晰的层次化研究，研究内容较宽泛，表明思想政治教育专业博士学位论文研究缺乏体系指导下的科学构建，不利于学科的内涵式发展。

通过对摘要词语的树状聚类分析、多维尺度分析和基于 LDA 模型的文章聚类分析，都显示出 2006—2016 年思想政治教育专业博士学位论文的研究多元化，处于领域扩张阶段，没有形成层次化的体系结构。这与思想政治教育学科的背景有关，虽然这个学科已成立 34 年多，但相对于其他哲学社会科学学科来说，还是年轻的学科，研究的多元化为今后学科的深入发展奠定了良好的基础。同时表明，思想政治教育专业博士培养要加强思想政治教育体系的指导，在体系框架内开展研究，稳步深化思想政治教育研究，使研究在具备广度的前提下，同时具备深度和厚度。

三　博士学位论文的关键词的分析

807 篇博士学位论文，涉及文章关键词 1933 个，关键词及其分布频率见图 13（部分），且关键词是按照频次降序排列。显示的关键词是在 10 篇及以上文章中出现的关键词，共 22 个，占总数的 1.1%。文章研究的重合度很低，阶梯进步即文献中呈现继承关系的文献情况几乎没有（见表 8）。

表 8　出现在 10 篇以上思想政治教育专业博士学位论文关键词的次数分布表

序号	关键词	频次	序号	关键词	频次
1	思想政治教育	187	12	思想政治工作	15
2	大学生	106	13	机制	14
3	中国共产党	27	14	社会主义核心价值体系	14
4	高校	27	15	当代中国	14
5	教育	25	16	建设	12
6	创新	19	17	新时期	12
7	道德教育	19	18	社会转型	12
8	马克思主义	19	19	研究	12
9	社会主义核心价值观	17	20	新媒体	11
10	意识形态	15	21	对策	11
11	培育	15	22	价值	11

　　通过高频关键词的演变可以了解研究主题的变化趋势，图13是根据高频关键词随年度变化的折线图，从图中可见，在807篇博士学位论文中，出现11次及以上的22个关键词并没有随着时间的改变而发生突变，即没有任何一个高频关键词是突然出现或突然消失的。此种现象说明，自思想政治教育专业博士点成立以来到2016年，博士生较集中关注的领域并没有发生明显的改变。从研究对象来看，大学生的思想政治教育领域一直是研究相对集中的领域，这符合学科的发展要求，在《马克思主义理论学科体系建构与建设研究》中，明确提出马克思主义理论学科的设立有着特定的社会背景和社会需要，其中最重要的就是我国哲学社会科学的进一步繁荣发展和大学生思想政治教育的进一步加强改进。[1] 研究的思想政治教育内容主要集中在道德教育、社会主义核心价值观和社会主义核心价值体系。比较关注的时间点是新时期和社会转型期。同时，注重思想政治教育的意识形态性的研究。从807篇博士学位论文的高频关键词看论文的主题，相对集中的领域都是较思想政治教育学科定位来讲长期重点关注的领域。

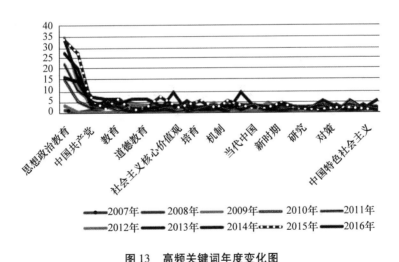

图13　高频关键词年度变化图

　　表9是对关键词使用频次的情况做的分布统计。

---

　　① 张雷声：《马克思主义理论学科体系建构与建设研究》，经济科学出版社2011年版，第49页。

表9　　　　　　　　807篇博士学位论文关键词使用次数分布表

序号	频次	汇总	占比（%）	累计百分比（%）
1	187	1	0.05	0.05
2	106	1	0.05	0.10
3	27	2	0.10	0.21
4	25	1	0.05	0.26
5	19	3	0.16	0.41
6	17	1	0.05	0.47
7	15	3	0.16	0.62
8	14	3	0.16	0.78
9	12	4	0.21	0.98
10	11	3	0.16	1.14
11	10	2	0.10	1.24
12	9	7	0.36	1.60
13	8	6	0.31	1.91
14	7	8	0.41	2.33
15	6	13	0.67	3.00
16	5	20	1.03	4.04
17	4	37	1.91	5.95
18	3	84	4.35	10.29
19	2	187	9.67	19.97
20	1	1547	80.03	100.00

　　从关键词频次分布统计表中可以清晰地看到，使用1次和2次的关键词占到关键词总体数量的90%左右，又一次验证了文章的重合度较低。

　　哪些关键词经常一起出现，下面第一步构建关键词的共现矩阵，在这里选的是出现在5篇文章以上的关键词（部分），如表10所示。

表 10　出现在 5 篇以上思想政治教育专业博士学位论文的关键词的共现矩阵

	思想政治教育	大学生	中国共产党	高校	教育	创新	道德教育	马克思主义	社会主义核心价值观
思想政治教育	187	35	3	13	1	5	0	3	1
大学生	35	106	0	2	11	1	3	1	6
中国共产党	3	0	27	0	1	1	0	0	0
高校	13	2	0	27	1	0	1	0	0
教育	1	11	1	1	25	0	0	1	2
创新	5	1	1	0	0	19	1	0	1
道德教育	0	3	0	0	0	0	19	0	0
马克思主义	3	1	0	0	1	0	0	19	0
社会主义核心价值观	1	6	0	0	2	1	0	0	17

关键词之间的关系可视图见图 14。

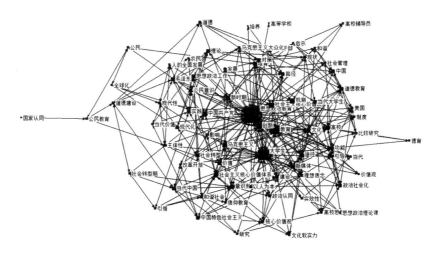

图 14　关键词之间的关系可视图

从思想政治教育专业博士学位论文关键词关系可视化图中可见，全体思想政治教育博士学位论文都是围绕思想政治教育这个主题开展的，最显著的研究对象就是大学生；时期特点是新时期、当代中国、改革开放；研究内容是社会主义核心价值观和社会主义核心价值体系；研究的路径、对策、机制等落实的办法；信仰教育、道德建设、文化影响也都在研究范围内，与美国的比较研究也受关注。

四　思想政治教育专业博士学位论文参考文献的概况

CNKI博士学位论文库共收录2006—2015年思想政治教育专业博士学位论文807篇，涉及参考文献134893条数据，文献来源分为期刊、图书、外文题录、国际期刊、博硕士学位论文、报纸、年鉴、重要会议和国际会议。

博士学位论文，共涉及134893条参考文献，其中期刊文献54249条，图书文献60406条，博士学位论文2228条，硕士学位论文2596条，报纸2177条，外文题录13041条，国际期刊1037篇，年鉴数据27条，重要会议26条，国际会议6条，以下做一个各组成部分的百分比，如图15所示。

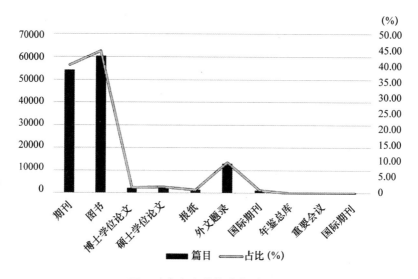

图15　参考文献构成类型及比例

可以看出，在10种类别的参考文献中，图书、期刊、外文题录排在前3位，其他占比都不足2%。在收集思想政治教育博士学位论文参考文献数据的过程中，遇到数据格式不统一的问题，譬如参考文献中，对于外国文献，有的标明作者的国籍，有的没有标明，那么从数据唯一性的角度来讲，这将被计算机认为是两个人，那么在一些影响力的计算上，就会存在显著性的错误。这种情况不利于数据的统计，对于研究人员需要做很多数据清理工作，而且容易造成误差。每一个做此项工作的研究人员都要做重复的数据整理工作，消耗大部分的时间，为了避免不必要的重复工作，建议思想政治教育专业博士生按照《文后参考文献著录规则》（GB 7714—87）的标准进行参考文献著录。

五 高频被引用的思想政治教育专业博士学位论文内容分析

（一）高频被引用的思想政治教育专业博士学位论文的分布

引用率的定义：引用率 $= \dfrac{被引次数}{下载次数} \times 100\%$，通过查询下载次数最少是 7，所以不存在下载次数不在定义域范围内。通过计算，看看引用率是否与论文完成的时间相关，受不受论文完成时间的影响。在进行分类汇总的时候出现问题，即百分数保存的是两位数，看似相同的两个数，却不能归在一类，经查实虽然显示的是两位数，但是背后隐藏着其他余下的全部数字，解决的办法是在选项里面进行设置，将精度设为所显示的精度，这样就可以完美分类了（见表 11）。

表 11 　　　　　807 篇博士学位论文年度引用分布情况

序号	年度	引用率分段	数量	序号	年度	引用率分段	数量
1	2006	0%	0	15	2009	[50%，100%）	0
2	2006	(0%，50%）	1	16	2009	100%	0
3	2006	[50%，100%）	0	17	2010	0%	2
4	2006	100%	0	18	2010	(0%，50%）	56
5	2007	0%	0	19	2010	[50%，100%）	0
6	2007	(0%，50%）	3	20	2010	100%	0
7	2007	[50%，100%）	0	21	2011	0%	3
8	2007	100%	0	22	2011	(0%，50%）	100
9	2008	0%	0	23	2011	[50%，100%）	0
10	2008	(0%，50%）	9	24	2011	100%	0
11	2008	[50%，100%）	0	25	2012	0%	8
12	2008	100%	0	26	2012	(0%，50%）	119
13	2009	0%	0	27	2012	[50%，100%）	0
14	2009	(0%，50%）	6	28	2012	100%	0

续表

序号	年度	引用率分段	数量	序号	年度	引用率分段	数量
29	2013	0%	10	37	2015	0%	54
30	2013	(0%，50%)	134	38	2015	(0%，50%)	71
31	2013	[50%，100%)	0	39	2015	[50%，100%)	0
32	2013	100%	0	40	2015	100%	0
33	2014	0%	23	41	2016	0%	78
34	2014	(0%，50%)	122	42	2016	(0%，50%)	8
35	2014	[50%，100%)	0	43	2016	[50%，100%)	0
36	2014	100%	0	44	2016	100%	0

经过卡方检验，$\chi^2 = 347.918$，$P < 0.05$，所以说明思想政治教育专业博士学位论文的引用率与学位论文的完成时间有关。从数据上显示，社会科学的研究有时需要时间的沉淀，才可评判它的价值性。

下面分析被引率与学校类型是否相关：因为，中央党校不招收本科生，所以不在211、985评定范围之内，本书涉及学校分类的操作，都将中央党校标识为一个类型（见表12）。

表12   807篇博士学位论文按学校类型的引用分布表

院校类别	引用率分布				汇总
	0%	(0%，50%)	[50%，100%)	100%	
非211非985	16	95	0	0	111
211	102	353	0	0	455
985	54	148	0	0	202
中央党校	6	33	0	0	39
汇总	178	629	0	0	807

卡方分析的结果，$\chi^2 = 87.036$，$p < 0.05$，所以说明思想政治教育专业博士学位论文的引用率与学位论文的来源单位的性质有关。

下面分析被引率与一级学科点是否相关（见表13）。

表 13　　　　807 篇博士学位论文按是否是一级学科的引用分布表

是否是一级学科	引用率分布				汇总
	0%	(0%，50%)	[50%，100%)	100%	
是	95	317	0	0	412
否	83	312	0	0	395
汇总	178	629	0	0	807

卡方分析的结果，$\chi^2 = 0.491$，$p > 0.05$，所以说明思想政治教育专业博士学位论文的引用率与学位论文的来源单位是否是一级学科没有关系。

下面分析被引率与博士点成立时间是否相关（见表 14）。

表 14　　　　807 篇博士学位论文按所属博士点成立时间的引用分布表

博士点成立时间	引用率分布				汇总
	0%	(0%，50%)	[50%，100%)	100%	
1996 年	8	25	0	0	33
1998 年	19	72	0	0	91
2000 年	10	30	0	0	40
2003 年	34	141	0	0	175
2006 年	107	357	0	0	464
2010 年	0	4	0	0	4
汇总	178	629	0	0	807

卡方分析的结果，$\chi^2 = 2.474$，$p > 0.05$，所以说明思想政治教育专业博士学位论文的引用率与学位论文的来源单位的博士点成立时间没有关系。

下面分析被引率与学校地区是否相关（见表 15）。

表 15　　　　807 篇博士学位论文按地区分类的引用分布表

地区	引用率分布				汇总
	0%	(0%，50%)	[50%，100%)	100%	
东北	39	136	0	0	175
华北	25	137	0	0	162

续表

地区	引用率分布				汇总
	0%	(0%，50%)	[50%，100%)	100%	
华东	56	184	0	0	240
华南	2	1	0	0	3
华中	37	106	0	0	143
西北	8	20	0	0	28
西南	11	45	0	0	56
汇总	178	629	0	0	807

卡方分析的结果，$\chi^2 = 9.934$，$p > 0.05$，所以说明思想政治教育专业博士学位论文的引用率与学位论文的来源单位的地区分布没有关系。

通过分析得出，学位论文的引用率与学位论文完成时间、学位论文的来源单位、学位论文来源单位的性质相关，与博士学位论文来源单位是否是一级学科、博士点的成立时间、学校的地域分布没有关系。如果要提升学位论文的引用率，可以从学院建设开始。

（二）高频被引用的思想政治教育专业博士学位论文内容分析

下面分析相对高被引率的文章研究的内容，以此为各位学者提供思政领域研究的热点。本书把引用率大于或等于1%的博士学位论文定义为相对高被引文章，共计36篇。对这36篇文章的摘要进行分词分析和聚类分析。

36篇文章的摘要中，出现在2篇及以上文章摘要中的词语共306个，前20%词语的大体分布如图16所示，这是词语整体使用频次的可视图，在这幅图中，可清晰地看到教育、发展、精神、文化、德育、民族、农村、引导、资源等词语用得较多，可是通过单个词语出现的频次，只能看出哪些词语用得较热，并不能确定哪些领域为研究的热点。为了确定研究领域的热点内容，我们需要借助词语之间的关系网络，来科学构建研究的趋势。下面我们以词汇—词汇矩阵来分析构成文章的主要的语义网和研究的热点。

图 16 高被引博士学位论文摘要高频词可视图

词汇—词汇共现矩阵（部分）（见表 16）。

表 16　　　　　　　　高被引博士学位论文摘要高频词共现矩阵

	把握	百家争鸣	榜样	包含	包括	保障	保证	背景	本质	变化	部分	部署
把握	3	0	0	0	0	0	0	1	0	0	1	0
百家争鸣	0	2	0	1	1	0	0	0	0	0	1	0
榜样	0	0	2	0	0	0	0	0	0	0	0	0
包含	0	1	0	2	1	0	0	0	0	0	0	0
包括	0	1	0	1	3	0	0	1	0	0	0	0
保障	0	0	0	0	0	2	0	0	0	0	0	0
保证	0	0	0	0	0	0	2	0	0	0	0	1
背景	1	0	0	0	1	0	0	2	0	0	1	0
本质	0	0	0	0	0	0	0	0	4	0	0	0
变化	0	0	0	0	0	0	0	0	0	2	0	0
部分	1	1	0	0	0	0	0	1	0	0	4	0
部署	0	0	0	0	0	0	1	0	0	0	0	2

词汇—词汇相似矩阵（部分）（见表17）。

表17　　　　　　　　高被引博士学位论文摘要高频词相似矩阵

	把握	百家争鸣	榜样	包含	包括	保障	保证	背景	本质	变化	部分	部署
把握	1.0000	0.0000	0.0000	0.0000	0.0000	0.0000	0.0000	0.4082	0.0000	0.0000	0.2887	0.0000
百家争鸣	0.0000	1.0000	0.0000	0.5000	0.4082	0.0000	0.0000	0.0000	0.0000	0.0000	0.3536	0.0000
榜样	0.0000	0.0000	1.0000	0.0000	0.0000	0.0000	0.0000	0.0000	0.0000	0.0000	0.0000	0.0000
包含	0.0000	0.5000	0.0000	1.0000	0.4082	0.0000	0.0000	0.0000	0.0000	0.0000	0.0000	0.0000
包括	0.0000	0.4082	0.0000	0.4082	1.0000	0.0000	0.0000	0.4082	0.0000	0.0000	0.0000	0.0000
保障	0.0000	0.0000	0.0000	0.0000	0.0000	1.0000	0.0000	0.0000	0.0000	0.0000	0.0000	0.0000
保证	0.0000	0.0000	0.0000	0.0000	0.0000	0.0000	1.0000	0.0000	0.0000	0.0000	0.0000	0.5000
背景	0.4082	0.0000	0.0000	0.0000	0.4082	0.0000	0.0000	1.0000	0.0000	0.0000	0.3536	0.0000
本质	0.0000	0.0000	0.0000	0.0000	0.0000	0.0000	0.0000	0.0000	1.0000	0.0000	0.0000	0.0000
变化	0.0000	0.0000	0.0000	0.0000	0.0000	0.0000	0.0000	0.0000	0.0000	1.0000	0.0000	0.0000
部分	0.2887	0.3536	0.0000	0.0000	0.0000	0.0000	0.0000	0.3536	0.0000	0.0000	1.0000	0.0000
部署	0.0000	0.0000	0.0000	0.0000	0.0000	0.0000	0.5000	0.0000	0.0000	0.0000	0.0000	1.0000

根据306个词语的相似矩阵，构建词语网络关系图，节点的大小代表词语出现的次数，词语之间的连线代表相关系数大于或等于0.5，清晰可见哪些词语比较相近，由图17可见形成了几个团，每个团代表比较集中的研究。

几个团研究的内容，也就是相对高被引的文章的研究内容，主要集中在以下几个方面。把握大学生的特点，创建机制，引导大学生树立正确的观念；弘扬继承优秀民族文化，基于生态环境建设中国特色社会主义；新形势下，深入开展道德教育对推进建设和谐社会的意义；国有企业如何应对经济危机；贯彻落实的时效性；改革开放时期引领人民群众正确认识我国现今所处的时期，并调动广大干部为建设中国特色社会主义而努力奋斗；基于全球化的趋势，与时俱进地开展思想政治教育工作；全民素质对综合国力提升的影响；并在多处提到了联系实际、注意实际意义，以此体现思想政治教育学科的应用学科性质。从集中内容看，考虑了时代背景下的思想政治课题、思想政治教育的途径、方法研究较易受到关注，如改革

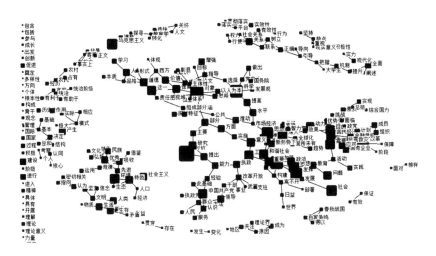

图 17　高频被引思想政治教育专业博士学位论文摘要出现 2 次以上的词语关系图

开放、全球化、经济危机、和谐社会等相关内容，思想政治教育作为研究
与人思想相关规律的学科，人与人构成社会，所以思想政治研究通过研究
对象与国家的发展、社会的进步有多向的联系面，做好思想政治教育研究
工作，对于增强国家综合实力，在改革开放的背景下推动经济的发展都起
到了不可替代的重要作用。为了发挥思想政治教育研究的作用，量化现今
思想政治研究的内容，与国家现实情况、社会的当今背景相结合，查漏补
缺，发挥长处，补齐短板，使思想政治研究工作在学科定位的基础上，积
极地为祖国的强盛发挥自己应有的功能。例如，对比发现，在思想政治的
理论基础研究、比较研究、历史研究方面还有待加强。

第二章

思想政治教育专业博士学位论文的
图书类型参考文献分析

　　参考文献是论文研究的主要资料来源，通过对参考文献的分析，将呈现论文的一些特性。对参考文献类别的分析，透视出思想政治教育研究领域学术思想交流的主要平台与载体；对参考文献的学科类别分析，客观体现了思想政治教育学研究与其他学科之间的关联；对参考文献新颖度和老化程度的分析，体现思想政治教育专业博士学位论文研究的时效性；通过对引用率的分析，追踪思想政治教育学的理论核心与研究领域的范畴；统计引用导师著作的情况，分析学术共同体的构建与学术继承的现状。

第一节　思想政治教育专业博士学位论文图书
类型参考文献数据的整理

　　对 60406 条著作类参考文献数据进行整理与修改，查询有相同年份、相同名称、相同出版社而作者不同的数据，并且结合中国知网博士学位论文的参考文献信息、读秀和百度学术的读书信息进行查询相关著作，以确保这些数据就是相同年份、相同名称、相同出版社，而作者不一样；抑或是信息标错，即相同年份、相同名称、相同出版社，应该为相同的作者，只是数据提取错误，及时进行修改。经查询，在 60406 条记录中，共涉及 146 条记录，即著作名称、出版社和出版年份均相同，但是作者不同，共涉及 306 个作者，也就是说，146 本同书名、同出版社、同出版年度的书，涉及 306 个作者。以下将对 306 条数据逐条核对，看是真不同，还是在收集信息的步骤程序上存在着不一致，导致数据存在差误，以此确保数据的唯一性。

一　校对数据

找出不一致的数据，其实很多原因是翻译的不同，同一个外国作者，翻译过来的数据不一致。有的加入著，有的没加。加了著的，有的与作者名称之间加入空格，而有的没有加入空格。外国作者前国家的符号不同，有的是括号，有的是大括号。外国的，有的标国家，有的没标国家。这些都属于数据格式不统一造成统计误差的原因，在数据驱动的年代，数据格式及要求在同一领域应该保持一致，这样为数据统计决策做铺垫，也会省去大量清理数据的时间和精力，把主要精力用在数据分析和算法之上。

目标就是让有相同出版社、名称和年份的作者该相同就相同（而有的数据本身就是相同出版社、名称和年份，而作者不同，这样的数据已经处理）；譬如：同样的出版社、名称和年份，而有的作者是空的，有的作者有名字，这样的数据就要拿出来比较，并通过查询确认是否应该是同一个作者，本次操作确认《江泽民文选》《中华人民共和国宪法》应该分别是有相同的作者，2006 年人民出版社出版的《江泽民文选》作者都为江泽民，原始数据是 7 条有作者，而 162 条作者信息为空；2004 年人民出版社出版的《中华人民共和国宪法》作者信息都为全国人民代表大会常务委员会法制工作委员会，原始数据是 1 条有作者信息，3 条作者信息为空。

浏览一下年份和出版社，分别升序排序，之后两头检查还有没有"特殊数据"（空的，写的格式与大众不同的），按年份排序，把年份为空的数据，在图书数据表中相应位置进行补齐。还有年份明显不对的进行修改：下面的数据格式为出版社、名称、年份、作者、汇总，经过查询的年份格式进行举例说明，第一条问题数据：出版社＝东方出版中心、名称＝论中西哲学精神、年份数据为空、作者＝［美］成中英著、汇总记录＝1，年份在读秀中查询为 1991；第二条问题数据：出版社＝人民出版社、名称＝什么是对劳动人民的共产主义教育、年份数据为空、作者＝［苏］柯瓦廖夫（С. Ковалев）著、汇总记录＝1，年份在读秀中查询为 1955；第三条问题数据：出版社＝经济日报出版社、名称＝政治参与、年份数据为空、作者＝［日］蒲岛郁夫著、汇总数据＝4，年份在读秀中查询为 1989；第四条问题数据：出版社＝人民出版社、名称＝论党、年份数据为空、作者＝刘少奇著、汇总记录＝2，年份在读秀中查询为 1980；

第五条问题数据，出版社＝解放军出版社、名称＝徐向前军事文选、年份数据为空、作者＝徐向前著、汇总记录＝1，年份在读秀中查询为1993；第六条问题数据，出版社＝人民出版社、名称＝关于若干历史问题的决议、年份数据为空、作者＝中国共产党中央委员会通过、汇总记录＝1，年份在读秀中查询为1953；第七条问题数据，出版社＝经济日报出版社、名称＝彼岸星空、年份数据为空、作者＝［德］伊、汇总记录＝1，年份在读秀中查询为2001、作者是［德］康德；第八条问题数据，出版社＝中国法制出版社、名称＝在法律的边缘、年份＝200、作者＝舒国滢著、汇总记录＝1，年份在读秀中查询为2000；第九条问题数据，出版社＝山东教育出版社、名称＝内外互动德育教程、年份＝1200、作者＝任者春、汇总记录＝1，年份在读秀中查询为2000；第十条问题数据，出版社＝中华书局、名称＝全唐诗、年份数据为空、作者数据为空、汇总记录＝1，在百度中查询，作者为（清）彭定求、年份为1960；第十一条问题数据，出版社＝中华书局、名称＝全唐文、年份数据为空、作者＝中华书局编、汇总记录＝1，按照给定的信息，无法查询到相关的信息。对以上查询的数据在参考著作数据表中进行更正修改。

二　完善数据

校对完毕后，对数据进行了统一修改，为了提高修改的准确率，在正式修改前要对数据进行统计，统计选项包括出版社、名称和年份，检验总数是否与要修改的数据相一致，此种做法保证了数据的准确性和唯一性，为下一步的统计分析奠定良好的基础。

第二节　思想政治教育专业博士学位论文图书类型参考文献的数据分析

本节内容进行高频参考图书共现分析，通过图书的集群现象，挖掘思想政治教育专业博士学位论文的核心图书参考文献。通过图书参考文献的年度分布、老化期限和新颖度等特性指标的分析，了解思想政治教育专业博士学位论文的研究概况。

一　高频参考图书的共现分析

参考图书的共现分析可以呈现图书内容之间的关联，共同出现的次数越多，关联度越高，统计的数据为思想政治教育专业博士生在选取图书资料提供一些图书的指导，促进选取图书的全面性（见表18）。

表18　被807篇博士学位论文参考前50位图书的两两共现情况分布表

序号	书名	对子	被参考次数	序号	书名	对子	被参考次数
1	邓小平文选	12630	306＋237	18	法哲学原理	5124	98
2	现代思想政治教育学	11173	132＋254	19	道德情操论	5026	58
3	思想政治教育学原理	11078	214＋69＋55＋138＋96	20	什么是教育	5015	108
4	马克思恩格斯全集	8843	152	21	1844年经济学—哲学手稿	4827	99
5	马克思恩格斯选集	8362	206	22	资本主义文化矛盾	4648	72
6	思想政治教育学前沿	7070	192	23	思想政治教育价值论	4469	99
7	思想政治教育方法论	6816	139	24	民主主义与教育	4409	68
8	正义论	6813	139	25	精神动力论	4239	83
9	马克思恩格斯文集	6729	146	26	德育新论	4063	56
10	政治学	6490	100	27	交往与社会进化	4002	70
11	思想政治教育有效性研究	6273	138	28	思想政治教育的文化视野	3957	82
12	江泽民文选	6137	169	29	变化社会中的政治秩序	3928	56
13	列宁全集	6112	84	30	意识形态论	3904	56
14	毛泽东选集	5975	146	31	德育哲学引论	3825	61
15	列宁选集	5536	110	32	尼各马可伦理学	3815	57
16	文明的冲突与世界秩序的重建	5387	62	33	比较思想政治教育学	3812	78
17	伦理学	5213	57	34	中国共产党思想政治教育史论	3671	70

续表

序号	书名	对子	被参考次数	序号	书名	对子	被参考次数
35	思想政治教育的人学基础	3643	69	42	思想政治教育载体论	3005	65
36	现代思想道德教育理论与方法	3626	70	43	当代世界的思想政治教育	2924	61
37	道德教育	3500	56	40	江泽民论社会主义精神文明建设	3131	60
38	道德教育的当代论域	3259	59	44	坚定不移沿着中国特色社会主义道路前进，为全面建成小康社会而奋斗	2901	63
39	道德教育的哲学	3246	63	45	现代思想政治教育方法论	2786	54
41	经济与社会	3088	54	46	道德教育原理	2639	54

　　本书是对参考文献的书名进行聚类，所以在这 52 本图书中，以书名为关键唯一项数据进行聚类，表 18 中有的出现次数是用加法表示，说明数据是来自于书名相同，但不是同一本书的出现次数的汇总，如《思想政治教育学原理》这本书涉及 5 个作者出的 5 本书。图 18 为出现"对子"次数与被参考次数的分析图。

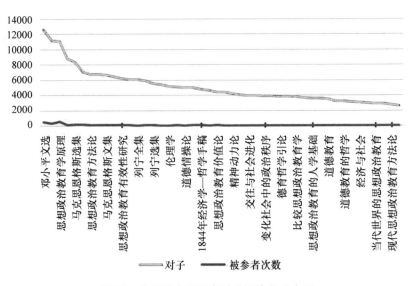

图 18　高频被参考图书的共现次数分布图

从高频图书参考文献被参考次数与结对子关系的分布图（见图 19）中，可以初步判断，二者之间存在一定的正相关关系。下一步进行相关分析，以明确参考文献被参考次数与结对子数量之间相关性的存在性及其程度高低。

相关性			
		对子	被参考次数
对子	皮尔逊相关性	1	0.894＊＊
	显著性（双尾）		0.000
	个案数	46	46
被参考次数	皮尔逊相关性	0.894＊＊	1
	显著性（双尾）	0.000	
	个案数	46	46

注：＊＊表示在 0.01 级别（双尾），相关性显著。

图 19　高频图书参考文献被参考次数与结对子关系的分布图

由图 19 得知，r = 0.894，p = 0.000 < 0.05，表明了参考文献被参考次数与结对子数量之间存在明显的正相关关系。参考文献出现的次数越多，与其结对子的数量越多，说明思想政治教育专业博士学位论文的图书参考文献使用的次数比较均衡。

下面，对高频参考图书进行聚类分析，以便找出思想政治教育专业博士生研究过程中支撑研究的图书基础及其相关状态。对 46 种图书分别进行结对子出现在博士学位论文中的情况做统计，为了看出与哪些类（内容）的图书作为参考文献共同出现在博士学位论文中，即与哪些图书共同作为研究时的参考支撑，将分别统计与 46 种图书共同出现在思想政治教育专业博士学位论文的图书参考文献的前 10 位图书，呈现出为思想政治教育专业博士学位论文研究提供理论基础的理论体。

（一）《邓小平文选》共与 12630 本图书共同出现在博士学位论文的参考文献中，且共同出现的次数分布如表 19 所示。

表19　　　　　　　与《邓小平文选》两两共现图书的次数分布表

序号	共同出现的次数	汇总	占比（％）	累计占比（％）
1	[1，10]	12258	97.05	97.05
2	(10，20]	245	1.94	98.99
3	(20，50]	103	0.82	99.81
4	(50，193]	24	0.19	100.00

　　本书主要分析的是46种图书的聚类情况，所以本书只分析46本图书结对子出现的情况。《邓小平文选》收集了邓小平同志各时期的主要代表著作，反映了他对军事、政治、经济、党的建设等方面作出的贡献。他的这些思想、理论，是马克思主义中国化的主要理论著作，特别是其中一些富有创造性的思想，清晰地体现了马克思主义理论与时俱进的开放性，集中反映了邓小平思想的发展脉络和主要内容，帮助了解邓小平思想的精神实质和思想内涵，可以更好地理解马克思主义理论在中国的运用与发展，指导思想政治教育学的发展。

　　与《邓小平文选》出现在同一篇博士学位论文参考文献中次数排在前10位的图书中，马克思主义经典作家和国家领导人图书分别为《马克思恩格斯全集》《马克思恩格斯选集》《江泽民文选》《毛泽东选集》《列宁选集》《列宁全集》，其他图书为《现代思想政治教育学》《思想政治教育学原理》《思想政治教育学前沿》《思想政治教育方法论》。《邓小平文选》经常与中国政治、马克思恩格斯著作、列宁著作形成理论体出现在思想政治教育专业博士学位论文之中，符合思想政治教育学科的定位。

　　（二）《现代思想政治教育学》共与11173本图书共同出现在博士学位论文的参考文献中，且共同出现的次数分布如表20所示。

表20　　　　　与《现代思想政治教育学》两两共现图书的次数分布表

序号	共同出现的次数	汇总	占比（％）	累计占比（％）
1	[1，10]	10821	96.85	96.85
2	(10，20]	221	1.98	98.83
3	(20，50]	104	0.93	99.76
4	(50，250]	27	0.24	100.00
	汇总	11173	100.00	100.00

　　与《现代思想政治教育学》出现在同一篇博士学位论文中次数排在前10位的图书中，马克思主义经典作家和国家领导人图书分别为《邓小平文选》《马克思恩格斯全集》《马克思恩格斯选集》《马克思恩格斯文集》《毛泽东选集》，其他图书分别为《思想政治教育学原理》《思想政治教育学前沿》《思想政治教育方法论》《思想政治教育有效性研究》《思想政治教育价值论》。可见，《现代思想政治教育学》主要与中国政治、中国共产党著作、马克思恩格斯著作形成理论体出现在思想政治教育专业博士学位论文之中。

　　（三）《1844年经济学—哲学手稿》共与4827本图书共同出现在博士学位论文的参考文献中，且共同出现的次数分布如表21所示。

表21　　与《1844年经济学—哲学手稿》两两共现图书的次数分布表

序号	共同出现的次数	汇总	占比（%）	累计占比（%）
1	[1，10]	4764	98.69	98.69
2	(10，20]	47	0.97	99.67
3	(20，50]	15	0.31	99.98
4	(50，51]	1	0.02	100.00
	汇总	4827	100.00	100.00

　　与《1844年经济学—哲学手稿》出现在同一篇博士学位论文中次数排在前10位的图书中，马克思主义经典作家和国家领导人图书分别为《邓小平文选》《马克思恩格斯全集》《马克思恩格斯选集》，其他图书分别为《现代思想政治教育学》《思想政治教育学原理》《思想政治教育学前沿》《思想政治教育方法论》《正义论》《法哲学原理》《伦理学》。可见，《1844年经济学—哲学手稿》主要与中国共产党著作、中国政治、马克思恩格斯著作、哲学类著作形成理论体出现在思想政治教育专业博士学位论文之中。

　　（四）《比较思想政治教育学》共与3812本图书共同出现在博士学位论文的参考文献中，且共同出现的次数分布如表22所示。

表22　　　与《比较思想政治教育学》两两共现图书的次数分布表

序号	共同出现的次数	汇总	占比（%）	累计占比（%）
1	[1, 10]	3763	98.71	98.71
2	(10, 20]	36	0.94	99.66
3	(20, 50]	11	0.29	99.95
4	(50, 65]	2	0.05	100.00
汇总		3812	100.00	100.00

　　与《比较思想政治教育学》出现在同一篇博士学位论文中次数排在前10位的图书中，马克思主义经典作家和国家领导人图书分别为《邓小平文选》《马克思恩格斯选集》《马克思恩格斯全集》，其他图书分别为《思想政治教育学原理》《现代思想政治教育学》《思想政治教育方法论》《思想政治教育有效性研究》《思想政治教育学前沿》《当代世界的思想政治教育》《中国共产党思想政治教育史论》。可见，《比较思想政治教育学》主要与中国政治、中国共产党著作、马克思恩格斯著作形成理论体出现在思想政治教育专业博士学位论文之中。

　　（五）《变化社会中的政治秩序》共与3928本图书共同出现在博士学位论文的参考文献中，且共同出现的次数分布如表23所示。

表23　　　与《变化社会中的政治秩序》两两共现图书的次数分布表

序号	共同出现的次数	汇总	占比（%）	累计占比（%）
1	[1, 10]	3885	98.91	98.91
2	(10, 20]	36	0.92	99.82
3	(20, 38]	7	0.18	100.00
汇总		3928	100.00	100.00

　　与《变化社会中的政治秩序》出现在同一篇博士学位论文中次数排在前10位的图书中，马克思主义经典作家和国家领导人图书分别为《邓小平文选》《马克思恩格斯选集》《马克思恩格斯全集》《马克思恩格斯文集》，其他图书分别为《现代思想政治教育学》《正义论》《思想政治教育学原理》《政治学》《思想政治教育学前沿》《法哲学原理》。可见，《变化社会中的政治秩序》主要与中国共产党著作、中国政治、政治理

论、哲学、马克思恩格斯著作形成理论体出现在思想政治教育专业博士学位论文之中。

（六）《当代世界的思想政治教育》共与2924本图书共同出现在博士学位论文的参考文献中，且共同出现的次数分布如表24所示。

表24　　　与《当代世界的思想政治教育》两两共现图书的次数分布表

序号	共同出现的次数	汇总	占比（%）	累计占比（%）
1	[1, 10]	2894	98.97	98.97
2	(10, 20]	21	0.72	99.69
3	(20, 48]	9	0.31	100.00
汇总		2924	100.00	100.00

与《当代世界的思想政治教育》出现在同一篇博士学位论文中次数排在前10位的图书中，马克思主义经典作家和国家领导人图书分别为《邓小平文选》《马克思恩格斯全集》，其他图书分别为《现代思想政治教育学》《思想政治教育学原理》《思想政治教育学前沿》《思想政治教育有效性研究》《思想政治教育方法论》《比较思想政治教育学》《思想政治教育价值论》《现代思想政治教育理论与方法》。可见，《当代世界的思想政治教育》主要与中国政治、中国共产党著作、马克思恩格斯著作形成理论体出现在思想政治教育专业博士学位论文之中。

（七）《道德教育》共与3500本图书共同出现在博士学位论文的参考文献中，且共同出现的次数分布如表25所示。

表25　　　　　与《道德教育》两两共现图书的次数分布表

序号	共同出现的次数	汇总	占比（%）	累计占比（%）
1	[1, 10]	3452	98.63	98.63
2	(10, 20]	38	1.09	99.71
3	(20, 33]	10	0.29	100.00
汇总		3500	100.00	100.00

与《道德教育》出现在同一篇博士学位论文中次数排在前10位的图书中，马克思主义经典作家和国家领导人著作分别为《邓小平文选》《马

克思恩格斯全集》《马克思恩格斯选集》，其他图书分别为《思想政治教育学原理》《现代思想政治教育学》《伦理学》《道德情操论》《思想政治教育学前沿》《德育新论》《思想政治教育方法论》。可见，《道德教育》主要与中国政治、中国共产党著作、马克思恩格斯著作、哲学类、教育类图书形成理论体出现在思想政治教育专业博士学位论文之中。

（八）《道德教育的当代论域》共与3259本图书共同出现在博士学位论文的参考文献中，且共同出现的次数分布如表26所示。

表26　　　　　与《道德教育的当代论域》两两共现图书的次数分布表

序号	共同出现的次数	汇总	占比（%）	累计占比（%）
1	［1，10]	3207	98.40	98.40
2	(10，20]	37	1.14	99.54
3	(20，41]	15	0.46	100.00
汇总		3259	100.00	100.00

与《道德教育的当代论域》出现在同一篇博士学位论文中次数排在前10位的图书中，马克思主义经典作家和国家领导人著作分别为《邓小平文选》《马克思恩格斯全集》，其他图书分别为《思想政治教育学原理》《现代思想政治教育学》《思想政治教育学前沿》《思想政治教育有效性研究》《思想政治教育方法论》《德育哲学引论》《德育新论》《什么是教育》。可见，《道德教育的当代论域》主要与中国政治、中国共产党著作、马克思恩格斯著作、教育类著作形成理论体出现在思想政治教育专业博士学位论文之中。

（九）《道德教育的哲学》共与3246本图书共同出现在博士学位论文的参考文献中，且共同出现的次数分布如表27所示。

表27　　　　　与《道德教育的哲学》两两共现图书的次数分布表

序号	共同出现的次数	汇总	占比（%）	累计占比（%）
1	［1，10]	3203	98.68	98.68
2	(10，20]	34	1.05	99.72
3	(20，40]	9	0.28	100.00
汇总		3246	100.00	100.00

与《道德教育的哲学》出现在同一篇博士学位论文中次数排在前10位的图书中，马克思主义经典作家和国家领导人著作分别为《邓小平文选》《马克思恩格斯全集》，其他图书分别为《思想政治教育学原理》《现代思想政治教育学》《思想政治教育方法论》《思想政治教育学前沿》《德育新论》《道德教育的当代论域》《伦理学》《道德情操论》。可见，《道德教育的哲学》主要与中国政治、中国共产党著作、哲学、马克思恩格斯著作、教育类著作形成理论体出现在思想政治教育专业博士学位论文之中。

（十）《道德教育原理》共与2639本图书共同出现在博士学位论文的参考文献中，且共同出现的次数分布如表28所示。

表28　　　　　　　　与《道德教育原理》两两共现图书的次数分布表

序号	共同出现的次数	汇总	占比（%）	累计占比（%）
1	[1，10]	2607	98.79	98.79
2	(10，20]	25	0.95	99.73
3	(20，42]	7	0.27	100.00
汇总		2639	100.00	100.00

与《道德教育原理》出现在同一篇博士学位论文中次数排在前10位的图书中，马克思主义经典作家和国家领导人著作分别为《邓小平文选》《马克思恩格斯全集》，其他图书分别为《思想政治教育学原理》《现代思想政治教育学》《思想政治教育学前沿》《思想政治教育有效性研究》《民主主义与教育》《思想政治教育的文化视野》《思想政治教育方法论》《什么是教育》。可见，《道德教育原理》主要与中国政治、教育、中国共产党、马克思恩格斯著作形成理论体出现在思想政治教育专业博士学位论文之中。

（十一）《道德情操论》共与5026本图书共同出现在博士学位论文的参考文献中，且共同出现的次数分布如表29所示。

表29   与《道德情操论》两两共现图书的次数分布表

序号	共同出现的次数	汇总	占比（%）	累计占比（%）
1	[1, 10]	4953	98.55	98.55
2	(10, 20]	53	1.05	99.60
3	(20, 50]	19	0.38	99.98
4	(50, 52]	1	0.02	100.00
汇总		5026	100.00	100.00

与《道德情操论》出现在同一篇博士学位论文中次数排在前10位的图书中，马克思主义经典作家和国家领导人著作分别为《邓小平文选》《马克思恩格斯选集》《马克思恩格斯全集》，其他图书分别为《正义论》《伦理学》《现代思想政治教育学》《思想政治教育学原理》《政治学》《法哲学原理》《思想政治教育学前沿》。可见，《道德情操论》主要与中国政治、政治理论、中国共产党著作、马克思恩格斯著作、哲学著作形成理论体出现在思想政治教育专业博士学位论文之中。

（十二）《德育新论》共与4063本图书共同出现在博士学位论文的参考文献中，且共同出现的次数分布如表30所示。

表30   与《德育新论》两两共现图书的次数分布表

序号	共同出现的次数	汇总	占比（%）	累计占比（%）
1	[1, 10]	3985	98.08	98.08
2	(10, 20]	56	1.38	99.46
3	(20, 50]	20	0.49	99.95
4	(50, 57]	2	0.05	100.00
汇总		4063	100.00	100.00

与《道德新论》出现在同一篇博士学位论文中次数排在前10位的图书中，马克思主义经典作家和国家领导人著作分别为《邓小平文选》《马克思恩格斯选集》《马克思恩格斯全集》，其他图书分别为《思想政治教育学原理》《现代思想政治教育学》《思想政治教育有效性研究》《思想政治教育方法论》《思想政治教育学前沿》《民主主义与教育》《德育哲学引论》。可见，《德育新论》主要与中国政治、中国共产党著作、马克

思恩格斯著作、教育、哲学形成理论体出现在思想政治教育专业博士学位论文之中。

（十三）《德育哲学引论》共与3825本图书共同出现在博士学位论文的参考文献中，且共同出现的次数分布如表31所示。

表31　　　　　　与《德育哲学引论》两两共现图书的次数分布表

序号	共同出现的次数	汇总	占比（%）	累计占比（%）
1	[1, 10]	3762	98.35	98.35
2	(10, 20]	51	1.33	99.69
3	(20, 50]	11	0.29	99.97
4	(50, 53]	1	0.03	100.00
汇总		3825	100.00	100.00

与《道德哲学引论》出现在同一篇博士学位论文中次数排在前10位的图书中，马克思主义经典作家和国家领导人著作分别为《邓小平文选》《马克思恩格斯选集》《马克思恩格斯全集》，其他图书分别为《思想政治教育学原理》《现代思想政治教育学》《思想政治教育学前沿》《思想政治教育有效性研究》《德育新论》《思想政治教育方法论》《道德教育的当代论域》。可见，《德育哲学引论》主要与中国政治、中国共产党著作、马克思恩格斯著作、教育形成理论体出现在思想政治教育专业博士学位论文之中。

（十四）《法哲学原理》共与5124本图书共同出现在博士学位论文的参考文献中，且共同出现的次数分布如表32所示。

表32　　　　　　与《法哲学原理》两两共现图书的次数分布表

序号	共同出现的次数	汇总	占比（%）	累计占比（%）
1	[1, 10]	5042	98.40	98.40
2	(10, 20]	63	1.23	99.63
3	(20, 50]	17	0.33	99.96
4	(50, 58]	2	0.04	100.00
汇总		5124	100.00	100.00

　　与《道德教育原理》出现在同一篇博士学位论文中次数排在前 10 位的图书中，马克思主义经典作家和国家领导人著作分别为《邓小平文选》《马克思恩格斯全集》《马克思恩格斯选集》，其他图书分别为《思想政治教育学原理》《现代思想政治教育学》《正义论》《政治学》《伦理学》《思想政治教育学前沿》《道德情操论》。可见，《法哲学原理》主要与中国政治、政治理论、马克思恩格斯著作、哲学形成理论体出现在思想政治教育专业博士学位论文之中。

　　（十五）《坚定不移沿着中国特色社会主义道路前进，为全面建成小康社会而奋斗》共与 2901 本图书共同出现在博士学位论文的参考文献中，且共同出现的次数分布如表 33 所示。

表 33　与《坚定不移沿着中国特色社会主义道路前进，为全面建成小康
社会而奋斗》两两共现图书的次数分布表

序号	共同出现的次数	汇总	占比（%）	累计占比（%）
1	[1, 10]	2885	99.45	99.45
2	(10, 20]	12	0.41	99.86
3	(20, 42]	4	0.14	100.00
汇总		2901	100.00	100.00

　　与《坚定不移沿着中国特色社会主义道路前进，为全面建成小康社会而奋斗》出现在同一篇博士学位论文中次数排在前 10 位的图书中，马克思主义经典作家和国家领导人著作分别为《邓小平文选》《马克思恩格斯文集》《马克思恩格斯全集》《马克思恩格斯选集》《毛泽东选集》《列宁全集》《江泽民文选》，其他图书分别为《现代思想政治教育学》《思想政治教育学原理》《文明的冲突与世界秩序的重建》。可见，《坚定不移沿着中国特色社会主义道路前进，为全面建成小康社会而奋斗》主要与中国政治、世界政治、中国共产党、马克思恩格斯著作、列宁著作形成理论体出现在思想政治教育专业博士学位论文之中。

　　（十六）《江泽民论社会主义精神文明建设》共与 3131 本图书共同出现在博士学位论文的参考文献中，且共同出现的次数分布如表 34 所示。

表34 与《江泽民论社会主义精神文明建设》两两共现图书的次数分布表

序号	共同出现的次数	汇总	占比（%）	累计占比（%）
1	[1，10]	3104	99.14	99.14
2	(10，20]	21	0.67	99.81
3	(20，46]	6	0.19	100.00
	汇总	3131	100.00	100.00

与《江泽民论社会主义精神文明建设》出现在同一篇博士学位论文中次数排在前10位的图书中，马克思主义经典作家和国家领导人著作分别为《邓小平文选》《马克思恩格斯全集》《马克思恩格斯选集》《江泽民文选》，其他图书分别为《思想政治教育学原理》《现代思想政治教育学》《思想政治教育方法论》《思想政治教育有效性研究》《思想政治教育学前沿》《精神动力论》。可见，《江泽民论社会主义精神文明建设》主要与中国政治、马克思恩格斯著作、哲学、中国共产党著作形成理论体出现在思想政治教育专业博士学位论文之中。

（十七）《江泽民文选》共与6137本图书共同出现在博士学位论文的参考文献中，且共同出现的次数分布如表35所示。

表35 与《江泽民文选》两两共现图书的次数分布表

序号	共同出现的次数	汇总	占比（%）	累计占比（%）
1	[1，10]	6059	98.73	98.73
2	(10，20]	60	0.98	99.71
3	(20，50]	11	0.18	99.89
4	(50，123]	7	0.11	100.00
	汇总	6137	100.00	100.00

与《江泽民文选》出现在同一篇博士学位论文中次数排在前10位的图书中，马克思主义经典作家和国家领导人著作分别为《邓小平文选》《马克思恩格斯选集》《马克思恩格斯全集》《列宁选集》《列宁全集》《马克思恩格斯文集》《毛泽东选集》，其他图书分别为《现代思想政治教育学》《思想政治教育学原理》《思想政治教育方法论》。可见，《江泽民文选》主要与马克思恩格斯著作、列宁著作、中国共产党、中国政治著

作形成理论体出现在思想政治教育专业博士学位论文之中。

（十八）《交往与社会进化》共与 4002 本图书共同出现在博士学位论文的参考文献中，且共同出现的次数分布如表 36 所示。

表36　　　　　　　与《交往与社会进化》两两共现图书的次数分布表

序号	共同出现的次数	汇总	占比（%）	累计占比（%）
1	[1, 10]	3955	98.83	98.83
2	(10, 20]	36	0.90	99.73
3	(20, 35]	11	0.27	100.00
汇总		4002	100.00	100.00

与《交往与社会进化》出现在同一篇博士学位论文中次数排在前 10 位的图书中，马克思主义经典作家和国家领导人著作分别为《马克思恩格斯全集》《邓小平文选》《马克思恩格斯选集》，其他图书分别为《思想政治教育学原理》《现代思想政治教育学》《思想政治教育学前沿》《正义论》《政治学》《资本主义文化矛盾》《文明的冲突与社会秩序的重建》。可见，《交往与社会进化》主要与马克思恩格斯著作、中国共产党著作、哲学、政治理论、文化理论形成理论体出现在思想政治教育专业博士学位论文之中。

（十九）《经济与社会》共与 3088 本图书共同出现在博士学位论文的参考文献中，且共同出现的次数分布如表 37 所示。

表37　　　　　　　与《经济与社会》两两共现图书的次数分布表

序号	共同出现的次数	汇总	占比（%）	累计占比（%）
1	[1, 10]	3067	99.32	99.32
2	(10, 20]	16	0.52	99.84
3	(20, 33]	5	0.16	100.00
汇总		3088	100.00	100.00

与《经济与社会》出现在同一篇博士学位论文中次数排在前 10 位的图书中，马克思主义经典作家和国家领导人著作分别为《邓小平文选》《马克思恩格斯全集》《马克思恩格斯选集》，其他图书分别为《现代思想政治教育学》《正义论》《思想政治教育学原理》《政治学》《资本主义文

化矛盾》《交往与社会进化》《法哲学原理》。可见，《经济与社会》主要
与中国共产党著作、中国政治、哲学、文化理论形成理论体出现在思想政
治教育专业博士学位论文之中。

　　（二十）《精神动力论》共与 4239 本图书共同出现在博士学位论文的
参考文献中，且共同出现的次数分布如表 38 所示。

表38　　　　　　　　与《精神动力论》两两共现图书的次数分布表

序号	共同出现的次数	汇总	占比（％）	累计占比（％）
1	[1，10]	4177	98.54	98.54
2	(10，20]	48	1.13	99.67
3	(20，50]	13	0.31	99.98
4	(50，65]	1	0.02	100.00
汇总		4239	100.00	100.00

　　与《精神动力论》出现在同一篇博士学位论文中次数排在前 10 位的
图书中，马克思主义经典作家和国家领导人著作分别为《邓小平文选》
《马克思恩格斯全集》，其他图书分别为《现代思想政治教育学》《思想政
治教育有效性研究》《思想政治教育学原理》《思想政治教育方法论》
《思想政治教育价值论》《思想政治教育学前沿》《思想政治教育的文化视
野》《现代思想政治教育理论与方法》。可见，《精神动力论》主要与政治
类、中国共产党理论、马克思恩格斯著作形成理论体出现在思想政治教育
专业博士学位论文之中。

　　（二十一）《列宁全集》共与 6112 本图书共同出现在博士学位论文的
参考文献中，且共同出现的次数分布如表 39 所示。

表39　　　　　　　　与《列宁全集》两两共现图书的次数分布表

序号	共同出现的次数	汇总	占比（％）	累计占比（％）
1	[1，10]	6029	98.64	98.64
2	(10，20]	62	1.01	99.66
3	(20，50]	14	0.23	99.89
4	(50，107]	7	0.11	100.00
汇总		6112	100.00	100.00

　　与《列宁全集》出现在同一篇博士学位论文中次数排在前 10 位的图书中，马克思主义经典作家和国家领导人著作分别为《邓小平文选》《马克思恩格斯全集》《马克思恩格斯选集》《江泽民文集》《列宁选集》《毛泽东选集》《马克思恩格斯文集》，其他图书分别为《思想政治教育学原理》《现代思想政治教育学》《思想政治教育方法论》。可见，《列宁全集》主要与中国共产党理论著作、马克思恩格斯著作、列宁著作、中国政治形成理论体出现在思想政治教育专业博士学位论文之中。

　　（二十二）《列宁选集》共与 5536 本图书共同出现在博士学位论文的参考文献中，且共同出现的次数分布如表 40 所示。

表 40　　　　　　　　　　与《列宁选集》两两共现图书的次数分布表

序号	共同出现的次数	汇总	占比（%）	累计占比（%）
1	[1, 10]	5463	98.68	98.68
2	(10, 20]	57	1.03	99.71
3	(20, 50]	10	0.18	99.89
4	(50, 107]	6	0.11	100.00
	汇总	5536	100.00	100.00

　　与《列宁选集》出现在同一篇博士学位论文中次数排在前 10 位的图书中，马克思主义经典作家和国家领导人著作分别为《邓小平文选》《马克思恩格斯选集》《马克思恩格斯全集》《江泽民文选》《列宁全集》《马克思恩格斯文集》，其他图书分别为《思想政治教育学原理》《现代思想政治教育学》《正义论》《思想政治教育学前沿》。可见，《列宁选集》主要与中国共产党著作、马克思恩格斯著作、中国政治、哲学著作形成理论体出现在思想政治教育专业博士学位论文之中。

　　（二十三）《伦理学》共与 5213 本图书共同出现在博士学位论文的参考文献中，且共同出现的次数分布如表 41 所示。

表41　　　　　　　　与《伦理学》两两共现图书的次数分布表

序号	共同出现的次数	汇总	占比（%）	累计占比（%）
1	[1，10]	5127	98.35	98.35
2	(10，20]	58	1.11	99.46
3	(20，50]	27	0.52	99.98
4	(50，51]	1	0.02	100.00
汇总		5213	100.00	100.00

与《伦理学》出现在同一篇博士学位论文中次数排在前10位的图书中，马克思主义经典作家和国家领导人著作分别为《邓小平文选》《马克思恩格斯全集》《马克思恩格斯选集》，其他图书分别为《现代思想政治教育学》《思想政治教育学原理》《道德情操论》《正义论》《政治学》《法哲学原理》《尼各马可伦理学》。可见，《伦理学》主要与中国共产党著作、中国政治、哲学著作形成理论体出现在思想政治教育专业博士学位论文之中。

（二十四）《马克思恩格斯全集》共与8843本图书共同出现在博士学位论文的参考文献中，且共同出现的次数分布如表42所示。

表42　　　　　　与《马克思恩格斯全集》两两共现图书的次数分布表

序号	共同出现的次数	汇总	占比（%）	累计占比（%）
1	[1，10]	8637	97.67	97.67
2	(10，20]	141	1.59	99.26
3	(20，50]	53	0.60	99.86
4	(50，176]	12	0.14	100.00
汇总		8843	100.00	100.00

与《马克思恩格斯全集》出现在同一篇博士学位论文中次数排在前10位的图书中，马克思主义经典作家和国家领导人著作分别为《邓小平文选》《马克思恩格斯选集》《列宁全集》《列宁选集》《江泽民文选》《毛泽东选集》，其他图书分别为《思想政治教育学原理》《现代思想政治教育学》《思想政治教育学前沿》《思想政治教育方法论》。可见，《马克思恩格斯全集》主要与中国共产党著作、中国政治、列宁著作形成理论体出现在思想政治教育专业博士学位论文之中。

（二十五）《马克思恩格斯文集》共与 6729 本图书共同出现在博士学位论文的参考文献中，且共同出现的次数分布如表 43 所示。

表 43　　　　　与《马克思恩格斯文集》两两共现图书的次数分布表

序号	共同出现的次数	汇总	占比（%）	累计占比（%）
1	[1, 10]	6645	98.75	98.75
2	(10, 20]	57	0.85	99.60
3	(20, 50]	23	0.34	99.94
4	(50, 92]	4	0.06	100.00
	汇总	6729	100.00	100.00

与《马克思恩格斯文集》出现在同一篇博士学位论文中次数排在前 10 位的图书中，马克思主义经典作家和国家领导人著作分别为《邓小平文选》《马克思恩格斯全集》《马克思恩格斯选集》《江泽民文选》《列宁选集》《列宁全集》，其他图书分别为《现代思想政治教育学》《思想政治教育学原理》《思想政治教育方法论》《正义论》。可见，《马克思恩格斯文集》主要与中国共产党著作、中国政治、马克思恩格斯著作、列宁著作、哲学著作形成理论体出现在思想政治教育专业博士学位论文之中。

（二十六）《马克思恩格斯选集》共与 3928 本图书共同出现在博士学位论文的参考文献中，且共同出现的次数分布如表 44 所示。

表 44　　　　　与《马克思恩格斯选集》两两共现图书的次数分布表

序号	共同出现的次数	汇总	占比（%）	累计占比（%）
1	[1, 10]	8181	97.84	97.84
2	(10, 20]	125	1.49	99.33
3	(20, 50]	48	0.57	99.90
4	(50, 151]	8	0.10	100.00
	汇总	8362	100.00	100.00

与《马克思恩格斯选集》出现在同一篇博士学位论文中次数排在前 10 位的图书中，马克思主义经典作家和国家领导人著作分别为《邓小平文选》《马克思恩格斯全集》《列宁选集》《江泽民文选》《列宁全集》，

其他图书分别为《现代思想政治教育学》《思想政治教育学原理》《思想政治教育方法论》《马克思恩格斯文集》《正义论》。可见，《马克思恩格斯选集》主要与中国共产党著作、马克思恩格斯著作、列宁著作、中国政治、哲学著作形成理论体出现在思想政治教育专业博士学位论文之中。

（二十七）《毛泽东选集》共与 5975 本图书共同出现在博士学位论文的参考文献中，且共同出现的次数分布如表 45 所示。

表 45　　　　　　　与《毛泽东选集》两两共现图书的次数分布表

序号	共同出现的次数	汇总	占比（％）	累计占比（％）
1	[1，10]	5912	98.95	98.95
2	(10，20]	44	0.74	99.68
3	(20，50]	15	0.25	99.93
4	(50，115]	4	0.07	100.00
汇总		5975	100.00	100.00

与《毛泽东选集》出现在同一篇博士学位论文中次数排在前 10 位的图书中，马克思主义经典作家和国家领导人著作分别为《邓小平文选》《马克思恩格斯全集》《马克思恩格斯选集》《江泽民文选》《列宁全集》，其他图书分别为《现代思想政治教育学》《思想政治教育学原理》《思想政治教育学前沿》《思想政治教育方法论》《思想政治教育有效性研究》。可见，《毛泽东选集》主要与中国共产党著作、马克思恩格斯著作、列宁著作、中国政治形成理论体出现在思想政治教育专业博士学位论文之中。

（二十八）《民主主义与教育》共与 4409 本图书共同出现在博士学位论文的参考文献中，且共同出现的次数分布如表 46 所示。

表 46　　　　　　　与《民主主义与教育》两两共现图书的次数分布表

序号	共同出现的次数	汇总	占比（％）	累计占比（％）
1	[1，10]	4323	98.05	98.05
2	(10，20]	71	1.61	99.66
3	(20，50]	13	0.29	99.95
4	(50，68]	2	0.05	100.00
汇总		4409	100.00	100.00

与《民主主义与教育》出现在同一篇博士学位论文中次数排在前10 位的图书中，马克思主义经典作家和国家领导人著作分别为《邓小平文选》《马克思恩格斯全集》《马克思恩格斯选集》，其他图书分别为《现代思想政治教育学》《思想政治教育学原理》《什么是教育》《思想政治教育学前沿》《思想政治教育方法论》《思想政治教育有效性研究》《德育新论》。可见，《民主主义与教育》主要与中国政治、中国共产党、教育、马克思恩格斯著作形成理论体出现在思想政治教育专业博士学位论文之中。

（二十九）《尼各马可伦理学》共与3928 本图书共同出现在博士学位论文的参考文献中，且共同出现的次数分布如表47 所示。

表 47　　　　　　与《尼各马可伦理学》两两共现图书的次数分布表

序号	共同出现的次数	汇总	占比（%）	累计占比（%）
1	[1，10]	3777	99.00	99.00
2	(10，20]	26	0.68	99.69
3	(20，34]	12	0.31	100.00
汇总		3815	100.00	100.00

与《尼各马可伦理学》出现在同一篇博士学位论文中次数排在前10 位的图书中，马克思主义经典作家和国家领导人著作分别为《邓小平文选》《马克思恩格斯选集》《马克思恩格斯全集》，其他图书分别为《正义论》《伦理学》《现代思想政治教育学》《思想政治教育学原理》《道德情操论》《政治学》《法哲学原理》。可见，《尼各马可伦理学》主要与哲学、中国共产党著作、中国政治、政治理论、马克思恩格斯著作形成理论体出现在思想政治教育专业博士学位论文之中。

虽然《尼各马可伦理学》与《意识形态论》都属于哲学类图书，但两本图书在807 篇博士学位论文的图书参考文献中没有共同出现。

（三十）《什么是教育》共与5015 本图书共同出现在博士学位论文的参考文献中，且共同出现的次数分布如表48 所示。

表48　　　　　　　与《什么是教育》两两共现图书的次数分布表

序号	共同出现的次数	汇总	占比（%）	累计占比（%）
1	[1，10]	4909	97.89	97.89
2	(10，20]	87	1.73	99.62
3	(20，50]	16	0.32	99.94
4	(50，65]	3	0.06	100.00
	汇总	5015	100.00	100.00

与《什么是教育》出现在同一篇博士学位论文中次数排在前10位的图书中，马克思主义经典作家和国家领导人著作分别为《邓小平文选》《马克思恩格斯全集》《马克思恩格斯选集》《毛泽东选集》，其他图书分别为《思想政治教育学原理》《现代思想政治教育学》《思想政治教育学前沿》《民主主义与教育》《思想政治教育方法论》《思想政治教育有效性研究》。可见，《什么是教育》主要与中国政治、中国共产党、马克思恩格斯著作、教育形成理论体出现在思想政治教育专业博士学位论文之中。

（三十一）《思想政治教育的人学基础》共与3643本图书共同出现在博士学位论文的参考文献中，且共同出现的次数分布如表49所示。

表49　　　与《思想政治教育的人学基础》两两共现图书的次数分布表

序号	共同出现的次数	汇总	占比（%）	累计占比（%）
1	[1，10]	3584	98.38	98.38
2	(10，20]	48	1.32	99.70
3	(20，50]	10	0.27	99.97
4	(50，55]	1	0.03	100.00
	汇总	3643	100.00	100.00

与《思想政治教育的人学基础》出现在同一篇博士学位论文中次数排在前10位的图书中，马克思主义经典作家和国家领导人著作分别为《邓小平文选》《马克思恩格斯选集》，其他图书分别为《现代思想政治教育学》《思想政治教育学原理》《思想政治教育学前沿》《思想政治教育方法论》《思想政治教育有效性研究》《思想政治教育价值论》《思想政治教育的文化视野》《德育哲学引论》。可见，《思想政治教育的人学基

础》主要与中国政治、中国共产党、教育类、马克思恩格斯著作形成理论体出现在思想政治教育专业博士学位论文之中。

（三十二）《思想政治教育的文化视野》共与3957本图书共同出现在博士学位论文的参考文献中，且共同出现的次数分布如表50所示。

表50　　　与《思想政治教育的文化视野》两两共现图书的次数分布表

序号	共同出现的次数	汇总	占比（%）	累计占比（%）
1	[1, 10]	3889	98.28	98.28
2	(10, 20]	51	1.29	99.57
3	(20, 50]	14	0.35	99.92
4	(50, 69]	3	0.08	100.00
	汇总	3957	100.00	100.00

与《思想政治教育的文化视野》出现在同一篇博士学位论文中次数排在前10位的图书中，马克思主义经典作家和国家领导人著作分别为《邓小平文选》《马克思恩格斯选集》，其他图书分别为《现代思想政治教育学》《思想政治教育学原理》《思想政治教育学前沿》《思想政治教育有效性研究》《思想政治教育方法论》《思想政治教育价值论》《精神动力论》《思想政治教育载体论》。可见，《思想政治教育的文化视野》主要与中国政治、中国共产党、哲学类、马克思恩格斯著作形成理论体出现在思想政治教育专业博士学位论文之中。

（三十三）《思想政治教育方法论》共与6816本图书共同出现在博士学位论文的参考文献中，且共同出现的次数分布如表51所示。

表51　　　与《思想政治教育方法论》两两共现图书的次数分布表

序号	共同出现的次数	汇总	占比（%）	累计占比（%）
1	[1, 10]	6662	97.74	97.74
2	(10, 20]	104	1.53	99.27
3	(20, 50]	41	0.60	99.87
4	(50, 149]	9	0.13	100.00
	汇总	6816	100.00	100.00

与《思想政治教育方法论》出现在同一篇博士学位论文中次数排在前10位的图书中，马克思主义经典作家和国家领导人著作分别为《邓小平文选》《马克思恩格斯全集》《马克思恩格斯选集》，其他图书分别为《现代思想政治教育学》《思想政治教育学原理》《思想政治教育有效性研究》《思想政治教育学前沿》《思想政治教育价值论》《精神动力论》《思想政治教育的文化视野》。可见，《思想政治教育方法论》主要与中国政治、中国共产党、马克思恩格斯著作、哲学形成理论体出现在思想政治教育专业博士学位论文之中。

（三十四）《思想政治教育价值论》共与4469本图书共同出现在博士学位论文的参考文献中，且共同出现的次数分布如表52所示。

表52　　　　与《思想政治教育价值论》两两共现图书的次数分布表

序号	共同出现的次数	汇总	占比（%）	累计占比（%）
1	[1, 10]	4382	98.05	98.05
2	(10, 20]	65	1.45	99.51
3	(20, 50]	17	0.38	99.89
4	(50, 88]	5	0.11	100.00
汇总		4469	100.00	100.00

与《思想政治教育价值论》出现在同一篇博士学位论文中次数排在前10位的图书中，马克思主义经典作家和国家领导人著作分别为《邓小平文选》《马克思恩格斯全集》，其他图书分别为《现代思想政治教育学》《思想政治教育学原理》《思想政治教育有效性研究》《思想政治教育方法论》《思想政治教育价值论》《精神动力论》《思想政治教育的文化视野》《思想政治教育载体论》。可见，《思想政治教育价值论》主要与中国政治、中国共产党、哲学、马克思恩格斯著作形成理论体出现在思想政治教育专业博士学位论文之中。

（三十五）《思想政治教育学前沿》共与7070本图书共同出现在博士学位论文的参考文献中，且共同出现的次数分布如表53所示。

表 53　　　　　　**与《思想政治教育学前沿》两两共现图书的次数分布表**

序号	共同出现的次数	汇总	占比（%）	累计占比（%）
1	[1，10]	6904	97.65	97.65
2	(10，20]	108	1.53	99.18
3	(20，50]	49	0.69	99.87
4	(50，153]	9	0.13	100.00
	汇总	7070	100.00	100.00

　　与《思想政治教育学前沿》出现在同一篇博士学位论文中次数排在前 10 位的图书中，马克思主义经典作家和国家领导人著作分别为《邓小平文选》《马克思恩格斯全集》《马克思恩格斯选集》，其他图书分别为《现代思想政治教育学》《思想政治教育学原理》《思想政治教育有效性研究》《思想政治教育方法论》《思想政治教育价值论》《思想政治教育的文化视野》《思想政治教育的人学基础》。可见，《思想政治教育学前沿》主要与中国政治、中国共产党、马克思恩格斯著作形成理论体出现在思想政治教育专业博士学位论文之中。

　　（三十六）《思想政治教育学原理》共与 11078 本图书共同出现在博士学位论文的参考文献中，且共同出现的次数分布如表 54 所示。

表 54　　　　　　**与《思想政治教育学原理》两两共现图书的次数分布表**

序号	共同出现的次数	汇总	占比（%）	累计占比（%）
1	[1，10]	10730	96.86	96.86
2	(10，20]	227	2.05	98.91
3	(20，50]	94	0.85	99.76
4	(50，250]	27	0.24	100.00
	汇总	11078	100.00	100.00

　　与《思想政治教育学原理》出现在同一篇博士学位论文中次数排在前 10 位的图书中，马克思主义经典作家和国家领导人著作分别为《邓小平文选》《马克思恩格斯全集》《马克思恩格斯选集》，其他图书分别为《现代思想政治教育学》《思想政治教育方法论》《思想政治教育学前沿》《思想政治教育有效性研究》《思想政治教育价值论》《思想政治教育的文

化视野》《什么是教育》。可见，《思想政治教育学原理》主要与中国政治、中国共产党、马克思恩格斯著作、教育形成理论体出现在思想政治教育专业博士学位论文之中。

（三十七）《思想政治教育有效性研究》共与 6273 本图书共同出现在博士学位论文的参考文献中，且共同出现的次数分布如表 55 所示。

表 55　　与《思想政治教育有效性研究》两两共现图书的次数分布表

序号	共同出现的次数	汇总	占比（%）	累计占比（%）
1	[1，10]	6114	97.47	97.47
2	(10，20]	104	1.66	99.12
3	(20，50]	49	0.78	99.90
4	(50，134]	6	0.10	100.00
	汇总	6273	100.00	100.00

与《思想政治教育有效性研究》出现在同一篇博士学位论文中次数排在前 10 位的图书中，马克思主义经典作家和国家领导人著作分别为《邓小平文选》《马克思恩格斯选集》《马克思恩格斯全集》，其他图书分别为《现代思想政治教育学》《思想政治教育学原理》《思想政治教育学前沿》《思想政治教育方法论》《思想政治教育价值论》《精神动力论》《思想政治教育的文化视野》。可见，《思想政治教育有效性研究》主要与中国政治、中国共产党、哲学、马克思恩格斯著作形成理论体出现在思想政治教育专业博士学位论文之中。

（三十八）《思想政治教育载体论》共与 3005 本图书共同出现在博士学位论文的参考文献中，且共同出现的次数分布如表 56 所示。

表 56　　与《思想政治教育载体论》两两共现图书的次数分布表

序号	共同出现的次数	汇总	占比（%）	累计占比（%）
1	[1，10]	2963	98.60	98.60
2	(10，20]	31	1.03	99.63
3	(20，50]	9	0.30	99.93
4	(50，56]	2	0.07	100.00
	汇总	3005	100.00	100.00

与《思想政治教育载体论》出现在同一篇博士学位论文中次数排在前 10 位的图书中，马克思主义经典作家和国家领导人著作为《邓小平文选》，其他图书分别为《现代思想政治教育学》《思想政治教育学原理》《思想政治教育方法论》《思想政治教育有效性研究》《思想政治教育学前沿》《思想政治教育价值论》《思想政治教育的文化视野》《现代思想政治教育理论与方法》《精神动力论》。可见，《思想政治教育载体论》主要与中国政治、中国共产党、哲学理论形成理论体出现在思想政治教育专业博士学位论文之中。

（三十九）《文明的冲突与世界秩序的重建》共与 5387 本图书共同出现在博士学位论文的参考文献中，且共同出现的次数分布如表 57 所示。

表 57　与《文明的冲突与世界秩序的重建》两两共现图书的次数分布表

序号	共同出现的次数	汇总	占比（%）	累计占比（%）
1	[1, 10]	5296	98.31	98.31
2	(10, 20]	72	1.34	99.65
3	(20, 50]	16	0.30	99.94
4	(50, 62]	3	0.06	100.00
汇总		5387	100.00	100.00

与《文明的冲突与世界秩序的重建》出现在同一篇博士学位论文中次数排在前 10 位的图书中，马克思主义经典作家和国家领导人著作分别为《邓小平文选》《马克思恩格斯全集》《马克思恩格斯选集》，其他图书分别为《思想政治教育学原理》《现代思想政治教育学》《意识形态论》《思想政治教育有效性研究》《思想政治教育学前沿》《资本主义文化矛盾》《思想政治教育方法论》。可见，《文明的冲突与世界秩序的重建》主要与中国共产党、中国政治、马克思恩格斯著作、哲学、文化理论形成理论体出现在思想政治教育专业博士学位论文之中。

（四十）《现代思想道德教育理论与方法》共与 3626 本图书共同出现在博士学位论文的参考文献中，且共同出现的次数分布如表 58 所示。

表 58　　与《现代思想道德教育理论与方法》两两共现图书的次数分布表

序号	共同出现的次数	汇总	占比（%）	累计占比（%）
1	[1，10]	3579	98.70	98.70
2	(10，20]	36	0.99	99.70
3	(20，50]	9	0.25	99.94
4	(50，60]	2	0.06	100.00
	汇总	3626	100.00	100.00

与《现代思想道德教育理论与方法》出现在同一篇博士学位论文中次数排在前 10 位的图书中，马克思主义经典作家和国家领导人著作为《邓小平文选》，其他图书分别为《现代思想政治教育学》《思想政治教育学原理》《思想政治教育方法论》《思想政治教育有效性研究》《思想政治教育学前沿》《精神动力论》《思想政治教育价值论》《思想政治教育的文化视野》《思想政治教育载体论》。可见，《现代思想道德教育理论与方法》主要与中国政治、中国共产党、哲学形成理论体出现在思想政治教育专业博士学位论文之中。

（四十一）《现代思想政治教育方法论》共与 2786 本图书共同出现在博士学位论文的参考文献中，且共同出现的次数分布如表 59 所示。

表 59　　与《现代思想政治教育方法论》两两共现图书的次数分布表

序号	共同出现的次数	汇总	占比（%）	累计占比（%）
1	[1，10]	2761	99.10	99.10
2	(10，20]	19	0.68	99.78
3	(20，49]	6	0.22	100.00
	汇总	2786	100.00	100.00

与《现代思想政治教育方法论》出现在同一篇博士学位论文中次数排在前 10 位的图书中，马克思主义经典作家和国家领导人著作为《邓小平文选》，其他图书分别为《思想政治教育学原理》《现代思想政治教育学》《思想政治教育方法论》《思想政治教育有效性研究》《思想政治教育学前沿》《比较思想政治教育学》《现代思想政治道德教育理论与方法》《思想政治教育价值论》《思想政治教育的人学基础》。可见，《现代思想

政治教育方法论》主要与中国政治、中国共产党著作形成理论体出现在思想政治教育专业博士学位论文之中。

（四十二）《意识形态论》共与3904本图书共同出现在博士学位论文的参考文献中，且共同出现的次数分布如表60所示。

表60　　　　　　　与《意识形态论》两两共现图书的次数分布表

序号	共同出现的次数	汇总	占比（%）	累计占比（%）
1	[1，10]	3846	98.51	98.51
2	(10，20]	44	1.13	99.64
3	(20，39]	14	0.36	100.00
汇总		3904	100.00	100.00

与《意识形态论》出现在同一篇博士学位论文中次数排在前10位的图书中，马克思主义经典作家和国家领导人著作分别为《邓小平文选》《马克思恩格斯选集》《马克思恩格斯全集》《马克思恩格斯文集》，其他图书分别为《现代思想政治教育学》《文明的冲突与世界秩序的重建》《思想政治教育学原理》《资本主义文化矛盾》《列宁全集》《政治学》。可见，《意识形态论》主要与中国共产党、中国政治、世界政治、政治理论、文化理论、马克思恩格斯著作、列宁著作形成理论体出现在思想政治教育专业博士学位论文之中。可以看出，《意识形态论》与《尼各马可伦理学》两本图书没有共同出现在807篇博士学位论文的图书参考文献中。

（四十三）《正义论》共与6813本图书共同出现在博士学位论文的参考文献中，且共同出现的次数分布如表61所示。

表61　　　　　　　与《正义论》两两共现图书的次数分布表

序号	共同出现的次数	汇总	占比（%）	累计占比（%）
1	[1，10]	6689	98.18	98.18
2	(10，20]	80	1.17	99.35
3	(20，50]	38	0.56	99.91
4	(50，74]	6	0.09	100.00
汇总		6813	100.00	100.00

与《正义论》出现在同一篇博士学位论文中次数排在前 10 位的图书中，马克思主义经典作家和国家领导人著作分别为《邓小平文选》《马克思恩格斯全集》《马克思恩格斯选集》《马克思恩格斯文集》，其他图书分别为《现代思想政治教育学》《思想政治教育学原理》《政治学》《法哲学原理》《道德情操论》《伦理学》。可见，《正义论》主要与中国共产党、中国政治、政治理论、马克思恩格斯著作、哲学形成理论体出现在思想政治教育专业博士学位论文之中。

（四十四）《政治学》共与 6490 本图书共同出现在博士学位论文的参考文献中，且共同出现的次数分布如表 62 所示。

表62　　　　　　　　与《政治学》两两共现图书的次数分布表

序号	共同出现的次数	汇总	占比（％）	累计占比（％）
1	[1，10]	6378	98.27	98.27
2	(10，20]	73	1.12	99.40
3	(20，50]	34	0.52	99.92
4	(50，75]	5	0.08	100.00
汇总		6490	100.00	100.00

与《政治学》出现在同一篇博士学位论文中次数排在前 10 位的图书中，马克思主义经典作家和国家领导人著作分别为《邓小平文选》《马克思恩格斯全集》《马克思恩格斯选集》，其他图书分别为《现代思想政治教育学》《正义论》《思想政治教育学原理》《法哲学原理》《伦理学》《道德情操论》《马克思恩格斯文集》。可见，《政治学》主要与中国共产党、中国政治、哲学、马克思恩格斯著作形成理论体出现在思想政治教育专业博士学位论文之中。

（四十五）《中国共产党思想政治教育史论》共与 3671 本图书共同出现在博士学位论文的参考文献中，且共同出现的次数分布如表 63 所示。

表63　　与《中国共产党思想政治教育史论》两两共现图书的次数分布表

序号	共同出现的次数	汇总	占比（%）	累计占比（%）
1	[1, 10]	3635	99.02	99.02
2	(10, 20]	26	0.71	99.73
3	(20, 50]	8	0.22	99.95
4	(50, 59]	2	0.05	100.00
汇总		3671	100.00	100.00

　　与《中国共产党思想政治教育史论》出现在同一篇博士学位论文中次数排在前10位的图书中，马克思主义经典作家和国家领导人著作为《邓小平文选》，其他图书分别为《思想政治教育学原理》《现代思想政治教育学》《思想政治教育方法论》《思想政治教育有效性研究》《思想政治教育学前沿》《思想政治教育价值论》《精神动力论》《比较思想政治教育学》《思想政治教育的文化视野》。可见，《中国共产党思想政治教育史论》主要与中国政治、中国共产党、哲学形成理论体出现在思想政治教育专业博士学位论文之中。

　　（四十六）《资本主义文化矛盾》共与4648本图书共同出现在博士学位论文的参考文献中，且共同出现的次数分布如表64所示。

表64　　　　与《资本主义文化矛盾》两两共现图书的次数分布表

序号	共同出现的次数	汇总	占比（%）	累计占比（%）
1	[1, 10]	4568	98.28	98.28
2	(10, 20]	66	1.42	99.70
3	(20, 49]	14	0.30	100.00
汇总		4648	100.00	100.00

　　与《资本主义文化矛盾》出现在同一篇博士学位论文中次数排在前10位的图书中，马克思主义经典作家和国家领导人著作分别为《邓小平文选》《马克思恩格斯全集》《马克思恩格斯选集》《列宁选集》，其他图书分别为《现代思想政治教育学》《思想政治教育学原理》《正义论》《文明的冲突与世界秩序的重建》《意识形态论》《交往与社会进化》。可见，《资本主义文化矛盾》主要与中国共产党、中国政治、马克思恩格斯

著作、哲学、世界政治、列宁著作形成理论体出现在思想政治教育专业博士学位论文之中。

　　分别统计的46本高被引图书的共现图书次数分布呈现出，思想政治教育专业博士学位论文图书类型参考文献的宽泛性，说明研究问题的多元化，重复次数多的共现图书主要集中在马克思主义基本理论类著作、新中国领导人的理论著作、思想政治教育相关理论著作、哲学类著作等，这些著作是思想政治教育研究的基底理论，具有极强的基础性和相互之间的关联性，这些著作应该纳入思想政治教育专业博士生培养的课程体系，在研读经典、掌握深厚理论基础之上开展研究。共现次数多的图书，构成支撑思想政治教育研究的理论共同体，逐步根据研究实际情况和思想政治教育理论要求，构建支撑思想政治教育研究的理论共同体的建设，客观推进思想政治教育研究的体系化建设。根据具体图书的共现情况可以演绎到图书大类之间的共现情况，为思想政治教育研究者提供全新的选取参考文献的视角。

　　46本高被引图书之间共同出现在博士学位论文的次数在以上的表格中予以体现，为了更清晰地体现46本图书之间的相互关系，图20说明图书之间的相互关联，以此呈现为思想政治教育学科提供理论支撑的理论共同体的体现：

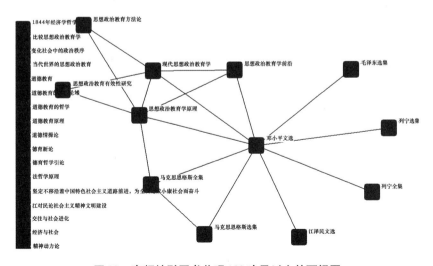

图20　高频被引图书共现100次及以上的可视图

图 20 显示的是 46 本图书①共现 100 次及以上的情况，《邓小平文选》和《毛泽东选集》，《邓小平文选》和《列宁选集》，《邓小平文选》和《列宁全集》，《邓小平文选》和《江泽民文选》，《邓小平文选》和《马克思恩格斯选集》，《邓小平文选》和《马克思恩格斯全集》，《邓小平文选》和《思想政治教育学原理》，《邓小平文选》和《现代思想政治教育学》，《邓小平文选》和《思想政治教育学前沿》，《思想政治教育学原理》和《马克思恩格斯全集》《思想政治教育学原理》和《思想政治教育学前沿》，《思想政治教育学原理》和《思想政治教育有效性研究》，《思想政治教育学原理》和《思想政治教育方法论》，《思想政治教育学原理》和《现代思想政治教育学》，《现代思想政治教育学》和《思想政治教育有效性研究》，《现代思想政治教育学》和《思想政治教育方法论》，《现代思想政治教育学》和《思想政治教育学前沿》，《马克思恩格斯选集》和《马克思恩格斯全集》。可见，《邓小平文选》是联系《毛泽东选集》《列宁选集》《列宁全集》《江泽民文选》与其他共现 100 次以上图书的"交通枢纽"，起到很好的串联作用。《思想政治教育学原理》处在《现代思想政治教育学》《思想政治教育学前沿》《现代思想政治教育学》《思想政治教育有效性研究》《思想政治教育方法论》的核心位置，即以《思想政治教育学原理》为代表的思想政治教育理论图书为思想政治教育专业博士学位论文的研究提供了重要参考。

图 21 显示的是 46 本图书相互一起出现 50 次及以上的关系，可见形成了两个明显的交叉团，其一是以《马克思恩格斯全集》《毛泽东文选》《马克思恩格斯选集》《江泽民文选》为核心的马克思主义基本理论和中

---

①　出现 100 次及以上共现的 12 种著作作者、出版年度和出版社信息如下：《邓小平文选》(1993 年、1994 年，人民出版社出版)、《毛泽东选集》(1991 年，人民出版社出版)、《列宁选集》(1965 年，人民出版社出版)、《列宁全集》(1988 年，人民出版社出版)、《江泽民文选》(2006 年，人民出版社出版)、《马克思恩格斯选集》(1972 年，人民出版社出版)、《马克思恩格斯全集》(2001 年，人民出版社出版)、《思想政治教育学原理》(1. 邱伟光，1999 年，高等教育出版社出版；2. 张耀灿，2001 年，高等教育出版社出版；3. 陈秉公，2006 年，高等教育出版社出版；4. 陈秉公，2001 年，辽宁人民出版社出版；5. 陈万柏，2007 年，高等教育出版社出版)、《现代思想政治教育学》(1. 张耀灿等，2001 年，人民出版社出版；2. 张耀灿等，2006 年，人民出版社出版)、《思想政治教育学前沿》(张耀灿等，2006 年，人民出版社出版)、《思想政治教育有效性研究》(沈壮海，2001 年，武汉大学出版社出版)、《思想政治教育方法论》(教育部社会科学研究会与思想政治工作司组编，1999 年，高等教育出版社出版)。

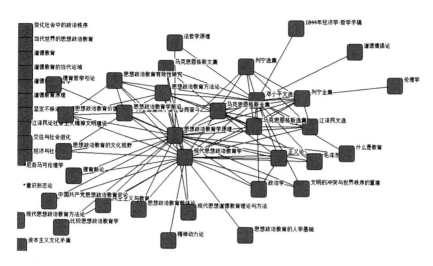

图21　高频被引图书共现50次及以上的可视图

国化马克思主义理论图书；其二是以《思想政治教育学原理》《思想政治教育学方法论》《现代思想政治教育学》为核心的思想政治教育领域的基础理论图书。

思想政治教育的理论基础图书利用率较低，如《思想政治教育学原理》的使用率为26.5%，《毛泽东选集》的使用率为18.09%，《列宁选集》的使用率为13.63%，《邓小平文选》的使用率为37.92%；《马克思恩格斯选集》的使用率为25.53%，《思想政治教育方法论》的使用率为17.22%，可见思想政治教育理论界的经典图书应用率较低，这些都是思想政治教育研究的理论源泉与理论支撑，只有充分掌握马克思恩格斯的论著及其中国化马克思主义的经典论著，才可在宏观上有明确的旗帜指引着研究，在理论框架之内开展思想政治教育的理论研究和实践研究，促进现象问题的本质化研究，避免研究的庞杂化与复杂化，使研究工作具有剥离现象看本质的功效。合格的学位论文要求体现一定的理论水平，因此博士研究生需要系统全面地研读马克思主义经典著作，按照"学以致真""学以致思"的原则，从总体性视角把握马克思主义各个组成部分之间内在的、有机的联系，深刻理解马克思主义精神实质和思想精髓，优化自身的知识结构，提高马克思主义素养、理论功底和分析能力，如此才能"学以致用"，遵循马克思主义的立场观点和方法对当今世界和中国的实际问题展开高水平研究。[①]

表 65 显示《马克思恩格斯全集》《列宁全集》《毛泽东选集》《邓小平文选》《江泽民文选》《思想政治教育学原理》在几所学校中出现。

表 65   使用思想政治教育领域经典图书的学校数量分布表

序号	名称	使用图书的学校数汇总	占学校总数比（%）
1	邓小平文选	49	90.74
2	江泽民文选	37	68.52
3	列宁全集	38	70.37
4	马克思恩格斯全集	48	88.89
5	毛泽东选集	43	79.63
6	思想政治教育学原理	46	85.19

经典著作对学校的普及度要高于对学生的普及度，说明图书受到学校层面的重视，但是对博士生的影响范围较小。54 所思想政治教育专业博士培养单位，每所学校都会选取经典书籍作为参考文献，807 名博士生，有 164 名博士生没有读过上面 6 册图书，占博士生的 20.32%；有 164 名博士生只读过 6 册中的 1 册，占博士生的 20.32%；读过 6 册及以上的有 121 名博士生，占 15%。下面分析这 15% 学生的来源单位，分析读取经典著作情况是否与学校类别有关系。

表 66   使用思想政治教育领域经典图书的学校地区分布情况

序号	地区	参考经典 6 册及以上情况分布（人）		汇总
		是	否	
1	东北	25	150	175
2	华北	29	133	162
3	华东	37	203	240
4	华南	0	3	3
5	华中	18	125	143

---

① 郝清杰：《马克思主义理论学科博士生培养大家谈》，高等教育出版社 2017 年版，第 20—21 页。

序号	地区	参考经典6册及以上情况分布（人）		汇总
		是	否	
6	西北	3	25	28
7	西南	9	47	56
	汇总	121	686	807

经卡方检定，$\chi^2 = 2.809$，p = 0.832，所以博士生选读经典著作为参考文献，地区间不存在显著性的差异。

表67　　　　使用经典图书与是否是一级学科点的对应关系表

序号	是否是一级学科点	参考经典6册及以上情况分布（人）		汇总
		是	否	
1	否	61	334	395
2	是	60	352	412
	汇总	121	686	807

经卡方检定，$\chi^2 = 0.123$，p = 0.726，所以博士生选读经典著作为参考文献，与是否是一级学科点间不存在显著性的差异。

表68　　　　使用经典图书与学科点成立时间的对应关系表

序号	学科点成立时间	参考经典6册及以上情况分布（人）		汇总
		是	否	
1	1996	4	29	33
2	1998	16	75	91
3	2000	5	35	40
4	2003	27	148	175
5	2006	68	396	464
6	2010	1	3	4
	汇总	121	686	807

经卡方检定，$\chi^2 = 3371.97$，$p = 0.000$，所以博士生选读经典著作为参考文献，与学科点的成立时间存在显著性的差异。

表69　　　　　　　　使用经典图书与学校性质的对应关系表

序号	学校性质	参考经典6册及以上情况分布（人）		汇总
		是	否	
1	非211非985	22	128	150
2	211	69	386	455
3	985	30	172	202
汇总		121	686	807

经卡方检定，$\chi^2 = 0.026$，$p = 0.987$，所以博士生选读经典著作为参考文献，与学校性质之间不存在显著性的差异。

从量化分析的数据支撑看（详见表66、表67、表68、表69），现阶段，选读经典问题与学校性质、是否是一级学科点、学校地域之间都没有显著性的差异，存在问题较为广泛，今后要重视经典图书的精神实质的汲取，为思想政治教育学科的研究提供坚实的理论基础。

31本在学校被参考次数在10次及以上的图书，有9本图书的总被参考次数在总参考次数前50位之外，经过统计，这9本书都在1所学校被参考次数大于10，图书详情见表70。

表70　　　　　　　　在1所学校使用次数超过10，而在54所学校
使用排在50位之后的图书

序号	出版社	参考著作名称	出版年份	作者
1	中华书局	汉书	1962	（汉）班固撰
2	中国人民大学出版社	加强和改进大学生思想政治教育重要文献选编	2008	教育部思想政治工作司
3	人民出版社	社会主义核心价值体系融入大学生思想政治教育全过程的基本问题研究	2011	杨晓慧
4	东北师范大学出版社	意识形态安全与大学生政治价值观研究	2008	李忠军
5	上海人民出版社	民众评价论	2004	陈新汉

序号	出版社	参考著作名称	出版年份	作者
6	中国社会科学出版社	现代德育课程论	2003	佘双好
7	武汉大学出版社	思想教育、政治教育、道德教育比较研究	2002	王玄武
8	中共党史出版社	思想政治工作学教程	2004	张蔚萍主编
9	人民出版社	德国政治教育研究	2010	傅安洲

这一现象说明，部分图书虽然在学校内形成了较大的影响，但是在54所学校整体上对博士生没有显著的影响，也可以说其影响范围小，只形成了局部影响，缺乏整体效应。

二　图书参考文献的特征分析

经统计，60406条数据，出版社、年份、图书名称、图书作者数据唯一的23698本图书，共涉及664家出版社，每家出版社平均出版35.7本图书。137家出版社的图书大于平均数，占总出版社的20.1%。不同的出版社的出版水平和关注的重点有所差异，所以在选取文献时，可参照经典的出版社。

（一）图书的改版情况

图书的再版情况，追踪思路依据作者一样、图书名称一样，而年度不一样。经统计，共有557本图书进行过改版，改版1次的461本图书，占改版图书的82.8%；改版2次的66本图书，占改版图书的11.8%；改版3次的12本图书，占改版图书的2.2%；改版4次的14本图书，占改版图书的2.5%；改版6次的2本图书，占改版图书的0.4%；改版12次的1本图书，占改版图书的0.2%。

（二）参考图书文献年度的分布

通过参考图书文献年度的分布统计（见表71），可以呈现出思想政治教育专业博士学位论文的支撑材料的年代分布，体现哪些年代的图书为思想政治教育博士撰写博士学位论文提供大量的资料来源，并可能追踪出本领域的鼻祖图书。

表 71   **图书参考文献的年代分布表**

序号	年份	汇总	百分比（%）	累计百分比（%）
1	2005	3944	6.53	6.53
2	2006	3940	6.52	13.05
3	2003	3667	6.07	19.12
4	2001	3602	5.96	25.09
5	2004	3515	5.82	30.90
6	2002	3197	5.29	36.20
7	2007	2713	4.49	40.69
8	2009	2693	4.46	45.15
9	1999	2630	4.35	49.50
10	2000	2549	4.22	53.72
11	2008	2548	4.22	57.94
12	2010	1945	3.22	61.16
13	1998	1681	2.78	63.94
14	2011	1609	2.66	66.60
15	1997	1499	2.48	69.09
16	1988	1312	2.17	71.26
17	1989	1279	2.12	73.38
18	1993	1225	2.03	75.40
19	1996	1156	1.91	77.32
20	1991	1112	1.84	79.16
21	2012	1092	1.81	80.97
22	1987	1079	1.79	82.75
23	1992	939	1.55	84.31
24	1994	934	1.55	85.85
25	1990	800	1.32	87.18
26	1986	660	1.09	88.27
27	1984	580	0.96	89.23
28	1985	570	0.94	90.17
29	2013	562	0.93	91.10
30	1995	560	0.93	92.03
31	1983	431	0.71	92.74
32	1979	401	0.66	93.41
33	2014	384	0.64	94.04

续表

序号	年份	汇总	百分比（%）	累计百分比（%）
34	1981	383	0.63	94.68
35	1980	335	0.55	95.23
36	1982	322	0.53	95.77
37	1965	264	0.44	96.20
38	1972	252	0.42	96.62
39	1959	229	0.38	97.00
40	1957	199	0.33	97.33
41	1961	176	0.29	97.62
42	1962	174	0.29	97.91
43	1964	155	0.26	98.16
44	1963	148	0.25	98.41
45	1956	131	0.22	98.63
46	1960	122	0.20	98.83
47	1978	107	0.18	99.01
48	2015	103	0.17	99.18
49	1958	87	0.14	99.32
50	1976	72	0.12	99.44
51	1974	53	0.09	99.53
52	1971	46	0.08	99.60
53	1954	30	0.05	99.65
54	1966	30	0.05	99.70
55	1977	28	0.05	99.75
56	1975	28	0.05	99.79
57	1955	23	0.04	99.83
58	1953	21	0.03	99.87
59	1950	17	0.03	99.90
60	1973	16	0.03	99.92
61	1967	12	0.02	99.94
62	1951	11	0.02	99.96
63	1949	8	0.01	99.97
64	1952	6	0.01	99.98
65	1915	4	0.01	99.99
66	1937	2	0.00	99.99

序号	年份	汇总	百分比（%）	累计百分比（%）
67	1970	1	0.00	100.00
68	2016	1	0.00	100.00
69	1814	1	0.00	100.00
70	1932	1	0.00	100.00

（三）参考图书文献的老化期限

通过统计参考图书的年度分布（见表72），计算选取的图书文献的老化期限，以此大致呈现思想政治教育专业博士学位论文研究的时效性。

表72　　　　　　　　近 10 年图书参考文献的数量分布表

序号	年份	参考图书文献的数量	百分比（%）	累计百分比（%）
1	2016	1	0.00	0.00
2	2015	103	0.17	0.17
3	2014	384	0.64	0.81
4	2013	562	0.93	1.74
5	2012	1092	1.81	3.55
6	2011	1609	2.66	6.21
7	2010	1945	3.22	9.43
8	2009	2693	4.46	13.89
9	2008	2548	4.22	18.11
10	2007	2713	4.49	22.60

代入 Burton 和 Kebler 公式：

令 $x = 1$（思想政治教育专业博士学位论文参考文献第一个 10 年，即 2007 年）

则 $y = 0.226$（2007 年被参考文献累计百分比）

而 $a + b = 1$，故 $b = 1 - a$

$$y = 1 - \left(\frac{a}{e^x} + \frac{b}{e^{2x}} \right)$$

$$0.226 = 1 - \left(\frac{a}{e^x} + \frac{1-a}{e^{2x}} \right)$$

$$0.774 = \frac{ae^x + 1 - a}{e^{2x}}$$

$$0.774\, e^2 = 1 + (e - 1)a$$

$$4.7192 = 1.7183a$$

$$a = 2.7464$$

$$x = \ln(2.7464 + \sqrt{2.7464^2 + 2 - 2 \times 2.7464})$$

$$x = \ln(2.7464 + 2.0124)$$

$$x = \ln 4.7588$$

$$x = 1.56$$

图书文献老化期限 = $1.56 \times 10 = 15.6$（年）

由上述公式求得图书文献老化期限是 15.6 年，意即 16 年前的图书文献被利用的机会已降至 50% 以下。统计参考文献的年度分布，可以了解学科研究会用到哪些时间段的材料和最早的年代，如果某些年度的文献被广泛参考，就代表这一时期的研究内容正在被持续关注与研究。

图 22 显示的是思想政治教育博士学位论文引用的图书参考文献在

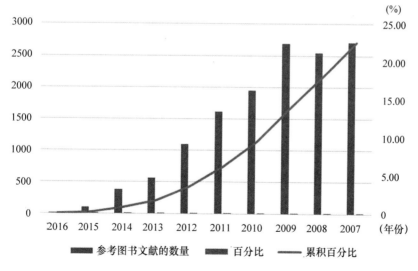

图22　图书参考文献在 2007 年至 2016 年的分布及比例情况

2007 年至 2016 年的 10 年间的分布以及所占的比例，图 22 形象化地呈现出图书参考文献从 2007 年至 2016 年大致是递减的状态。

（四）参考图书文献的新颖度

只统计图书文献使用的年度分布，并不能看出学科专门研究知识累积的速度是建基于多久前的图书文献所提供的知识上，而新颖度的分析在探究博士学位论文研究者进行思想政治教育相关研究时，会引用距其多久前出版的图书。故本书以论文出版年减去被参考图书的出版年，再以 5 年为一单位，整理数据资料如表 73 所示。

表 73　　　　　　　　以 5 年为单位图书参考文献的数量分布表

博士学位论文与参考图书的时间差（年）	参考图书数量（本）	被参考次数百分比（%）	被参考次数累计百分比（%）
0—4	8386	13.88	13.88
5—9	17526	29.01	42.90
10—15	16442	27.22	70.12
16—20	5702	9.44	79.56
21—25	5280	8.74	88.30
26—30	3216	5.32	93.62
31—35	1408	2.33	95.95
36—40	404	0.67	96.62
41—45	265	0.44	97.06
46—50	621	1.03	98.09
51—55	761	1.26	99.35
56—60	333	0.55	99.90
61 年及以上	62	0.10	100.00

由表 73 可知，思想政治教育专业博士学位论文的参考图书文献以其图书出版年当年至 15 年前的文献最多，占 70.12%，年度差在 4 年之内占 13.88%，年度差在 5—9 年占 29.01%，年度差在 10—15 年占 27.22%，其后参考次数基本上是随年代推移而越来越少，呈现递减状况（见图 23），与参考图书文献出版年代分布结果相一致，年代差最大的是 200 年，参考的也是最久远的书——1814 年的《全唐文》，参考它的博士学位论文是《节俭观研究》，说明在我国清朝嘉庆年间就对节俭观有相应

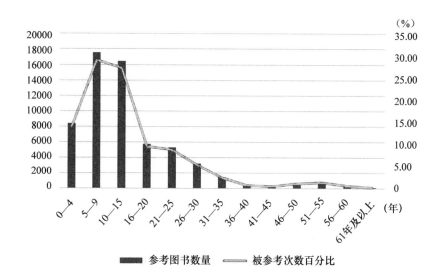

图 23　博士学位论文与图书参考文献年度差的分布图

的研究，并以唐文为载体进行记载。

这种现象说明了进行思想政治教育研究时，知识成果的启发与累积，大部分是建立于近几年的知识成果上。然而使用 25 年以前的资料，由表 73 可知，所占的比例都在 1% 以下，经笔者翻阅这些图书，以探求该文献被引用的原因，发现这些文献的内容多为某些观念的鼻祖，或第一提出者，或最早研究该项思想政治教育问题。

第三节　思想政治教育专业博士学位论文图书类型参考文献使用特性分析

一　使用导师著作和博士生本人图书的情况

（一）参考作者本人图书情况分析

807 名博士生，有 14 名博士生参考了自己的著作，且都参考了一本自己的著作，表明博士生在博士学位论文形成的过程中，有前期相关的成型的知识基础。

（二）参考自己导师著作情况分析

按照博士生姓名唯一进行数据整理，涉及 291 名博士生参考自己导师的作品；按照博士生姓名、学校唯一整理数据，涉及 293 名博士生参考了其博士生导师的著作，经查实，两次查询数据不一致的原因是有 3 名博士生重名，分别是大连理工大学的李琳博士、东南大学的李琳博士、武汉大学的李琳博士。293 名博士生，占 802 名博士（有 5 名博士生没有图书的参考记录）的 36.5%。共参考 506 本导师的书籍。参考 1 本的 169 名博士，占参考了导师图书的博士的 57.7%；参考 2 本的 71 名博士，占参考了导师图书的博士的 24.2%；参考 3 本的 32 名博士，占参考了导师图书的博士的 10.9%；参考 4 本的 12 名博士，占参考了导师图书的博士的 4.1%；参考 5 本的 6 名博士，占参考了导师图书的博士的 2.0%；参考导师著作 6 本、7 本、8 本的各 1 名博士，占参考了导师图书的博士的 0.3%。图 25 表示的是 802 名有图书参考记录的博士生参考导师图书情况的分布和占比情况。

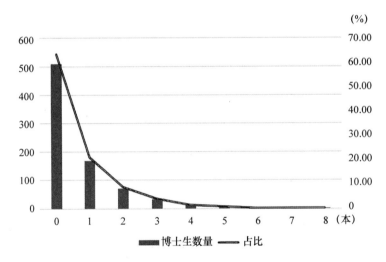

图24　思想政治教育博士学位论文参考导师图书分布图

如果按照导师姓名数据唯一，涉及 119 名导师，即 119 名导师的 293 名博士生参考了他们的著作；如果按照导师姓名和导师单位数据唯一，涉及 122 名导师，说明有 3 名导师是重名，或是在不同的学校担任导师，经过核实，3 名导师均在两个单位担任博士生导师。本书在统计的过程中，注意到有的博士生是双导师，在这种情况下，以第一导师计算，且与单独第一导师的数据进行合并，既能避免数据重复计算，也能避免由于双作者数据，对图书作者匹配过程中的丢失匹配。双导师情况如表 74 所示。

表74　　　　　　　　　　　　　双导师情况汇总表

序号	导师1	导师2	单位
1	冷溶	韩振峰	河北大学
2	李刚	石磊	西安科技大学
3	李康平	祝黄河	江西师范大学
4	刘克利	陈宇翔	湖南大学
5	刘克利	柳礼泉	湖南大学
6	刘克利	龙献忠	湖南大学
7	刘则渊	戴艳军	大连理工大学
8	卢黎歌	赖雄麟	西安科技大学
9	苏振芳	陈桂蓉	福建师范大学
10	万斌	马建青	浙江大学
11	许苏明	胡汉辉	东南大学
12	叶金福	秦燕	西北工业大学
13	郑永扣	郭彦森	郑州大学

（三）导师著作贡献率研究

统计一位导师的作品被他的几个博士生参考，且占他所有博士生的百分比，按照参考文献的定义，博士生的研究与导师的相关研究有内在关联。807 篇思想政治教育专业博士学位论文中，有 5 篇没有图书参考文献，802 名博士涉及 244 名导师，有 119 名导师的部分图书被自己的博士生作为图书参考文献，占所有导师的 48.8%，且统计参考导师图书文献的学生在导师所带学生中的占比，呈现出导师作品对所带学生的理论引导（见表75）。

表75　　　　　　思想政治教育专业博士生参考导师著作的情况

导师	所带学生（名）	参考图书学生（名）	占比（%）	导师	所带学生（名）	参考图书学生（名）	占比（%）	导师	所带学生（名）	参考图书学生（名）	占比（%）
黄蓉生	9	9	100.00	王淑芹	1	1	100.00	汪荣有	2	1	50.00
刘新庚	8	8	100.00	王树荫	1	1	100.00	吴德勤	2	1	50.00
陈新汉	6	6	100.00	王小锡	1	1	100.00	徐成芳	2	1	50.00
谭世贵	6	6	100.00	忻平	1	1	100.00	臧宏	2	1	50.00
万光侠	6	6	100.00	周文彰	1	1	100.00	张震	2	1	50.00

续表

导师	所带学生（名）	参考图书学生（名）	占比（%）	导师	所带学生（名）	参考图书学生（名）	占比（%）	导师	所带学生（名）	参考图书学生（名）	占比（%）
范树成	5	5	100.00	周勇	1	1	100.00	祝福恩	2	1	50.00
骆郁廷	5	5	100.00	朱虹	1	1	100.00	祝黄河	2	1	50.00
黄钊	4	4	100.00	苏振芳	10	9	90.00	高国希	11	5	45.45
林伯海	4	4	100.00	韩振峰	7	6	85.71	陈成文	9	4	44.44
佘双好	4	4	100.00	张澍军	16	13	81.25	龙静云	7	3	42.86
沈壮海	3	3	100.00	杨晓慧	12	9	75.00	谢晓娟	7	3	42.86
肖平	3	3	100.00	胡凯	4	3	75.00	周浩波	7	3	42.86
崔宜明	2	2	100.00	平章起	4	3	75.00	李桂梅	5	2	40.00
邓球柏	2	2	100.00	曾长秋	4	3	75.00	孙迎光	5	2	40.00
邓卓明	2	2	100.00	曲建武	9	6	66.67	戴焰军	15	5	33.33
冯刚	2	2	100.00	罗洪铁	6	4	66.67	陈勃	3	1	33.33
黄瑞雄	2	2	100.00	项久雨	6	4	66.67	陈树文	3	1	33.33
秦树理	2	2	100.00	韩源	3	2	66.67	池忠军	3	1	33.33
王学俭	2	2	100.00	荆学民	3	2	66.67	宫志峰	3	1	33.33
徐建军	2	2	100.00	秦在东	3	2	66.67	姜树卿	3	1	33.33
杨立英	2	2	100.00	姜建成	8	5	62.50	李松林	3	1	33.33
余仲涛	2	2	100.00	田秀云	8	5	62.50	刘云林	7	2	28.57
张耀灿	2	2	100.00	王立仁	10	6	60.00	路日亮	7	2	28.57
曹孟勤	1	1	100.00	吴东华	5	3	60.00	邱柏生	11	3	27.27
陈信凌	1	1	100.00	傅安洲	7	4	57.14	戴钢书	8	2	25.00
邓如辛	1	1	100.00	周向军	16	8	50.00	何一成	8	2	25.00
丁三青	1	1	100.00	程样国	6	3	50.00	宫敬才	4	1	25.00
段治文	1	1	100.00	洪晓楠	4	2	50.00	李俊奎	4	1	25.00
范军	1	1	100.00	李祖超	4	2	50.00	马永庆	4	1	25.00
蒋笃运	1	1	100.00	宋福范	4	2	50.00	门忠民	4	1	25.00
李浩	1	1	100.00	熊建生	4	2	50.00	王平	10	2	20.00
李建平	1	1	100.00	郭彩琴	2	1	50.00	赵继伦	10	2	20.00
李康平	1	1	100.00	赖雄麟	2	1	50.00	季芳桐	5	1	20.00
李萍	1	1	100.00	廉永杰	2	1	50.00	武东生	5	1	20.00
李忠军	1	1	100.00	刘从德	2	1	50.00	高军	11	2	18.18

续表

导师	所带学生（名）	参考图书学生（名）	占比（%）	导师	所带学生（名）	参考图书学生（名）	占比（%）	导师	所带学生（名）	参考图书学生（名）	占比（%）
刘艳红	1	1	100.00	刘建军	2	1	50.00	陈世润	6	1	16.67
沈瑞英	1	1	100.00	刘书林	2	1	50.00	闵春发	6	1	16.67
隋淑芬	1	1	100.00	刘铮	2	1	50.00	徐艳玲	6	1	16.67
王炳林	1	1	100.00	申来津	2	1	50.00	魏晓文	8	1	12.50
王军	1	1	100.00	孙熙国	2	1	50.00				

图 25 表示的是导师著作被所带博士生参考的比例，说明有 120 位导师所带博士生没有参考自己的著作，22 位导师所带的 50% 博士生参考了自己的著作，47 位导师所带的博士全部参考了自己的著作。

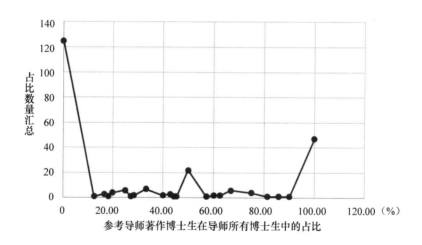

图 25　导师著作被所带博士生参考的比例分布图

我们分析的数据涉及 244 名导师（按照姓名唯一，就是 244 名导师，如果按照姓名、单位唯一，则有 249 名导师，经核实，5 名导师分别在两所学校担任导师），统计在 60406 本参考图书文献中，由数据涉及的导师群体的著作的影响力。首先从数量上进行分析，其次在被本校学生使用情况进行分析，再者被自己学生参考的次数。

60406 条图书参考记录中，有 3742 条记录是参考的导师群体的图书，占总参考书目的 6.2%；不是自己导师的数据为 3236 条，参考学生导师占导师群体作品的 13.5%，非导师学生参考导师群体著作的占 86.5%。

从图 26、图 27 中可看出，大部分导师的作品涉及的学校较少，作品参考的数量较低，从陈世润到邹放鸣，共 33 位导师的著作涉及 1 所学校，后期分析这 1 所学校是否是导师所在学校；从陈桂蓉到郑永扣，共 18 位导师的著作涉及 2 所学校，参考次数从 2 次到 8 次；从陈文斌到祝黄河，共 14 位导师的著作涉及 3 所学校，参考次数从 3 次到 14 次；从曹孟勤到袁祖社，共 9 位导师的著作涉及 4 所学校，参考次数区间［4，33］；从洪晓楠到周向军，共 9 位导师的著作涉及 5 所学校，参考次数区间［5，15］；从陈成文到谢晓娟，共 6 位导师的著作涉及 6 所学校，参考次数的区间［6，9］；从胡树祥到周浩波，共 10 位导师的著作涉及 7 所学校，参考次数的区间［7，25］；从邓卓明到詹世友，共 4 位导师的著作涉及 8 所学校，参考次数区间［8，15］；从邓球柏到张骥，共 2 位导师的著作涉及 9 所学校，参考次数区间［11，14］；导师何一成的著作涉及 10 所学校，参考次数为 16；从黄钊到平章起，共 2 位导师的著作涉及 11 所学校，参考次数区间［11，25］；从秦树理到田建国，共 2 位导师的著作涉及 12 所学校；从戴焰军到徐建军，共 5 位导师的著作涉及 13 所学校；3 位导师的作品涉及 14 所学校；2 名导师的作品涉及 15 所学校；3 名导师的作品涉及 16 所学校；1 名导师的作品涉及 17 所学校；2 名导师的作品涉及 18 所学校；1 名导师的作品涉及 19 所学校；导师作品影响 20 所及

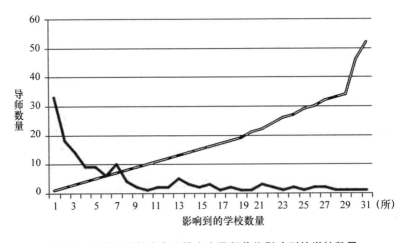

图 26　思想政治教育专业博士生导师著作影响到的学校数量

以上学校的导师共 18 名，分别为：戴钢书、刘新庚、邱柏生、黄蓉生、冯刚、王学俭、刘书林、杨立英、李萍、张澍军、罗红铁、项久雨、苏振芳、万光侠、刘建军、骆郁廷、沈壮海和张耀灿，其中沈壮海的著作涉及46 所学校，张耀灿的著作涉及 52 所学校。

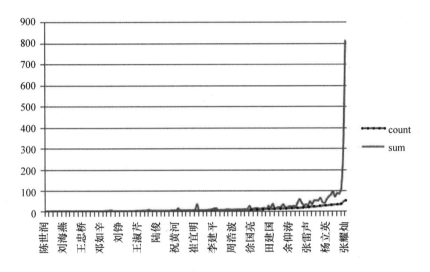

图27 导师著作影响到的学校数量分布图

　　接下来，统计思想政治教育专业博士生完成学位论文过程中，本校其他博士生导师（非博士生自己的导师）著作对本校博士生的贡献力大小，通过这一指标可以了解图书的传播流转情况，与学生选择参考书籍的影响因素，对于以后博士培养关于图书大类推荐产生一定的指导意义。从图28 可看出，导师群体的图书除被自己带的博士参考外，被同一所学校其他博士生参考的数量并不明显。

　　（四）博士学位论文与所引用导师著作之间的时间差度

　　从表 76 中数据可见，导师著作与自己所带学生的博士学位论文时间差在 7 年之内的，占比达到 59.09%，导师作品在学生博士学位论文中的新颖度高于图书新颖度的平均值。

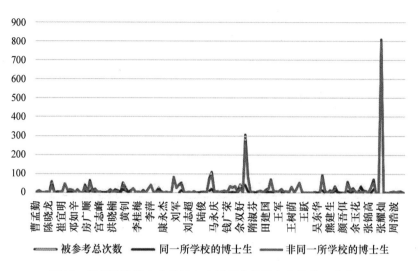

图 28　思想政治教育专业博士生导师著作被参考的情况分布图

表 76　**思想政治教育专业博士学位论文与参考的导师著作年度差分布**

序号	论文与参考导师图书年度差	汇总数（本）	百分比（%）	累计百分比（%）
1	7	49	9.68	9.68
2	4	47	9.29	18.97
3	6	47	9.29	28.26
4	5	45	8.89	37.15
5	3	40	7.91	45.06
6	1	36	7.11	52.17
7	2	35	6.92	59.09
8	8	32	6.32	65.42
9	9	30	5.93	71.34
10	10	26	5.14	76.48
11	12	24	4.74	81.23
12	11	22	4.35	85.57
13	13	19	3.75	89.33
14	14	18	3.56	92.89
15	15	12	2.37	95.26
16	16	6	1.19	96.44
17	0	4	0.79	97.23
18	18	4	0.79	98.02
19	20	3	0.59	98.62

续表

序号	论文与参考导师图书年度差	汇总数（本）	百分比（%）	累计百分比（%）
20	21	3	0.59	99.21
21	17	2	0.40	99.60
22	25	1	0.20	99.80
23	19	1	0.20	100.00

二　图书类参考文献参考率的分析

按照年份、出版社、图书名称、图书作者唯一的思路，60406 条图书引用数据共涉及图书 23698 本，一本图书平均被参考 2.55 次，4732 本图书超过平均参考次数，即 4732 本图书的被参考次数在 3 次及以上，占所用图书数量的 20%；3605 本图书被参考 2 次，占所用图书总量的 15.2%；15361 本图书只被参考过 1 次，占所用图书总量的 64.8%。可以看出，大部分图书被参考率较低。

统计每所学校参考同一本图书的次数的分布，可以分析博士学位论文的基础来源是否相似。按照每所学校参考的同一本图书的不同次数进行统计分析，发现以学校、图书（出版年份、出版社、作者、图书名称）为唯一项统计，共计有 49622 条记录，而汇总项大于或等于 10 的才有 87 项，即同一所学校，参考同一图书的同学达 10 人及以上的共涉及 87 项，占 49622 项的 0.2%，同所学校选择同本参考图书的比例很低。表 77 是排在 87 项的数据。

表 77　　　　　　一所学校 10 人及以上参考同一本图书的学校情况

序号	培养单位	出版社	参考图书名称	出版年份	作者	汇总项
1	东北师范大学	人民出版社	邓小平文选	1993	邓小平	31
2	东北师范大学	人民出版社	马克思恩格斯选集	1972	马克思	30
3	东北师范大学	人民出版社	邓小平文选	1994	邓小平	26
4	武汉大学	武汉大学出版社	精神动力论	2003	骆郁廷	22
5	东北师范大学	高等教育出版社	思想政治教育学原理	1999	邱伟光	21
6	武汉大学	人民出版社	现代思想政治教育学	2001	张耀灿等	20
7	东北师范大学	人民出版社	马克思恩格斯全集	2001	［德］马克思	20

续表

序号	培养单位	出版社	参考图书名称	出版年份	作者	汇总项
8	东北师范大学	人民出版社	德育哲学引论	2002	张澍军	20
9	武汉大学	武汉大学出版社	思想政治教育有效性研究	2001	沈壮海	18
10	中国矿业大学（北京）	人民出版社	邓小平文选	1993	邓小平	18
11	武汉大学	中国社会科学出版社	思想政治教育价值论	2003	项久雨	17
12	中共中央党校	人民出版社	邓小平文选	1993	邓小平	17
13	中国地质大学	人民出版社	德国政治教育研究	2010	傅安洲	16
14	中国地质大学	人民出版社	思想政治教育学前沿	2006	张耀灿等	16
15	东北师范大学	人民出版社	列宁选集	1965	［苏］列宁	16
16	东北师范大学	人民出版社	江泽民文选	2006	江泽民	16
17	武汉大学	人民出版社	思想政治教育的文化视野	2005	沈壮海	15
18	中共中央党校	人民出版社	邓小平文选	1994	邓小平	15
19	东北师范大学	人民出版社	现代思想政治教育学	2001	张耀灿等	15
20	中南大学	人民出版社	现代思想政治教育方法论	2005	刘新庚	15
21	中南大学	人民出版社	现代思想政治教育学	2001	张耀灿等	15
22	武汉大学	中国社会科学出版社	现代德育课程论	2003	佘双好	14
23	中国矿业大学（北京）	人民出版社	现代思想政治教育学	2001	张耀灿等	14
24	南昌大学	人民出版社	现代思想政治教育学	2001	张耀灿等	14
25	武汉大学	高等教育出版社	思想政治教育学原理	1999	邱伟光	13
26	武汉大学	广东高等教育出版社	现代思想道德教育理论与方法	2000	郑永廷	13
27	武汉大学	人民出版社	邓小平文选	1993	邓小平	13

续表

序号	培养单位	出版社	参考图书名称	出版年份	作者	汇总项
28	西南大学	人民出版社	现代思想政治教育学	2001	张耀灿等	13
29	西南大学	人民出版社	邓小平文选	1993	邓小平	13
30	中国矿业大学（北京）	高等教育出版社	思想政治教育学原理	1999	邱伟光	13
31	东北师范大学	人民出版社	思想政治教育学前沿	2006	张耀灿等	13
32	中南大学	高等教育出版社	思想政治教育方法论	1999	教育部社会科学研究会与思想政治工作司组编	13
33	南昌大学	人民出版社	邓小平文选	1994	邓小平	13
34	南昌大学	人民出版社	江泽民文选	2006	江泽民	13
35	武汉大学	高等教育出版社	思想政治教育方法论	1999	教育部社会科学研究会与思想政治工作司组编	12
36	苏州大学	人民出版社	马克思恩格斯文集	2009	中共中央马克思恩格斯列宁斯大林著作编译局	12
37	武汉大学	人民出版社	邓小平文选	1994	邓小平	12
38	中共中央党校	人民出版社	现代思想政治教育学	2001	张耀灿等	12
39	东北师范大学	人民出版社	毛泽东选集	1991	毛泽东	12
40	东北师范大学	人民出版社	现代思想政治教育学	2006	张耀灿等	12
41	东北师范大学	人民出版社	马克思恩格斯文集	2009	中共中央马克思恩格斯列宁斯大林著作编译局	12
42	中南大学	高等教育出版社	思想政治教育学原理	2001	张耀灿	12
43	中南大学	高等教育出版社	思想政治教育学原理	1999	邱伟光	12
44	南昌大学	高等教育出版社	思想政治教育方法论	1999	教育部社会科学研究会与思想政治工作司组编	12

序号	培养单位	出版社	参考图书名称	出版年份	作者	汇总项
45	南昌大学	人民出版社	邓小平文选	1993	邓小平	12
46	上海大学	人民出版社	马克思恩格斯选集	1972	马克思	11
47	上海大学	人民出版社	邓小平文选	1993	邓小平	11
48	西南大学	中国人民大学出版社	加强和改进大学生思想政治教育重要文献选编	2008	教育部思想政治工作司	11
49	西南大学	高等教育出版社	思想政治教育方法论	1999	教育部社会科学研究会与思想政治工作司组编	11
50	东北师范大学	武汉大学出版社	思想政治教育有效性研究	2001	沈壮海	11
51	东北师范大学	人民出版社	社会主义核心价值体系融入大学生思想政治教育全过程的基本问题研究	2011	杨晓慧	11
52	东北师范大学	东北师范大学出版社	意识形态安全与大学生政治价值观研究	2008	李忠军	11
53	南昌大学	人民出版社	马克思恩格斯选集	1972	马克思	11
54	辽宁大学	高等教育出版社	思想政治教育学原理	1999	邱伟光	11
55	南昌大学	武汉大学出版社	精神动力论	2003	骆郁廷	11
56	南昌大学	人民出版社	列宁选集	1965	［苏］列宁	11
57	山东师范大学	人民出版社	思想政治教育的人学基础	2006	万光侠等	10
58	上海大学	上海人民出版社	民众评价论	2004	陈新汉	10
59	上海大学	高等教育出版社	思想政治教育学原理	1999	邱伟光	10
60	上海大学	人民出版社	思想政治教育学前沿	2006	张耀灿等	10
61	上海大学	人民出版社	现代思想政治教育学	2001	张耀灿等	10
62	上海大学	商务印书馆	法哲学原理	1961	［德］黑格尔	10

续表

序号	培养单位	出版社	参考图书名称	出版年份	作者	汇总项
63	上海大学	人民出版社	马克思恩格斯全集	2001	〔德〕马克思	10
64	苏州大学	高等教育出版社	思想政治教育学原理	1999	邱伟光	10
65	首都师范大学	中华书局	汉书	1962	（汉）班固撰	10
66	武汉大学	武汉大学出版社	思想教育、政治教育、道德教育比较研究	2002	王玄武	10
67	武汉大学	人民出版社	马克思恩格斯文集	2009	中共中央马克思恩格斯列宁斯大林著作编译局	10
68	中共中央党校	人民出版社	马克思恩格斯选集	1972	马克思	10
69	西南大学	武汉大学出版社	思想政治教育有效性研究	2001	沈壮海	10
70	中国矿业大学（北京）	人民出版社	思想政治教育学前沿	2006	张耀灿等	10
71	中国地质大学	人民出版社	邓小平文选	1993	邓小平	10
72	中共中央党校	中共党史出版社	思想政治工作学教程	2004	张蔚萍主编	10
73	中共中央党校	中国社会科学出版社	正义论	1988	〔美〕罗尔斯（Rawls）	10
74	中国矿业大学（北京）	人民出版社	江泽民文选	2006	江泽民	10
75	东北师范大学	辽宁人民出版社	思想政治教育学原理	2001	陈秉公	10
76	复旦大学	商务印书馆	尼各马可伦理学	2003	〔古希腊〕亚里士多德（Aristotle）	10
77	福建师范大学	人民出版社	现代思想政治教育学	2001	张耀灿等	10
78	河北师范大学	人民出版社	马克思恩格斯选集	1972	马克思	10
79	河北师范大学	人民出版社	邓小平文选	1994	邓小平	10
80	湖南师范大学	高等教育出版社	思想政治教育学原理	1999	邱伟光	10
81	湖南师范大学	高等教育出版社	思想政治教育学原理	2001	张耀灿	10

续表

序号	培养单位	出版社	参考图书名称	出版年份	作者	汇总项
82	中南大学	人民出版社	邓小平文选	1993	邓小平	10
83	中南大学	人民出版社	思想政治教育学前沿	2006	张耀灿等	10
84	南昌大学	人民出版社	思想政治教育学前沿	2006	张耀灿等	10
85	辽宁大学	人民出版社	思想政治教育学前沿	2006	张耀灿等	10
86	山东大学	人民出版社	邓小平文选	1993	邓小平	10
87	南京师范大学	人民出版社	思想政治教育学前沿	2006	张耀灿等	10

共涉及 19 所学校，其中 1 所学校 1 所中央党校，不在 985、211 学校的划分体系中，所以在 18 所学校中，985 学校 5 所，占 27.8%；211 学校 9 所，占 50%；非 211 非 985 学校 4 所，且全为师范类院校，占 22%，详见图 29。利用卡方检定，$\chi^2 = 2.190$，$p = 0.534$，在图书集中选取上，不同的学校类别间不存在显著差异。

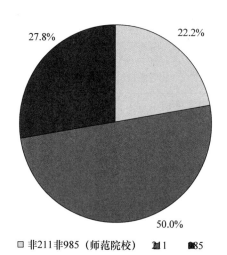

图 29　选择同本参考图书的不同院校分布图

按照学科点成立的时间，看是否存在显著的差异。按照学科点成立时间统计，19 所学校，1996 年成立的有 1 所，1998 年成立的有 2 所，2000 年成立的有 1 所，2003 年成立的有 6 所，2006 年成立的有 9 所，2010 年成立的有 0 所。因为学科点成立时间早晚，决定着招生的多少，所以在这里用到相对次数做比较，也就是说，按照涉及的学科点成立时间的学校在所有这个时间成立的学科点的比例进行统计分析，排除因为学科点成立时间早晚而造成招生数量差异，影响到参考书目的选取。19 所学校中，1996 年成立的有 1 所，1996 年成立学科点 1 个；1998 年成立的有 2 所，1998 年成立学科点 3 个；2000 年成立的有 1 所，2000 年成立学科点 3 个；2003 年成立的有 6 所，2003 年成立学科点 12 个；2006 年成立的有 9 所，2006 年成立学科点 34 个；2010 年成立的有 0 所，2010 年成立学科点 1 个，如图 30 所示。

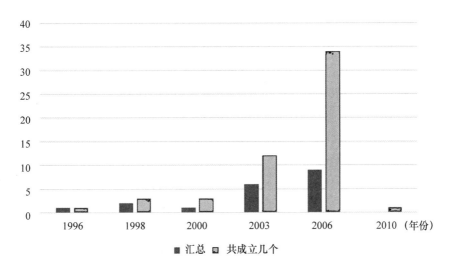

图 30　学科点成立时间分布图

按照学校的地域，是否存在显著的差异。如图 31 所示，把学校按照地理位置，分为东北、华北、华东、华南、华中、西北和西南 7 个区域，19 所学校中，东北地区 2 所，占 10.5%；华北地区 4 所，占 21%；华东地区 8 所，占 42%；华南地区 0 所，占 0%；华中地区 4 所，占 21%；西北地区 0 所，占 0%；西南地区 1 所，占 5.5%。

按照是否是一级学科点统计，19 所学校中，一级学科点 9 所，非一级学科点 10 所，按照卡方检定，不存在显著差异。参考同一本书的博士生达 10 人及以上的共涉及图书 87 本，29 名作者，详见表 78。

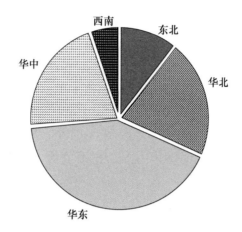

图31　博士点地理分布情况

表78　　　　　　　　**被同一所学校 10 人及以上参考的图书作者情况**

序号	作者	学校数汇总（每所学校参考人数在 10 人及以上）	总共参考次数（每所学校参考人数在 10 人及以上）
1	张耀灿等	18	246
2	邓小平	15	221
3	邱伟光	8	100
4	［德］马克思	5	102
5	沈壮海	4	54
6	教育部社会科学研究会与思想政治工作司组编	4	48
7	江泽民	3	39
8	中共中央马克思恩格斯列宁斯大林著作编译局	3	34
9	骆郁廷	2	33
10	［苏］列宁	2	27
11	张澍军	1	20
12	项久雨	1	17
13	傅安洲	1	16
14	刘新庚	1	15
15	佘双好	1	14
16	郑永廷	1	13

续表

序号	作者	学校数汇总（每所学校参考人数在 10 人及以上）	总共参考次数（每所学校参考人数在 10 人及以上）
17	毛泽东	1	12
18	教育部思想政治工作司	1	11
19	李忠军	1	11
20	杨晓慧	1	11
21	［德］黑格尔	1	10
22	［古希腊］亚里士多德（Aristotle）	1	10
23	（汉）班固撰	1	10
24	［美］罗尔斯（Rawls）	1	10
25	陈秉公	1	10
26	陈新汉	1	10
27	万光侠等	1	10
28	王玄武	1	10
29	张蔚萍主编	1	10

从图 32 和表 78 中可以看出，在学校中，影响 10 个博士生及以上的图书，影响面最大的作者是张耀灿，共涉及 19 所学校，有 18 所学校参考张耀灿的图书的学生数量为 10 个及以上。张耀灿教授在此领域的认知度很高，因为张耀灿教授是此领域的奠基人。而只被 1 所学校参考次数大于 10 次的作者有 19 人，占 29 人的 65.5%，虽然被参考次数在 10 次及以上，但辐射面只有 1 所学校。从学科的定位讲起，思想政治教育学科是马克思主义理论一级学科下的二级学科，具有父子的关系，即思想政治教育学科具有马克思主义学科的内涵和特点，而在参考的图书文献中，马克思主义经典图书应用较少，不利于理论的系统和深度掌握，那么在开展思想政治教育的研究时，不利于现象问题的本质归属。

中国共产党是以马克思主义理论为指导的政党，思想政治教育学是马克思主义的思想政治教育学，学科研究的开展是在马克思主义理论指导下开展的，马克思主义理论是思想政治教育学的指南针，指引着思想政治教育学在正确的道路上开展研究，研究成果应用于我国实践。在我国，无论是共产党诞生之后，还是改革开放以来，抑或是新时代，都是因为在不同

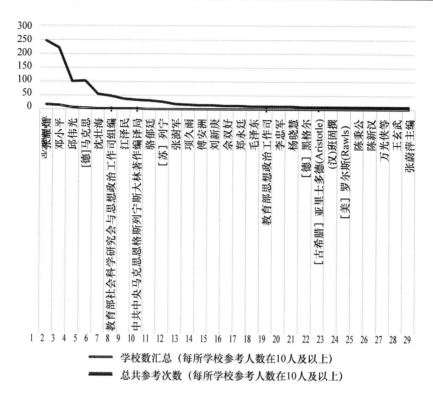

图 32   影响到 10 人及以上博士生的图书分布

时期，中国共产党人将马克思主义基本原理同不同时期的具体实际相结合，完成一项项历史性的工作，实现了中华民族从东亚病夫到站起来，到富起来，再到强起来的一次次飞跃，这都是因为马克思主义理论为中国共产党指明了方向，即使道路艰难险阻，迂回百折，但方向正确，道路终将到达目标。由此可见，马克思主义理论对于中国共产党事业的重大作用，作为思想政治教育学研究的最高学历人员，应该从自身全面系统地掌握马克思主义理论，并把握理论的精神实质和思想内涵，结合实际，武装头脑，找准研究切入点，精辟地总结规律并升华为理论，完善思想政治教育学理论的系统化建设，同时，将思想政治教育研究中的问题基于马克思主义理论，挖掘出深层次的原因和对策，使思想政治教育学的研究既有时效性又有针对性，为我国"五位一体"总体布局和"四个全面"战略布局的顺利推进保驾护航。

被同一所学校 10 人及以上参考的图书共 31 本，书名如表 79 所示。

表 79　　　　　　　被同一所学校 10 人及以上参考的图书情况

序号	参考图书名称	学校数汇总 （每所学校参考人数 在 10 人及以上）	总共参考次数 （每所学校参考人数 在 10 人及以上）
1	邓小平文选	15	221
2	思想政治教育学原理	11	132
3	现代思想政治教育学	10	135
4	思想政治教育学前沿	8	89
5	马克思恩格斯选集	5	72
6	思想政治教育方法论	4	48
7	江泽民文选	3	39
8	思想政治教育有效性研究	3	39
9	马克思恩格斯文集	3	34
10	精神动力论	2	33
11	马克思恩格斯全集	2	30
12	列宁选集	2	27
13	德育哲学引论	1	20
14	思想政治教育价值论	1	17
15	德国政治教育研究	1	16
16	思想政治教育的文化视野	1	15
17	现代思想政治教育方法论	1	15
18	现代德育课程论	1	14
19	现代思想道德教育理论与方法	1	13
20	毛泽东选集	1	12
21	加强和改进大学生思想政治教育重要文献选编	1	11
22	社会主义核心价值体系融入大学生思想政治教育全过程的基本问题研究	1	11
23	意识形态安全与大学生政治价值观研究	1	11
24	法哲学原理	1	10
25	汉书	1	10
26	民众评价论	1	10
27	尼各马可伦理学	1	10

续表

序号	参考图书名称	学校数汇总 （每所学校参考人数 在 10 人及以上）	总共参考次数 （每所学校参考人数 在 10 人及以上）
28	思想教育、政治教育、道德教育比较研究	1	10
29	思想政治工作学教程	1	10
30	思想政治教育的人学基础	1	10
31	正义论	1	10

　　通过涉及作者和涉及图书，可以看出，有的影响力大的作者，是多本图书都被博士生参考，譬如张耀灿老师，在 18 所学校中，参考他的图书的学生都超过 10 人，而没有一本其他学者的图书的影响力（一本图书被同一所学校的 10 个及以上博士参考）达到 18 所学校，也就是说，张耀灿老师在这一领域有多本影响力较大的图书，从而多本图书给博士生带来了影响。张耀灿老师是思想政治教育领域的引领者。

　　下面统计高参考率的图书，即同一本书总共被参考的情况，以此来透视思想政治教育研究领域的经典书目。占到前 50 位的图书如表 80 所示。

表 80　　　　被 807 篇博士学位论文参考的次数排在前 50 的图书

出版社	名称	年份	作者	参考汇总（次）
人民出版社	邓小平文选	1993	邓小平	306
人民出版社	现代思想政治教育学	2001	张耀灿等	254
人民出版社	邓小平文选	1994	邓小平	237
高等教育出版社	思想政治教育学原理	1999	邱伟光	214
人民出版社	马克思恩格斯选集	1972	马克思	206
人民出版社	思想政治教育学前沿	2006	张耀灿等	192
人民出版社	江泽民文选	2006	江泽民	169
人民出版社	马克思恩格斯全集	2001	［德］马克思	152
人民出版社	马克思恩格斯文集	2009	中共中央马克思恩格斯列宁斯大林著作编译局	146
人民出版社	毛泽东选集	1991	毛泽东	146
中国社会科学出版社	正义论	1988	［美］罗尔斯（Rawls）	139

续表

出版社	名称	年份	作者	参考汇总（次）
高等教育出版社	思想政治教育方法论	1999	教育部社会科学研究会与思想政治工作司组编	139
武汉大学出版社	思想政治教育有效性研究	2001	沈壮海	138
高等教育出版社	思想政治教育学原理	2001	张耀灿	138
人民出版社	现代思想政治教育学	2006	张耀灿等	132
人民出版社	列宁选集	1965	［苏］列宁	110
生活·读书·新知三联书店	什么是教育	1991	［德］雅斯贝尔斯（Jaspers）	108
商务印书馆	政治学	1965	［古希腊］亚里士多德	100
中国社会科学出版社	思想政治教育价值论	2003	项久雨	99
人民出版社	1844 年经济学—哲学手稿	1979	马克思	99
商务印书馆	法哲学原理	1961	［德］黑格尔	98
高等教育出版社	思想政治教育学原理	2006	陈秉公	96
人民出版社	列宁全集	1988	列宁	84
武汉大学出版社	精神动力论	2003	骆郁廷	83
人民出版社	思想政治教育的文化视野	2005	沈壮海	82
高等教育出版社	比较思想政治教育学	2001	王瑞荪主编	78
生活·读书·新知三联书店	资本主义文化矛盾	1989	［美］丹尼尔·贝尔（DanielBell）	72
重庆出版社	交往与社会进化	1989	（联邦德国）哈贝马斯（Habermas）	70
广东高等教育出版社	现代思想道德教育理论与方法	2000	郑永廷	70
高等教育出版社	中国共产党思想政治教育史论	2006	张耀灿主编	70
辽宁人民出版社	思想政治教育学原理	2001	陈秉公	69
人民出版社	思想政治教育的人学基础	2006	万光侠等	69
人民教育出版社	民主主义与教育	1990	［美］杜威（Dewey）	68
湖北人民出版社	思想政治教育载体论	2003	陈万柏	65
浙江教育出版社	道德教育的哲学	2000	［美］柯尔伯格（Lawrence Kohlberg）	63

续表

出版社	名称	年份	作者	参考汇总（次）
人民出版社	坚定不移沿着中国特色社会主义道路前进，为全面建成小康社会而奋斗	2012	胡锦涛	63
新华出版社	文明的冲突与世界秩序的重建	1998	［美］塞缪尔·P. 亨廷顿（Samuel P. Huntington）	62
中国人民大学出版社	当代世界的思想政治教育	1999	陈立思主编	61
人民出版社	德育哲学引论	2002	张澍军	61
中央文献出版社	江泽民论社会主义精神文明建设	1999	江泽民［著述］	60
人民出版社	道德教育的当代论域	2005	鲁洁	59
商务印书馆	道德情操论	1997	［英］亚当·斯密（Adam Smith）	58
商务印书馆	尼各马可伦理学	2003	［古希腊］亚里士多德（Aristotle）	57
人民出版社	伦理学	1989	罗国杰主编	57
上海人民出版社	道德教育	2006	（法）爱弥尔·涂尔干（EmileDurkheim）	56
生活·读书·新知三联书店	变化社会中的政治秩序	1989	［美］亨廷顿（Huntington）	56
上海人民出版社	意识形态论	1993	俞吾金	56
江苏教育出版社	德育新论	1994	鲁洁	56
高等教育出版社	思想政治教育学原理	2007	陈万柏	55
商务印书馆	经济与社会	1997	［德］马克斯·韦伯（Max Weber）	54
浙江教育出版社	道德教育原理	2003	［美］杜威	54
人民出版社	现代思想政治教育方法论	2005	刘新庚	54

这前 50 本图书与前面统计的被引频次在同一所学校达到 10 次以上的数据进行比较研究，发现总体被参考次数排在前 50 位共 52 本图书中，在同一所学校被参考达到 10 次及以上的图书为 26 本，正好占到 50%，也就是说，还有 50% 的图书虽然在整体上的被参考频次在前 50，但是在每所学校的参考次数都在 10 次以下，影响范围较大，但影响密度较小。

为了客观了解学科的主要理论来源，获取高频被引图书的分类号，找出高频被引图书的所属学科，清晰展示思想政治教育专业博士学位论文研究的理论基础来源。获取数据的思考途径，一是向北京大学图书馆求助，二是向国家图书馆求助，想对图书信息进行匹配，北京大学的答复是我们的电子数据不对外，国家图书馆的答复是一条数据一元钱，因为当初是想对所有引用的图书进行匹配，对于一个博士生来说，没有足够的经费支撑这个研究，所以两条路都放弃了。在网络上有中国分类号查询的官网，但也是在知道图书大体分类的前提下，才可以找到，输入与书名相关的信息，是查询不到对应的分类号的。最终，本书采用作者所在学校的部分图书分类号和网络查询（包括国家图书馆的官网），获得 52 本图书的分类号。

中国的图书分类号共 22 大类，这 52 本图书涉及 A 类（马克思主义、列宁主义、毛泽东思想、邓小平理论）、B 类（哲学）、D 类（政治、法律）、F 类（经济）和 G 类（文化、科学、教育、体育）五大类图书，因为有很多分类融在一起，为了细化图书分类，按照中国图书分类原则，统一细化到图书分类的二级分类：分为 A1（马克思、恩格斯著作）、A2（列宁著作）、A4（毛泽东著作）、B0（哲学理论）、B5（欧洲哲学）、B82（伦理学（道德哲学）、D0（政治理论）、D2（中国共产党）、D5（世界政治）、D64（中国政治）、F0（经济学）、G0（文化理论）、G4（教育）共计 13 类，在采集图书分类号的过程中，发现图书号的标识格式和要求还不统一，有的图书号只有 3 位，所以不能再细化。按照 5 个大类统计，被引用前 50 位的 52 本图书的所属学科的分布情况如图 33 和表 81 所示。

表 81　　　　　　　　**高被引图书的学科分类情况汇总表**

序号	图书分类	图书数量	占比（%）	累计占比（%）
1	政治、法律	24	46.15	46.15
2	文化、科学、教育、体育	12	23.08	69.23
3	哲学	8	15.38	84.62
4	马克思主义、列宁主义、毛泽东思想、邓小平理论	7	13.46	98.08
5	经济	1	1.92	100.00

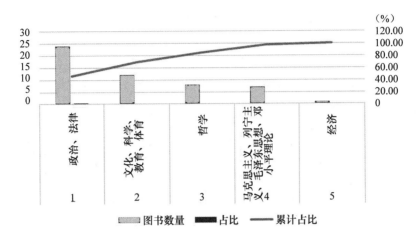

图33　高频被参考图书的学科来源分布

从图33、表81中，清晰可见这52本图书主要来自于政治法律类、文化科学教育体育类、哲学类、马克思主义列宁主义毛泽东思想邓小平理论类、经济类图书，而数量是依次递减的。

按照细化的13类统计，被引用前50位的52本图书的所属学科的分布情况如图34和表82所示。

表82　　　　　　**被807篇博士学位论文引用前50位图书的学科分布**

序号	图书分类	图书数量	占比（％）	累计占比（％）
1	中国政治	15	28.85	28.85
2	教育	11	21.15	50.00
3	中国共产党	5	9.62	59.62
4	马克思、恩格斯著作	4	7.69	67.31
5	伦理学（道德哲学）	4	7.69	75.00
6	列宁著作	2	3.85	78.85
7	哲学理论	2	3.85	82.69
8	欧洲哲学	2	3.85	86.54
9	政治理论	2	3.85	90.38
10	世界政治	2	3.85	94.23

续表

序号	图书分类	图书数量	占比（%）	累计占比（%）
11	毛泽东著作	1	1.92	96.15
12	经济学	1	1.92	98.08
13	文化理论	1	1.92	100.00

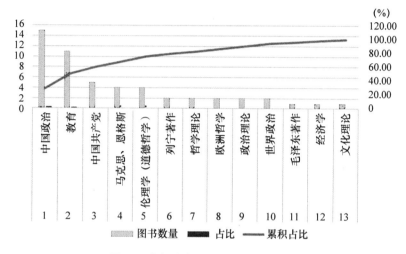

图34　高频被参考图书的学科来源分布

从图34、表82中，清晰可见这52本图书主要来自于中国政治、教育、中国共产党、马克思恩格斯著作、伦理学（道德哲学）、列宁著作、哲学理论、欧洲哲学、政治学理论、世界政治、毛泽东著作、经济学、文化理论类图书，其数量是依次递减的。

从思想政治教育功能的角度分析（见图35），思想政治教育具有社会功能，即思想政治教育对社会生活发挥积极有利的作用和影响，主要对社会政治、经济、文化、生态环境等发生的政治功能、经济功能、文化功能和生态功能等，而政治功能在各种社会功能中，居于核心地位，起引领主导作用。思想政治教育的政治功能体现在思想政治教育通过培养具备特定思想政治素质的受教育者以推动政治发展。其内容涵盖传播政治意识、引导政治行为、造就政治人才、和谐政治关系等方面。它起着维护社会政治稳定、促进社会政治发展的作用。① 由此可见，在图书参考文献中，中国政治类文章的引用占第一位，符合思想政治教育的社会性功能。

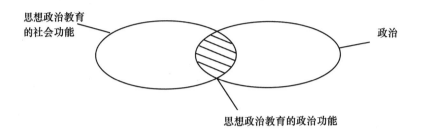

图35　思想政治教育学与政治的关系

　　从思想政治教育学对相关学科知识借鉴的角度分析，教育学是研究教育现象，揭示教育规律的学科，它揭示教育发展的一般规律以及教育的性质、目的、原则、方法等，对教育学体系中的其他学科都有指导作用。② 思想政治教育学是教育学的一个分支，它既继承教育学的特征，也就是教育的规律和教育的性质、目的、原则和方法，又有自己的特征，从自身的角度丰富和充实教育学的科学体系和内容，教育学与思想政治教育学具有继承与发展的关系（见图36）。同时，教育学与思想政治教育学有显著的差别，教育学主要是研究学校的教育，而思想政治教育学不仅面向学校，还要面向全社会，研究全社会的人民群众的思想政治教育。

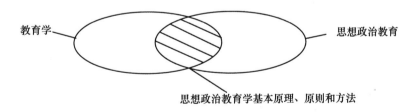

图36　思想政治教育与教育学的关系

---

① 陈万柏等：《思想政治教育学原理》，高等教育出版社2007年版，第65页。
② 陈万柏等：《思想政治教育学原理》，高等教育出版社2007年版，第45页。

伦理学是研究道德起源、道德本质、道德关系及其发展规律的科学。马克思主义伦理学所揭示的共产主义道德形成和发展的规律、基本原则和规范，为思想政治教育学提供了一定的理论依据，是思想政治教育学研究的重要内容（见图37）。①

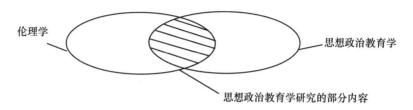

图37　思想政治教育与伦理学的关系

思想政治教育学是一门党性很强的学科，要为党的事业服务；但它既然是一门科学，就应有特殊的服务方式，即通过独立的理论创新推动思想政治教育的发展，进而促进党和国家各项事业的发展。② 这就为思想政治教育学科的研究指明方向，我们研究的是中国共产党领导下的中国特色社会主义国家的思想政治教育，这是思想政治教育的方向性指导，而在思想政治教育专业博士学位论文图书参考文献中清晰体现中国共产党类的图书引用占据了主要的位置，说明思想政治教育专业博士生的研究符合思想政治教育学科的定位。而我们党是马克思主义指导下的政党，是以马克思列宁主义、毛泽东思想、邓小平理论、"三个代表"重要思想、科学发展观及习近平新时代中国特色社会主义思想作为党的行动指南。在思想政治教育博士学位论文参考文献中的体现，就是以马克思恩格斯著作、列宁著作、毛泽东著作为参考图书占据所有参考图书类别的前位，表明我国思想政治教育一直在"主航道"开展研究（见图38）。

马克思主义基本原理是马克思主义本质规定性的体现形式，思想政治教育学科要坚持马克思主义整体理论体系的指导，防止教条主义和片面思想的不良影响，坚持马克思主义理论的整体性和系统性，坚持马克思主义的基本原理。马克思基本原理包括三方面的内容，分别是马克思主义哲学

---

① 陈万柏等：《思想政治教育学原理》，高等教育出版社2007年版，第46页。
② 陈万柏等：《思想政治教育学原理》，高等教育出版社2007年版，第18页。

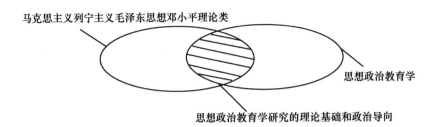

图38   马克思主义列宁主义毛泽东思想邓小平理论类图书与
思想政治教育学之间的关系

基本原理、政治经济学基本原理和科学社会主义基本原理。要坚持马克思主义理论对思想政治教育学科的指导，坚持马克思主义基本原理，就必须坚持马克思主义哲学基本原理。在用马克思主义基本原理分析问题时，要对社会现实问题作出合理科学的阐释，且随着实践的发展，不断推进这些原理与时俱进，见图39。

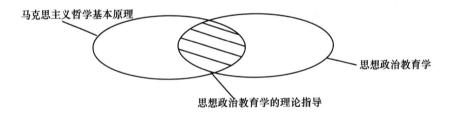

图39   思想政治教育与马克思主义哲学基本原理之间的关系

欧洲哲学，经追踪查阅，欧洲哲学图书集中在黑格尔哲学和哈贝马斯（Habermas）哲学图书的引用（追踪出引用这些图书的论文的研究内容，挖掘在论文中起到的作用，看这些图书与学科的结合点，而不是从感性或是思辨的角度看待这个问题）。

经济学，思想政治教育学的研究对象是人，思想政治教育的终极目标是服务统治阶级的领导，在我国，中国共产党作为代表广大人民根本利益的统治阶级，以一切为了群众利益为目标，经济基础决定上层建筑，思想政治教育学研究的深入，需要精通经济学的基本原理和发展规律，经济涉及每个人的利益，每个人思想的演变与经济的发展变化息息相关，进行有成效的思想政治教育学的研究，必然要熟知经济学，这也体现出思想政治教育学的研究来自于实际而又从实际中提炼与升华，落脚到思想政治教育学的学科定位，即是具有实践性的学科。

文化理论类图书，思想政治教育要提高人的思想文化素质，能够运用马克思主义理论解决实际中遇到的问题，这需要人民群众具有一定的文化素质，才能真正自如地将马克思主义理论灵活运用于实际，而不是教条地照搬，文化理论类图书与思想政治教育相辅相成。在马克思诞辰200周年大会上，习近平的讲话中提到，学习马克思，就要学习和实践马克思主义关于文化建设的思想，先进的思想文化一旦被群众掌握，就会转化为强大的物质力量；反之，落后的、错误的观念如果不破除，就会成为社会发展进步的桎梏。① 在党的十八大报告中提出的"五位一体"总体发展布局和在纪念中国共产党成立95周年大会上提到的"四个全面"战略布局中都分别提到了文化建设和文化自信。文化可以形成人的精神财富，引导人的思想，思想指导行动，即国家之魂，文以化之，文以铸之。文化理论同思想政治教育学紧密相关，文化理论指导下的文化建设和文化自信对思想政治教育工作起着促进作用，使思想政治教育工作于文化建设中开展，是思想政治教育工作的途径，最终提高人的思想意识，自觉地应用马克思主义理论指导实践，推动实践，使人民群众用习近平新时代中国特色社会主义思想武装头脑，协调推进"四个全面"战略布局，确保我国在实现民族复兴的正确方向上前行。

思想政治教育学的研究对象是人，人分布在社会的不同领域，也就决定了思想政治教育研究的多样化、复杂化和层次化，为了更好且有针对性地开展思想政治教育学的研究工作，要求研究人员具有多学科的知识结构。要解决人民的理想信念、人生道路和价值取向等重大问题，就需要多学科的相关理论、知识和方法。要解决思想政治教育学科面临的错综复杂的问题，就必须坚持在马克思主义理论的指导下，充分借鉴和吸收政治学、教育学、伦理学、心理学、管理学、社会学、人才学、文化学、行为科学等学科的理论和方法，融合多家之长，构建思想政治教育学科自身坚实的理论大厦。② 从图书引用的角度看，虽然思想政治教育专业博士学位

---

① 《习近平谈治国理政》第3卷，外文出版社2020年版，第105—122页。
② 冯刚、郑永廷：《思想政治教育学科30年发展研究报告》，光明日报出版社2014年版，第11页。

论文引用的相关学科学术成果较丰富，但是在某些学科领域知识的借鉴上还有待加强。在思想政治教育载体的研究方面要打破研究的藩篱，在理论角度，譬如，开展与艺术类相关学科知识的借鉴与融合，以艺术展现为思想政治教育的载体，开展人民群众喜闻乐见的艺术活动，把思想政治教育的内容内涵融入其中，做到育而无痕，形成了多学科融合，达到事半功倍的学科研究效果。在思想政治教育内容方面，结合历史类相关学科知识，挖掘出历史中蕴藏的中华民族博大精深的民族力量，提炼出人民群众的精神食粮，使人民群众有信仰，如果一个民族的人民有共同的理想信念，那么将形成巨大的建设民族的力量。总之，我国哲学社会科学学科之间应该互通有无，研究成果多学科分享并结合自身学科特点转化为本学科能用的有效资源，即节约研究成本，又促进多学科的融合，找到学科性的增长点，使学科发展欣欣向荣，更好地服务于我国现代化的建设。充分挖掘思想政治教育学科与相关学科之间相互关联的理论支撑，在此基础上，充分借鉴和融合相关学科的理论基础以支撑思想政治教育学科的研究，并转化为思想政治教育学科自身的基础理论，不断完善思想政治教育学科的理论体系，使研究不断深化。在实践方面，在充分认识思想政治教育学科应用性特点的基础之上，不断从思想政治教育的实践中挖掘出所需要的相关学科的指导，使研究扎根于实践，提高理论指导的针对性和时效性。

第三章

思想政治教育专业博士学位论文的
期刊类型参考文献分析

　　本章将从思想政治教育专业博士学位论文的期刊参考文献数量、期刊文献的学科类别、期刊文献的新颖度、高频被引用的期刊文献特征、期刊参考文献学者特征等方面进行统计分析，呈现思想政治教育学的期刊文献贡献力的现状。

第一节　思想政治教育专业博士学位
论文的期刊类型文献性质

一　思想政治教育专业博士学位论文期刊文献数量的分布

　　807 篇博士学位论文中，共 800 篇文章参考了期刊论文文献，7 篇文章没有参考期刊论文。800 篇文章中，涉及 54 所学校，共有期刊参考文献 54249 篇。每篇博士学位论文平均有 67.8 篇期刊参考文献，463 篇博士学位论文的期刊参考文献低于平均参考期刊文献数量，占 800 篇博士学位论文的 57.9%；337 篇博士学位论文的期刊参考文献高于平均参考期刊文献，占 800 篇博士学位论文的 42.1%。

二　参考博士生自己期刊文献情况

　　博士学位论文期刊参考文献中包含作者本人文献的涉及 270 人，包含的数量分布如表 83 所示。

表 83　　　思想政治教育博士学位论文包含博士生期刊文献的情况表

序号	参考自己发表期刊文章的数量	涉及的博士学位论文作者人数
1	15	1
2	12	1
3	10	1
4	9	1
5	7	3
6	8	4
7	6	10
8	5	11
9	4	26
10	3	31
11	2	68
12	1	113

从表 83 的统计数据可见，思想政治教育博士生在完成思想政治教育博士学位论文前，有 270 人有与博士学位论文相关的前期成果，占总人数 807 人的 33.5%。体现出思想政治教育博士生具备较强的科研能力，思想政治教育研究领域具有强大的科研队伍作为人才保障。

三　参考导师期刊文献情况

博士学位论文期刊参考文献中包含导师文献的涉及 357 人，包含的数量分布如表 84 所示。

表 84　　　思想政治教育博士学位论文包含导师期刊文献的情况表

序号	参考导师发表期刊文章的数量	涉及的博士学位论文作者人数
1	21	1
2	16	1
3	24	1
4	11	2
5	8	3
6	14	3

续表

序号	参考导师发表期刊文章的数量	涉及的博士学位论文作者人数
7	9	4
8	10	4
9	13	4
10	7	5
11	6	14
12	5	23
13	4	35
14	3	47
15	2	75
16	1	135

从表 84 的统计数据可见，思想政治教育博士学位论文，有 357 人参考了自己导师的期刊文章，占总人数 807 人的 44.2%。体现出思想政治教育博士生的研究与导师的研究具有相关性，有利于促进学术研究的持续纵深发展。

四　参考导师与博士生合作期刊文献情况

博士学位论文期刊参考文献中包含导师、博士生合作期刊文献的涉及115 人，数量分布如表 85 所示。

表85　思想政治教育博士学位论文包含作者与导师合作期刊文献的情况表

序号	参考导师与自己合作期刊文章的数量	涉及的博士学位论文作者人数
1	6	1
2	5	2
3	4	6
4	3	9
5	2	37
6	1	60

　　从表 85 的统计数据可见，思想政治教育博士学位论文，有 115 人参考了导师和自己合作的期刊文章，占总人数 807 人的 14.3%。体现出思想政治教育博士生的研究与导师的研究具有相关性，有利于促进学术研究的持续纵深发展。但无论是从参考博士生与导师合作的期刊文献的博士生数量，还是从参考博士生和导师合作期刊文献的数量，其比例都相对较低，博士生与导师的研究虽具有相关性，但关系并不紧密。图 40 和图 41 显示的是博士学位论文参考文献包含博士生和导师期刊文献的情况。

图 40　思想政治教育专业的博士学位论文参考自己期刊文献数量图

图 41　思想政治教育专业的博士学位论文参考导师期刊文献数量图

五　思想政治教育专业博士学位论文期刊参考文献共现分析

　　"共引文"① 概念用来探究被引用文献之间的连接关系，共引文是在 1973 年由美国学者 HENRY SMALL 在其论文 "Co-citation in the Scientific Literature：A New Measure of the Relationship between Two Documents"（《科学文献中的共引：两个文献关系的新尺度》）和俄国学者 Marshakova I. V.

---

　　① 共引文是指文献 A 和 B 不管各自发表的时间，只要双方被晚于它们的文章同时引用，那么 A 和 B 就具有共引文关系，若两篇文献同时被引用的次数越多，则 A 与 B 间的共引文强度也越高。（Marshakova，1973；Small，1973）

在其论文"A System of Document links Constructed on the Basis of Citations"
(《建立在引用基础上的文档链接系统》)中，不约而同地以著文同时引用
两篇参考文献的数量多少来测量其共引文程度以研究科学知识的结构。本
书对期刊类型参考文献做共引文分析，以此找到思想政治教育博士生研究
的核心理论基础和研究来源。

共引文分析法所进行的是探究文献的集群结构。所谓的文献集群是指以
共引强度等为基本的计量单位，求得共引矩阵中文献所存在的疏密关系的最
强而后渐趋向较弱连接的文献聚集进行分类。如此的引用关系将反映一个专
门研究对另一个专门研究的依赖程度或是研究努力的范围，从而勾勒出疏密
不均的学科或专业树状图。依据聚集高频率被引用文献的引用文件网络，了
解一种主题学科的研究焦点、结构、发展演进与不同学科间的相关程度。

White 和 McCain 认为此分析法所产生聚集之位置，越到中心位置，此集
群同时成为被引用文献的次数就会越多；越周围的文献，则不会同时被其他
作品共同引用。且互有关联的文献集群，一般都会符合知识的主题专业性。

而 Egghe 和 Rousseau 根据 1966—1982 年社会科学引用索引的统计资料
发现，当一学科从萌芽期进入成长期时，论著中共同采用某一特定文章的次
数会逐渐减少，因此同时采用两篇不同文献的机会也随之减少。不过有两种
例外情形：其一是当著者发现那两篇不同文章有形影不离的关系时，它们同
时被引用的机会又会逐渐增加；其二是当原著著者在论题上有极高的声望
时，那么原著的被引用频率便不受时间的影响而被引用次数逐渐减少。

另外，Campbell 在 1969 年时就认为任何一门专门知识都是无法独立
存在的，必定与某些知识领域相互重叠及彼此影响，故各个学科的研究处
于"全知的鱼鳞模式"。

800 篇具有期刊参考文献的思想政治教育博士学位论文中，共有参考
文献 54249 篇，以参考文献名称和作者作为唯一标识，共计不重复参考文
献 44630 篇，根据组合[①]定义，共有 $C_{44630}^2 = \dfrac{44630 \times 44629}{2 \times 1} = \dfrac{1991792270}{2} = $
995896135（种）两两组合方式，其中两两组合出现在博士学位论文中的

---

① 组合，数学的重要概念之一。从 n 个不同元素中每次取出 m 个不同元素（0 ≤ m ≤ n），
不管其顺序合成一组，称为从 n 个元素中不重复地选取 m 个元素的一个组合，所有这样的组合的
总数成为组合数，组合数的计算公式是 $C_n^m = \dfrac{P_n^m}{P_-} = \dfrac{n!}{m!\,(n-m)!}$，$C_n^0 = 1$。

共 10532 种，两两组合同时出现在两篇博士学位论文中的是 21 种组合，同时出现在涉及论文 7 对，12 篇博士学位论文。

同时出现在两篇博士学位论文中的 3 篇及以上参考文献的共 3 个组合，其中出现在两篇博士学位论文中的 3 篇参考文献组合只有 1 个；出现在两篇博士学位论文中的 4 篇参考文献组合只有 1 个；出现在两篇博士学位论文中的 13 篇参考文献组合只有 1 个。

从参考文献的功能和参考文献的成对出现来看，思想政治教育博士学位论文研究呈现角度多元、层级单一的现象，深挖或是阶梯性研究较少。一方面，思想政治教育学科是有理论指导的具有实践性的学科，涉及的方面很多，学者的研究即使是方向一致，研究的视角和内容也很多元，深入现象较少。另一方面，参考文献重合较低，研究范围较大，并未形成有深度的层级化研究。

下面统计有重合的参考文献的来自博士学位论文《榜样教育研究》（武汉大学，2010 年）与《道德榜样论》（苏州大学，2016 年）共有 13 篇：（1）甘葆露：《道德榜样和共产主义道德教育》，《东岳论丛》1982 年第 1 期。（2）孙立亚：《论榜样教育的时代性》，《中国青年政治学院学报》1991 年第 6 期。（3）曾长秋：《论社会主义时期的榜样教育》，《探索》1999 年第 5 期。（4）岳晓东：《论偶像—榜样教育》，《中国教育学刊》2004 年第 9 期。（5）王建文：《论榜样教育价值的特征》，《思想教育研究》2004 年第 7 期。（6）白明亮、姚敏：《幽暗意识与榜样教育——一种道德教育的反思》，《南京师大学报》（社会科学版）2004 年第 2 期。（7）彭怀祖：《榜样教育与偶像崇拜的耦合》，《南通大学学报》（社会科学版）2006 年第 5 期。（8）万美容：《优选与创设：榜样教育创新的方法论视角》，《中国青年研究》2006 年第 9 期。（9）张茹粉：《榜样教育的理性诉求》，《黑龙江高教研究》2008 年第 5 期。（10）韩新路、张茹粉：《试析榜样教育的基本规律》，《理论导刊》2008 年第 9 期。（11）张茹粉：《榜样教育的实效性探讨》，《山西师大学报》（社会科学版）2008 年第 4 期。（12）申来津：《有关榜样的理论思考》，《学校党建与思想教育》2009 年第 20 期。（13）杨婷：《榜样教育的马克思主义人学透视》，《河南师范大学学报》（哲学社会科学版）2010 年第 1 期。

《高校推进马克思主义大众化的路径研究》（南京师范大学，2011年）与《改革开放以来中国共产党人马克思主义理论教育思想发展研究》

（山东大学，2013年）共有3篇：（1）李淮春：《〈马克思主义哲学原理〉专业教材讨论会在北京召开》，《国内哲学动态》1980年第1期。（2）刘建军：《关于当代中国马克思主义大众化的若干问题》，《思想理论教育》2008年第7期。（3）何绍斌：《从〈百家讲坛〉的成功看马克思主义大众化》，《武汉学刊》2008年第6期。

《用社会主义核心价值体系引领大学生思潮研究》（东北师范大学，2014年）与《和谐社会建设中社会思潮及引领研究》（哈尔滨理工大学，2013年）共有3篇：（1）王锐生：《社会思潮初探》，《东岳论丛》1981年第3期。（2）邓卓明：《论社会思潮的类型与特征》，《西南师范大学学报》（哲学社会科学版）1995年第2期。（3）赵曜：《当代中国社会思潮透视》，《中国特色社会主义研究》2002年第1期。

《"生活理解"道德教育研究》（中国矿业大学，2014年）与《和谐道德教育的实现问题研究》（山东师范大学，2013年）共有2篇：（1）甘葆露：《道德榜样和共产主义道德教育》，《东岳论丛》1982年第1期。（2）陈升：《论道德教育中存在的问题》，《道德与文明》1999年第5期。

《榜样教育研究》（武汉大学，2010年）与《和谐道德教育的实现问题研究》（山东师范大学，2013年）共有2篇：（1）甘葆露：《道德榜样和共产主义道德教育》，《东岳论丛》1982年第1期。（2）李爱华：《论马克思恩格斯进行思想理论教育的基本经验》，《思想理论教育》2009年第11期。

《道德榜样论》（苏州大学，2016年）与《和谐道德教育的实现问题研究》（山东师范大学，2013年）共有2篇：（1）甘葆露：《道德榜样和共产主义道德教育》，《东岳论丛》1982年第1期。（2）罗国杰：《建设社会主义道德体系的几个问题》，《思想理论教育导刊》2010年第6期。

《民国时期现代大学制度演变研究》（复旦大学，2012年）与《大学诚信及其建设研究》（湖南大学，2011年）共有2篇：（1）梅贻琦：《大学一解》，《清华大学学报》（自然科学版）1941年第00期。（2）张俊宗：《现代大学制度：内涵、主题及主要内容》，《江苏高教》2004年第4期。

参考文献的共现分析的目的是找到某一研究领域较经典的文献体，为后继研究人员提供此问题先前研究的路径概况，清楚问题的来源与演绎变形，有利于追踪问题的现象演化和本质挖掘，从而构建层次分明的研究体系。通过对思想政治教育博士学位论文期刊参考文献的共现分析，一方面呈现共现的文献在研究主题上具有较强的相关性，另一方面清晰呈现思想政治教育博士学位论文参考期刊文献的共现不成规模，没有形成相同研究主题文献的汇集，有可能相关的文献由于分布的散落造成不易查阅，使得研究没有形成稳固的继承和演绎关系，还有可能文献本身都没有公约数，不成体系，本身就是研究散点，无论哪种可能，都不利于思想政治教育研究的深入即内涵式发展。

有期刊参考文献的博士学位论文共 800 篇，论文之间有交集的可能性是

$$c_{800}^2 = \frac{800 \times 799}{2} = 319600（对）$$

实际上期刊参考文献有交集的共 7 对博士学位论文，占比为 $\frac{7}{319600}$ = 2.19% 。研究之间的交叉不多，一种可能是内容升级，也就是相同的内容研究更新比较快，但是从文献老化的角度来看，思想政治教育学科的期刊论文老化要长于一般水平的学科老化速度，这种可能不成立。另外说明，相同领域的研究，出发的视角也不一样，更说明思想政治教育学科研究的多元化，即使是相同领域的研究视角也呈现出多元化，既说明思想政治教育领域的研究切入点多、视角广，同时体现出研究不聚焦的特点，不利于学科的深度发展，并没有形成阶梯式的深度挖掘。在课题研究的初始，加强相关主题期刊文献的全面阅读学习，科学地找到与研究主题相关的文献，提高相关文献的利用率，增强研究的针对性和深入性，逐步构建完善的思想政治教育研究体系。

第二节　思想政治教育专业博士学位论文期刊类型参考文献的特征

一　年度分布和文献老化期限

图 42 显示的是 807 篇思想政治教育博士学位论文包含的从 1935—2016 年期刊参考文献的年度和对应的文献数量分布。

下面根据 807 篇博士学位论文包含的 2007—2016 年期刊参考文献数据（见表 86），计算思想政治教育专业博士学位论文期刊参考文献的老化期限。

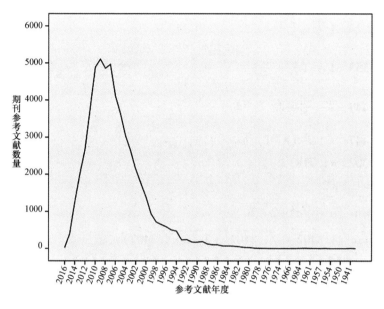

图 42　1935—2016 年所有参考年度参考次数的分布曲线图

表 86　　　　　　　　期刊参考文献年代分布情况（2007—2016 年）

参考文献年度	参考文献数量	被参考数量百分比（%）	被参考次数累计百分比（%）
2016	23	0.04	0.04
2015	402	0.74	0.78
2014	1250	2.30	3.09
2013	2014	3.71	6.80
2012	2678	4.94	11.74
2011	3794	6.99	18.73
2010	4893	9.02	27.75
2009	5105	9.41	37.16
2008	4860	8.96	46.12
2007	4966	9.15	55.27

代入 Burton 和 Kebler 公式：

令 $x = 1$（思想政治教育专业博士学位论文参考文献第一个 10 年，即 2007 年）

则 $y = 0.553$（2007 年被参考文献累计百分比）

而 $a + b = 1$，故 $b = 1 - a$

$$y = 1 - \left(\frac{a}{e^x} + \frac{b}{e^{2x}} \right)$$

$$0.553 = 1 - \left(\frac{a}{e^x} + \frac{b}{e^{2x}} \right)$$

$$0.447 = \frac{ae^x + 1 - a}{e^{2x}}$$

$$0.447e^2 = 1 + (e - 1)\ a$$

$$2.3029 = 1.7183a$$

$$a = 1.3402$$

$$x = \ln\ (a + \sqrt{a^2 + 2 - 2a})$$

$$x = \ln\ (1.3402 + \sqrt{1.3402^2 + 2 - 2 \times 1.3402})$$

$$x = 0.906$$

文献老化期限 $= 0.906 \times 10 = 9.06$ （年）

经过统计计算得到思想政治教育专业博士学位论文参考期刊文献老化期限是 9.06 年，意思是说，9 年前文献被参考的可能性已经降至 50% 以下。统计参考文献的年度分布，可以了解学科研究会用到哪些时间段的材料和最早的年代，如果某些年度的文献被广泛参考，则代表这一时期的研究内容正在被持续关注与研究。

图 43 显示的是不同年度的期刊参考文献被不同年度的博士学位论文参

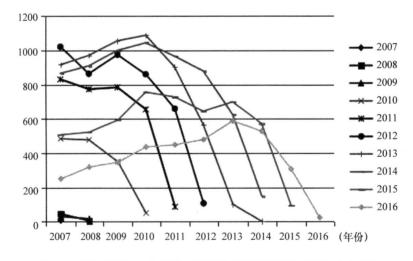

图 43　思想政治教育专业博士学位论文引用期刊文献的年度分布图

考的数量分布图，曲线分别代表的是从 2007 年到 2016 年期刊参考文献被博士学位论文引用的情况，坐标系的横轴代表的是博士学位论文的发表年度。

二　期刊参考文献的新颖度

然而，只统计文献使用的年度分布，不能体现知识更新的速度，即不能看出学科专门研究知识累积的速度是建基于多久前的文献所提供的知识，而文献新颖度的统计定义为博士学位论文出版年与参考文献出版年的年差，新颖度的分析在探究博士学位论文研究者进行思想政治教育相关研究时，会引用距其多久前出版的期刊。故本书以论文出版年减去被参考文献的出版年，再以 5 年为一单位，整理数据资料如表 87 所示。

表 87　　　　　　　　被参考文献与博士学位论文的年度

博士学位论文与参考文献的时间差	参考文献数量	被参考次数百分比（％）	被参考次数累计百分比（％）
0—4 年	21091	38.9	38.9
5—9 年	20084	37.0	75.9
10—14 年	8347	15.4	91.3
15—19 年	2843	5.2	96.5
20—24 年	1147	2.1	98.6
25—29 年	470	0.9	99.5
30—34 年	195	0.4	99.9
35—39 年	29	0.1	99.9
40 年以上	42	0.1	100.0

由表 87 可知，思想政治教育学科博士学位论文的参考文献以其论文出版年当年至 9 年前的文献最多，占 75.9％，年度差在 4 年之内的占 38.9％，年度差在 5—9 年的占 37.0％，其后参考次数随年代久远而越来越少，呈现递减状况，与参考文献出版年代分布结果相一致，年代差最大的是 79 年。

这种现象说明了进行思想政治教育研究时，知识成果的启发与累积，大部分建立于近几年的知识成果上。然而使用 25 年以前的资料，由表可知，所占的比例都在 1％ 以下，经笔者翻阅这些论文，以探求该文献被引用的原因，发现这些文献的内容多为某些观念的鼻祖，或第一提出者，或最早研究该项思想政治教育问题。

再探究参考文献参考次数前 10 名的时间差距，其被参考次数及百分比，详情参照表 88，结果显示参考次数时间越久远，越规律地呈现递减情形。而参考当年文献的比例为 1.2%，占第 17 名；参考年度差为 1 年的参考比例为 7.1%，占第 7 名；参考年度差为 2 年的参考比例为 9.8%，占第 3 名，表 89 的数据显示博士学位论文与期刊参考文献之间年度差排在前 10 名的统计数据。一方面是因为近两年文献在研究者结束研究前的出版数量较少，另一方面如前面所提，可能是因为文献易得性而影响被使用的机会。

表 88　　　思想政治教育博士学位论文与期刊参考文献年度差的分布

序号	年度差	参考文献数量	序号	年度差	参考文献数量	序号	年度差	参考文献数量
1	-1	1	22	20	354	43	41	2
2	0	632	23	21	251	44	46	2
3	1	3836	24	22	222	45	47	4
4	2	5320	25	23	170	46	48	6
5	3	5737	26	24	150	47	49	3
6	4	5566	27	25	127	48	50	6
7	5	5254	28	26	117	49	51	3
8	6	4619	29	27	91	50	53	1
9	7	3936	30	28	73	51	54	2
10	8	3451	31	29	62	52	55	3
11	9	2824	32	30	56	53	57	2
12	10	2409	33	31	53	54	58	1
13	11	2041	34	32	41	55	59	2
14	12	1563	35	33	32	56	60	1
15	13	1288	36	34	13	57	61	1
16	14	1046	37	35	17	58	67	1
17	15	873	38	36	2	59	70	1
18	16	656	39	37	6	60	71	1
19	17	519	40	38	1	61	72	1
20	18	427	41	39	3	62	74	1
21	19	368	42	40	1	63	79	1

表89　　　　　　　　　参考文献与论文时间差距前10名的分布表

参考文献与论文 年度差	参考次数	参考次数百分比（%）	参考次数累积百分比（%）
3	5737	10.5	10.5
4	5566	10.3	20.8
2	5320	9.8	30.6
5	5254	9.7	40.3
6	4619	8.5	48.8
7	3936	7.3	56.1
1	3836	7.1	63.2
8	3451	6.4	69.5
9	2824	5.2	74.7
10	2409	4.4	79.2

三　高频被参考的期刊文献

　　表90显示了被参考10次及以上的期刊文献数据，在本书中被定义为高频参考文献。需要说明的是，不是高频参考文献，并不代表文献不重要，经过时间的流逝，后来学者研究的深入，或许它的知识被后来者采纳并扩充，高频被参考文献的研究内容是经典的，且是知识发展的基础，或是提出了方向性的理论，或是对整个学科发展提供了方法的基础，总之，是本领域的典范。本书从分析高频被参考文献的摘要内容，并使用聚类分析法，把这些文献进行归类，以此分析领域基础与领域热点。

表90　　　　　　　　　被参考10次及以上的期刊文献

序号	参考文献题目	杂志	发表年度	参考次数
1	深入推进社会主义核心价值体系建设　巩固全党全国人民团结奋斗的共同思想基础	党建	2008	10
2	认同的哲学意蕴与价值认同的本质	山东师范大学学报 （人文社会科学版）	2006	10
3	人为什么要有道德？（上）	现代哲学	2003	10
4	从说理教育到心理疏导——思想政治教育方法的发展	思想理论教育导刊	2011	10
5	论社会主义核心价值体系与核心价值观	中国党政干部论坛	2007	11
6	论思想政治教育的科学化	教学与研究	2011	11

续表

序号	参考文献题目	杂志	发表年度	参考次数
7	思想政治教育人文关怀的内容体系建构	教学与研究	2005	11
8	德性的结构	道德与文明	2008	11
9	论社会主义核心价值体系	求是	2006	12
10	论思想政治教育载体的内涵和特征	江汉论坛	2003	12
11	社会主义核心价值体系融入大学生思想政治教育全过程论析	东北师大学报（哲学社会科学版）	2009	12
12	反思·对话·文化自觉	北京大学学报（哲学社会科学版）	1997	12
13	公民教育——传统德育的历史性转型	教育研究	2002	13
14	论思想政治教育的本质及其发展	教学与研究	2001	14
15	论高校德育的人本追求	思想理论教育导刊	2009	14
16	试论思想政治教育学科前沿的若干重大问题	马克思主义研究	2011	14
17	对思想政治教育主体及其特性的思考	教学与研究	2007	15
18	思想政治教育主体间性涵义初探	学校党建与思想教育	2006	15
19	思想政治教育价值与人的价值	教学与研究	2002	16
20	人对人的理解：道德教育的基础——道德教育当代转型的思考	教育研究	2000	16
21	思想政治教育研究的人学取向探析	思想理论教育导刊	2006	16
22	论思想政治教育理论研究的新范式与新形态	思想理论教育导刊	2007	18
23	社会主义核心价值体系的科学内涵	道德与文明	2007	19
24	论思想政治教育主体、客体及其相互关系	思想理论教育导刊	2002	22
25	推进思想政治教育研究范式的人学转换	思想教育研究	2010	27

迄今为止，在识别、划分共被引频次方面尚无统一见解，如果选择范围过小，则不能如实反映其代表的学科集群；反之，则会带来相当大的干扰。目前确定上下限有下述三种方法：第一种是根据研究者自身经验或研究目的，选择上下限门槛值，但该方法具有一定的随机性与主观性；第二种是根据 Price（1965）建议以 40—50 个经常被引用的文献频次作为基准；第三种是利用齐普夫定律（Zipf's law）来辅助确定高频次的上下界限（Donohue，1974）。

本书选取的点是 8 次及以上，因为 800 篇博士学位论文，有 1% 的博士学位论文引用，即 8 次，共 80 篇，其中去除没有摘要的 4 篇参考文献，分别为：《人对人的理解：道德教育的基础——道德教育当代转型的思考》（鲁洁）、《论社会主义核心价值体系》（秋石）、《美国道德教育危机的教训》（A. 威尔森）、《全球风险世界：现在与未来——德国著名社会学家、风险社会理论创始人乌尔里希·贝克教授访谈录》（薛晓源、刘国良），参与摘要分析的高频参考文献共 76 篇。共有词语 8042 个，出现 6 次及以上的词语是 107 个，出现 5 次及以上的词语是 115 个，排位前 50 的词语，出现的次数是 11 次。表 91 是出现 5 次及以上的词语。

表91　　　　　　　　　　高频被引文章中出现 5 次及以上的词语

序号	词语	次数	序号	词语	次数	序号	词语	次数
1	教育	226	25	关系	19	49	改革开放	11
2	思想	189	26	内容	19	50	坚持	11
3	政治	185	27	提出	19	51	精神	11
4	社会主义	84	28	基本	17	52	人类	11
5	核心	71	29	道德教育	16	53	世界	11
6	发展	59	30	认识	15	54	引领	11
7	理论	56	31	哲学	15	55	这一	11
8	价值	47	32	创新	14	56	包括	10
9	价值体系	45	33	方法	14	57	道德	10
10	社会	39	34	概念	14	58	规律	10
11	研究	38	35	实现	14	59	国家	10
12	文化	34	36	追求	14	60	经验	10
13	马克思主义	33	37	存在	13	61	形成	10
14	具有	32	38	机制	13	62	意识形态	10
15	实践	31	39	全面	13	63	主要	10
16	建设	27	40	需要	13	64	作用	10
17	问题	27	41	意义	13	65	不同	9
18	主体	27	42	动力	12	66	进行	9
19	重要	26	43	过程	12	67	科学	9
20	认同	25	44	内涵	12	68	历史	9
21	本质	21	45	认为	12	69	生活	9
22	基础	21	46	特色	12	70	推进	9
23	德育	20	47	重大	12	71	主体性	9
24	学科	20	48	大学生	11	72	把握	8

续表

序号	词语	次数	序号	词语	次数	序号	词语	次数
73	成为	8	88	人民	7	103	内在	6
74	分析	8	89	世纪	7	104	培养	6
75	活动	8	90	探索	7	105	前提	6
76	人格	8	91	体系	7	106	体现	6
77	西方	8	92	统一	7	107	指导	6
78	意识	8	93	学术	7	108	方式	5
79	影响	8	94	要求	7	109	服务	5
80	地位	7	95	增强	7	110	工作	5
81	方面	7	96	表现	6	111	构建	5
82	丰富	7	97	传统	6	112	实效性	5
83	构成	7	98	关注	6	113	探讨	5
84	行为	7	99	获得	6	114	条件	5
85	和谐	7	100	加强	6	115	有效	5
86	建立	7	101	结构	6			
87	满足	7	102	具体	6			

次数分布的详情如表92所示。

表92　高频被引用期刊参考文献词语出现5次及以上的次数分布表

序号	次数	汇总	序号	次数	汇总	序号	次数	汇总
1	16	1	13	56	1	25	13	5
2	17	1	14	59	1	26	14	5
3	25	1	15	71	1	27	12	6
4	26	1	16	84	1	28	9	7
5	31	1	17	185	1	29	5	8
6	32	1	18	189	1	30	8	8
7	33	1	19	226	1	31	11	8
8	34	1	20	15	2	32	10	9
9	38	1	21	20	2	33	6	12
10	39	1	22	21	2	34	7	16
11	45	1	23	19	3			
12	47	1	24	27	3			

　　从词频的分析视角可看出词语的集中度，即聚焦度偏低，也存在一个意思不同表达方式的现象，作为一个学科，要具有科学性，词语的规范化

表达是学科科学性的重要保障，加强学科的规范用语。

结合表 91、表 92 和图 44 可知，思想政治教育博士学位论文高频被引用期刊参考文献都是围绕思想政治教育主题开展的研究，研究对象主要为大学生，同时具有内容较分散的特点，单个词语只能看到使用的频率，并不能看出词语之间的联系，而内容的呈现是依靠词语之间的网络，接下来，使用词语的树状聚类看研究主要集中的领域。

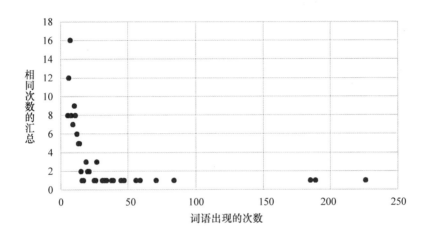

图 44　高频被引用期刊参考文献词语出现 5 次及以上的次数分布图

从词语之间的聚类（详见图 45）可见，研究主要分为五类：第一类思想政治教育学科相关内容；第二类理论研究与问题认识等方面；第三类为文化基础与本质问题的研究；第四类是马克思主义的实现和思想道德的实现；第五类是社会主义核心价值体系的建设和社会认同的相关研究。

四　期刊文献部分问题

在统计思想政治教育专业博士学位论文期刊参考文献的过程中，发现思想政治教育领域的期刊论文存在一定的问题，主要包含以下几个方面：

（一）参考文献中，有同一作者、同一文章名称的文献，刊登在不同的杂志上，涉及 84 篇期刊论文的 77 名科研人员，相同文章名称发表在不同的杂志上。通过对数据的分析，一方面呈现部分期刊论文的重要性，一篇文章多个期刊约稿，同时表明思想政治教育领域科研论文发表存在一定的问题。如果学术期刊论文有稳固的交流平台，将避免资源的浪费，期刊论文的唯一

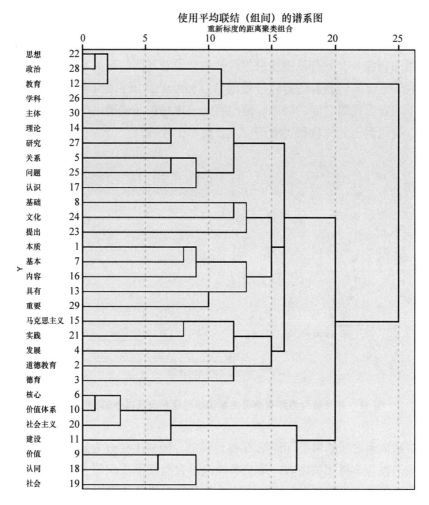

图45　高频被引用期刊文献研究内容的词语聚类分析图

性将反映学术领域的规范性，要加强思想政治教育领域专业期刊和固定栏目的建设，引导思想政治教育科学研究方向，推出学术精品，提高学术研究对实践的指导能力；还要加强思想政治教育领域文献的科学化管理，推进思想政治教育研究体系的日趋完善，加速思想政治教育研究的内涵式发展。

（二）实证研究中的量化研究获取数据较难，此学科开放的共享数字资源较少，给做量化带来困难，为了减少科研人员收集数据需要的时间，让科研人员把精力放在分析处理数据上，我志愿做一个此学科相关的资源库，资源库以思想政治教育研究体系为指导方向，依此框架进行相关部分数据库的设计和数据的收集，最终形成完整的思想政治教育研究资源数据库，让学者"有米下锅"，通过高超的分析手段做出色香味俱全的"饭"。

（三）缺乏思想政治教育研究优秀期刊，56.2%的思想政治教育博士学位论文期刊参考文献发表的期刊只有 3 篇及以下被思想政治教育博士学位论文参考的期刊论文，缺乏稳固的交流平台，期刊论文散落在不是思想政治教育期刊和专栏，不利于思想政治教育的研究成果的共享，思想政治教育研究人员难以把握研究的现状，不利于研究的深入开展和研究体系的科学构建。

第三节　思想政治教育专业博士学位论文参考期刊的分布

期刊是科研人员了解研究领域学术前沿和动态的重要途径，是科研人员开展专业研究进行思想交流的重要途径，通过对思想政治教育博士学位论文期刊参考文献来源的期刊特征分析，透视出获取思想政治教育研究专业知识的主要期刊，并通过承载思想政治教育专业文章的期刊分布，分析思想政治教育研究领域学术共享和学术沟通的现状。

一　期刊种类的分布

54249 篇期刊参考文献分布在 3684 种期刊上，每种期刊大概分布 15 篇文章，而所有涉及的参考期刊中，只有 617 种达到平均数水平，即占总期刊数的 16.8%。46.9%的参考文献文章来自于参考文献总数在 100 篇及以上的 105 种期刊，占总期刊数的 2.9%。31%的参考文献文章来自于参考文献总数在 200 篇及以上的 44 种期刊，占总期刊数的 1.2%，详细数据见表 93。只刊登 1 篇期刊参考文献的有 1240 种期刊，占期刊总数的 33.7%；刊登 2 篇期刊参考文献的有 554 种，占期刊总数的 15.0%；刊登 3 篇期刊参考文献的有 276 种，占期刊总数的 7.5%；刊登 3 篇及以下期刊参考文献的期刊共 2070 种，占期刊总数的 56.2%。统计数字表明，超过一半的思想政治教育研究相关的期刊文章散落在非思想政治教育学科杂志和思想政治教育专栏，思想政治教育研究相关的期刊文章分布相对杂乱。学术期刊是科学研究成果的发表园地，是科学研究人员了解学术前沿、动态，参与学术交流的理论阵地。[1] 刊登思想

---

① 冯刚、郑永廷：《思想政治教育学科 30 年发展研究报告》，光明日报出版社 2014 年版，第 734 页。

政治教育博士学位论文期刊参考文献期刊的统计表明，虽然思想政治教育领域有部分专业期刊和思想政治教育专栏，但相对于思想政治教育领域雄厚的研究力量，思想政治教育领域较缺乏专业的学术交流的学术期刊平台，不利于思想政治教育领域研究者们的思想交流和业务切磋，影响思想政治教育研究的纵深发展。为了推进思想政治教育研究领域成果的共享，需逐步打造思想政治教育领域的优秀专业期刊，让研究人员及时了解学术前沿，为学科的科学发展贡献自己的力量。

表 93　　　　**参考文献总数在 200 篇及以上的 44 种期刊**

序号	期刊名称	被参考文章数量	序号	期刊名称	被参考文章数量
1	思想理论教育导刊	1385	23	高等教育研究	275
2	思想教育研究	1252	24	教育探索	274
3	学校党建与思想教育	1140	25	当代世界与社会主义	270
4	思想理论教育	619	26	理论月刊	262
5	思想政治教育研究	594	27	求索	258
6	马克思主义研究	562	28	理论与改革	253
7	道德与文明	543	29	湖北社会科学	251
8	教育研究	520	30	思想政治工作研究	246
9	求实	476	31	社会主义研究	244
10	哲学研究	446	32	科学社会主义	241
11	求是	443	33	伦理学研究	234
12	马克思主义与现实	407	34	江西社会科学	228
13	高校理论战线	381	35	江汉论坛	223
14	教学与研究	375	36	中国高教研究	222
15	中国青年研究	362	37	哲学动态	222
16	中国社会科学	336	38	人民论坛	214
17	探索	335	39	社会科学战线	207
18	黑龙江高教研究	328	40	理论学刊	205
19	前沿	296	41	比较教育研究	205
20	中国高等教育	291	42	教育与职业	202
21	学术论坛	282	43	北京大学学报（哲学社会科学版）	202
22	毛泽东邓小平理论研究	279	44	中国特色社会主义研究	200

二　期刊在思想政治教育专业博士学位论文的分布

从表 94 中可看出，《理论导刊》《中国青年政治学院学报》《山东社会科学》《学术交流》4 本杂志被 807 篇博士学位论文参考的文献数量在 3684 种期刊中分别排在第 50、47、49、61 位，虽然参考这 4 本杂志的论文数量排在 44 位后，但这 4 本杂志出现在博士学位论文参考文献的篇数排在前 44 位。从表中可看到，在两张表中都有略微的顺序变动，但是变化范围相对稳定，说明这 48 种期刊对于博士学位论文的贡献相对稳定，属于思想政治教育领域科研成果聚集的主要期刊平台，思想政治教育领域的研究人员可以通过这些平台了解领域内的学术前沿和动态，参与研究互动，共同推进思想政治教育理论的发展。

表 94　在思想政治教育专业博士学位论文中出现的次数前 44 种的期刊

序号	期刊	涉及文章	序号	期刊	涉及文章
1	思想教育研究	415	23	教育探索	177
2	思想理论教育导刊	402	24	当代世界与社会主义	175
3	学校党建与思想教育	379	25	理论与改革	168
4	思想政治教育研究	292	26	毛泽东邓小平理论研究	166
5	思想理论教育	282	27	中国青年研究	164
6	求实	265	28	江汉论坛	163
7	马克思主义研究	248	29	江西社会科学	163
8	求是	238	30	中国高等教育	160
9	教学与研究	232	31	高等教育研究	159
10	哲学研究	229	32	社会科学战线	158
11	教育研究	226	33	科学社会主义	152
12	道德与文明	225	34	理论学刊	151
13	高校理论战线	221	35	社会主义研究	151
14	马克思主义与现实	221	36	思想政治工作研究	151
15	探索	216	37	哲学动态	149
16	学术论坛	209	38	理论导刊	144
17	前沿	204	39	中国特色社会主义研究	144
18	中国社会科学	203	40	中国青年政治学院学报	144
19	黑龙江高教研究	197	41	山东社会科学	141
20	理论月刊	192	42	中国高教研究	139
21	湖北社会科学	191	43	北京大学学报（哲学社会科学版）	138
22	求索	188	44	学术交流	138

三　参考期刊的学科分布

思想政治教育专业博士学位论文的期刊参考文献总数在 100 篇及以上的 105 种期刊来源分布在 4 个专辑 17 个专题中，即教育综合（41），政治军事法律综合（19），教育理论与教育管理（12），高等教育（9），马克思主义（4），中国政治与国际政治（3），社会学及统计学（3），中国共产党（2），高等教育（2），伦理学（2），成人教育与特殊教育（1），思想政治教育（1），哲学（2），哲学与人文科学（1），政党及群众组织（1），政治学（1），职业教育（1）。

从 105 种期刊的统计呈现出思想政治教育学研究视野不断扩展，摆脱了思想政治教育学科成立之初研究范畴的局限，从参考文献的归类来看，不仅立足于党的思想政治教育实践，还有国际政治，不仅立足于高校思想政治活动，还有成人与特殊教育、职业教育。可见，思想政治教育需摆脱学科边界的束缚，思想政治教育的研究对象是人，而人分布在不同的地点、不同的职业，思想政治的开展开始借鉴其他学科来拓宽研究领域，丰富研究资料，如中国政治与国际政治、伦理学、哲学、社会学等，扩大研究领域，将更全面的思想政治教育研究的具体实例，汲取思想政治教育领域一线工作者的实践资料，为理论的扩充与升华提供现实基础。

一方面，研究领域的不断扩大，可以丰富研究资料，有利于深化思想政治教育理论研究；另一方面，存在部分范畴过大，广而不精，未能达到深化研究的目标。

为分析随着被参考次数的变化，参考的期刊种类之间是否存在差异，本书将被参考次数分为 200 次以上，以及 100—200 之间两个段，低于 100 的期刊种类庞杂，且汇总数量较小，没有聚合比较的价值。引用次数 100 次及以上的期刊从属于 4 个专辑 17 个专题，具体分布如表 95 所示。

为分析不同性质高校在参考期刊类别选取上是否存在差异，本书按照 211 高校、985 高校和非 211 非 985 高校，在引用次数 100 次及以上的期刊从属 4 个专辑 17 个专题的分布，如表 96。

表95　引用次数100次及以上的期刊种类数量分布

			教育综合	政治军事法律综合	教育理论与教育管理	社会学及统计学	中国共产党	中国共产党、高等教育	成人教育与特殊教育	高等教育	马克思主义	哲学与人文科学	政治学	伦理学	哲学	中国政治与国际政治	思想政治教育	政党及群众组织	职业教育	总计
期刊被参考次数	≥100和<200	计数	33	9	7	3	2	1	1	1	1	1	1	0	0	1	0	0	0	61
		期望计数	23.8	11.0	7.0	1.7	1.2	1.2	0.6	5.2	2.3	0.6	0.6	1.2	1.2	1.7	0.6	0.6	0.6	61.0
	≥200	计数	10	5	0	0	1	0	8	3	0	0	2	2	2	1	1	1	8	44
		期望计数	17.2	8.0	5.0	1.3	0.8	0.8	0.4	3.8	1.7	0.4	0.4	0.8	0.8	1.3	0.4	0.4	0.4	44.0
总计		计数	41	14	7	3	3	1	9	4	1	1	3	2	2	2	1	1	8	105
		期望计数	41.0	19.0	12.0	3.0	2.0	2.0	1.0	9.0	4.0	1.0	1.0	2.0	2.0	3.0	1.0	1.0	1.0	105.0

表96　不同学校性质使用不同期刊的文献数量分布

学校性质		参考文献所属专题																	总计
		成人教育与特殊教育	高等教育	教育理论与教育管理	教育综合	伦理学	马克思主义	社会学及统计学	思想政治教育	哲学	哲学与人文科学	政党及群众组织	政治军事法律综合	政治学	职业教育	中国共产党	中国共产党高等教育	中国政治与国际政治	
211	计数	80	2745	1776	3655	404	769	263	138	395	92	202	2476	75	134	176	798	338	14516
	期望计数	73.0	2809.1	1742.0	3645.5	443.4	812.5	279.0	140.4	381.2	77.6	206.6	2471.3	90.2	115.3	167.8	716.7	344.6	14516.0
985	计数	28	1240	699	1536	172	322	116	54	139	29	63	912	47	50	57	261	120	5845
	期望计数	29.4	1131.1	701.4	1467.9	178.5	327.2	112.4	56.5	153.5	31.2	83.2	995.1	36.3	46.4	67.5	288.6	138.8	5845.0
非211非985	计数	20	938	578	1198	201	333	110	54	134	15	97	943	36	18	61	197	146	5079
	期望计数	25.6	982.9	609.5	1275.5	155.1	284.3	97.6	49.1	133.4	27.2	72.3	864.7	31.5	40.3	58.7	250.8	120.6	5079.0
总计	计数	128	4923	3053	6389	777	1424	489	246	668	136	362	4331	158	202	294	1256	604	25440
	期望计数	128.0	4923.0	3053.0	6389.0	777.0	1424.0	489.0	246.0	668.0	136.0	362.0	4331.0	158.0	202.0	294.0	1256.0	604.0	25440.0

经过 Fisher 确切概率法，检验结果如图 46 所示。

卡方检验

	值	自由度	渐进显著性（双侧）	精确显著性（双侧）
皮尔逊卡方	35. 588[a]	16	0. 003	0. 000
似然比（L）	42. 367	16	0. 000	0. 000
费希尔精确检验	34. 153			0. 000
有效个案数	105			

注：a. 27 个单元格（79. 4%）的期望计数小于 5，最小期望计数为 0. 42。

图 46　引用次数 100 次及以上的期刊数量使用的卡方检验

图 46 中，$p = 0.000 < 0.005$，由此可知，期刊类别的分布在 200 次以上与分布在 100—200 次之间的存在显著差异。且随着被引用次数的降低，聚焦度越低。

图 47 将分析，按照 985211 和非 985 非 211 院校类别，统计不同性质的高校在参考次数超过 100 次的期刊的主题上的分布是否存在差异。

卡方检验

	值	自由度	渐进显著性（双侧）
皮尔逊卡方	150. 640[a]	32	0. 000
似然比（L）	153. 082	32	0. 000
有效个案数	25440		

注：a. 0 个单元格（0. 0%）的期望计数小于 5，最小期望计数为 25. 55。

图 47　不同院校选择的期刊类目的卡方检验

卡方检验的 $p = 0.000$，不同院校选择的主题类目存在显著差异。统计数据显示，不同类型的高校在研究主题的选择上存在差异性。

四　参考文献学者特征

科研人员是推动思想政治教育研究发展的主要力量，科研人员队伍的状态决定着思想政治教育学科发展的态势，对思想政治教育专业博士学位论文期刊参考文献的科研人员队伍的状态的分析，既能呈现高贡献力的学者信息，为研究者提供参考信息，又能客观了解科研队伍的要素分布状况，为构建高素质的思想政治教育科研队伍提供针对性的建议和意见。

54249 篇期刊参考文献涉及 31422 个作者及作者组合，作者及作者组合平均的贡献量为 1.73 篇，而 23560 个作者及组合的贡献量为 1，占总数的 75.0%，详见图 48。从数据的初步统计可知，思想政治教育研究领域科研人员力量雄厚，同时体现出科研人员对思想政治教育研究领域的贡献程度存在很大差异，为思想政治教育专业博士学位论文研究贡献 1 篇期刊文章的科研人员占为思想政治教育专业博士学位论文贡献期刊参考文献人员的 75.0%，这部分科研人员是个庞大的群体，加强对这个群体的管理和指导，有利于科研队伍的壮大和科研成果的积累。

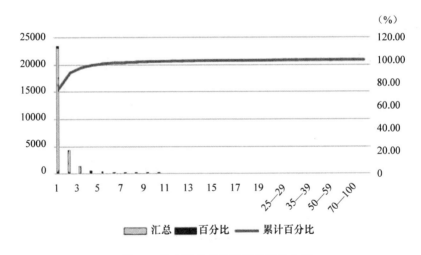

图 48　作者被参考次数的信息分布图

表 97　　　　期刊文献贡献学者被参考次数分布表

序号	参考文献涉及作者或组合被参考的次数	汇总	百分比（%）	累计百分比（%）
1	1	23560	74.994	74.994
2	2	4317	13.741	88.735
3	3	1439	4.580	93.316
4	4	687	2.187	95.502
5	5	400	1.273	96.776
6	6	252	0.802	97.578
7	7	148	0.471	98.049

续表

序号	参考文献涉及作者或组合被参考的次数	汇总	百分比（％）	累计百分比（％）
8	8	113	0.360	98.408
9	9	69	0.220	98.628
10	10	76	0.242	98.870
11	11	47	0.150	99.020
12	12	39	0.124	99.144
13	13	41	0.131	99.274
14	14	37	0.118	99.392
15	15	19	0.060	99.453
16	16	8	0.025	99.478
17	17	13	0.041	99.519
18	18	15	0.048	99.567
19	19	11	0.035	99.602
20	20—24	43	0.137	99.739
21	25—29	21	0.067	99.806
22	30—34	21	0.067	99.873
23	35—39	10	0.032	99.905
24	40—49	6	0.019	99.924
25	50—59	7	0.022	99.946
26	60—69	5	0.016	99.962
27	70—100	5	0.016	99.978
28	101 及以上	7	0.022	100.000

参考文献作者中的 131 人，占全体参考文献涉及的作者 31433 人的 0.42%，而提供了 5008 篇参考文献，占期刊参考文献 54249 篇的 9.2%。这 131 人的论文是思想政治教育专业博士学位论文期刊参考文献的重要来源，发挥至关重要的作用。分析这 131 人的性别、单位结构，有利于清楚思想政治教育学科奠基人及学术贡献人的分布情况。131 名高频被引被参考作者 130 名是独著作者，1 名是组合作者，拆分后仍为 131 名作者，其中，男性 111 名，女性 18 名，由于笔名原因，有 2 名作者的相关信息无法获得，男性占 85%，女性占 14%，可见，在高频被参考文献中，男性的贡献远远超过女性的，性别之间存在显著的差异性 $\chi^2 = 67.047$，$p = 0.000$。高频被参考文献中，剔除 2 条无法获得的记录，涉及 57 所高校科研单位，如表 98 所示。

表98　　　　　　　　　　　高贡献力学者的来源机构分布情况

序号	单位	作者数量汇总	百分比（%）	累计百分比（%）	序号	单位	作者数量汇总	百分比（%）	累计百分比（%）
1	武汉大学	11	8.397	8.397	31	海南大学	1	0.763	73.282
2	南京师范大学	10	7.634	16.031	32	湖南师范大学	1	0.763	74.046
3	中国人民大学	10	7.634	23.664	33	华东政法大学	1	0.763	74.809
4	北京大学	7	5.344	29.008	34	辽宁大学	1	0.763	75.573
5	复旦大学	4	3.053	32.061	35	聊城大学	1	0.763	76.336
6	华东师范大学	4	3.053	35.115	36	洛阳师范学院	1	0.763	77.099
7	华中师范大学	4	3.053	38.168	37	南京大学	1	0.763	77.863
8	中国社会科学院	4	3.053	41.221	38	清华大学	1	0.763	78.626
9	中央党校	4	3.053	44.275	39	山东大学	1	0.763	79.389
10	北京师范大学	3	2.290	46.565	40	山东省青少年研究所	1	0.763	80.153
11	东北师范大学	3	2.290	48.855	41	山东省委党校	1	0.763	80.916
12	吉林大学	3	2.290	51.145	42	山东师范大学	1	0.763	81.679
13	西南大学	3	2.290	53.435	43	陕西师范大学	1	0.763	82.443
14	中南大学	3	2.290	55.725	44	上海大学	1	0.763	83.206
15	福建师范大学	2	1.527	57.252	45	上海师范大学	1	0.763	83.969
16	河海大学	2	1.527	58.779	46	上海市委党校	1	0.763	84.733
17	教育部	2	1.527	60.305	47	首都师范大学	1	0.763	85.496
18	曲阜师范大学	2	1.527	61.832	48	信阳师范学院	1	0.763	86.260
19	苏州大学	2	1.527	63.359	49	徐州医学院	1	0.763	87.023
20	中山大学	2	1.527	64.885	50	云南师范大学	1	0.763	87.786
21	安徽师范大学	1	0.763	65.649	51	浙江大学	1	0.763	88.550
22	北京工业大学	1	0.763	66.412	52	中共山东省委党校	1	0.763	89.313
23	北京交通大学	1	0.763	67.176	53	中共中央党史研究室	1	0.763	90.076
24	北京理工大学	1	0.763	67.939	54	中共中央政治局	1	0.763	90.840
25	北京外国语大学	1	0.763	68.702	55	中国传媒大学	1	0.763	91.603
26	常熟理工学院	1	0.763	69.466	56	中国石油大学	1	0.763	92.366
27	东北大学	1	0.763	70.229	57	中南林业科技大学	1	0.763	93.130
28	东南大学	1	0.763	70.992	58	非高校	3	2.290	95.420
29	广西民族大学	1	0.763	71.756					
30	国家宗教事务局	1	0.763	72.519					

影响力较大的学者集中在武汉大学、南京师范大学、中国人民大学、北京大学、复旦大学、华东师范大学、华中师范大学、中国社会科学院、中央党校、北京师范大学、东北师范大学、吉林大学、西南大学、中南大学。

武汉大学思想政治教育专业博士点的成立时间是 1996 年，南京师范大学思想政治教育专业博士点的成立时间是 1998 年，中国人民大学思想政治教育专业博士点的成立时间是 1996 年，北京大学思想政治教育专业博士点的成立时间是 2000 年，复旦大学思想政治教育专业博士点的成立时间是 2000 年，华东师范大学思想政治教育专业博士点的成立时间是 2003 年，华中师范大学思想政治教育专业博士点的成立时间是 2000 年，中央党校思想政治教育专业博士点的成立时间是 2003 年，北京师范大学思想政治教育专业博士点的成立时间是 2000 年、东北师范大学思想政治教育专业博士点的成立时间是 1998 年、吉林大学思想政治教育专业博士点的成立时间是 2003 年、西南大学思想政治教育专业博士点的成立时间是 2006 年、中南大学思想政治教育专业博士点的成立时间是 2006 年。

分析高影响力学者出处与学校博士点成立时间是否相关，以了解师资力量的分布与学校博士点的建设是否相关，131 名作者中，有 94 名工作单位具有思想政治教育博士点，35 名没有，2 名数据缺失。经分析 $\chi^2 = 129$，$p = 0.000$，可见，具有博士点的单位与不具备博士点单位的学者的影响力有显著的差异，且是否有博士点与思想政治教育学科贡献大的学者数量相关性极强（见图 49）。

相关性

			是否有博士点	数量
斯皮尔曼 Rho	是否有博士点	相关系数	1.000	1.000 **
		显著性（双尾）	.	.
		个案数	129	129
	数量	相关系数	1.000	1.000 **
		显著性（双尾）	.	.
		个案数	129	131

**. 在 0.01 级别（双尾），相关性显著。

图 49　高贡献力学者数量与所在学校是否有博士点的相关性检验表

由表 99 可以看出，60% 的学者的年龄超过 50 岁，40 岁以下的占到 13%，年轻学者努力多出有影响力的文章。

表99　　　　　　　　　　　**高贡献力学者的年龄分布情况**

年龄	人数	百分比（%）	累计百分比（%）
≥80 岁	9	6.870	6.870
[70，80)	12	9.160	16.031
[60，70)	32	24.427	40.458
[50，60)	32	24.427	64.885
[40，50)	15	11.450	76.336
[36，40)	2	1.527	77.863
缺失	29	22.137	100.000

由表 100 中的数据资料显示，思想政治教育学者依然占大多数，然而高影响力的作者主要集中在年长者。其他，被引用次数多的是张耀灿、刘建军、沈壮海，经笔者翻阅这些论文，发现只要学位论文在探讨到思想政治教育理论基础方面的问题时，都一定会引用学者张耀灿、刘建军、沈壮海的文章，他们都是提出某项思想政治教育理论或在某问题研究上的代表。

表100　　为807篇博士学位论文贡献期刊文献次数达20次及以上的学者

排名	作者	被参考次数	排名	作者	被参考次数	排名	作者	被参考次数
1	刘建军	134	13	檀传宝	69	25	郑杭生	49
2	沈壮海	131	14	杨晓慧	64	25	袁贵仁	49
3	鲁洁	118	15	陈秉公	64	25	项久雨	49
4	骆郁廷	114	16	胡锦涛	63	28	李忠军	48
5	张耀灿	113	17	俞可平	61	28	孙其昂	48
6	郑永廷	107	18	冯建军	57	30	衣俊卿	47
7	余双好	101	18	李德顺	57	30	吴潜涛	47
8	陈新汉	93	20	高国希	56	32	韩庆祥	45
9	侯惠勤	80	21	习近平	53	33	樊浩	43
10	万俊人	79	22	刘书林	52	33	秋石	43
11	张澍军	77	23	张耀灿、曹清燕	50	35	高峰	41
12	邱柏生	74	23	冯刚	50	35	熊建生	41

续表

排名	作者	被参考次数	排名	作者	被参考次数	排名	作者	被参考次数
37	韩震	38	68	陈锡喜	29	98	廖小平	23
37	马奇柯	38	68	贾英健	29	98	李君如	23
37	苏振芳	38	68	韩振峰	29	98	黄力之	23
40	祖嘉合	37	68	石云霞	29	98	倪愫襄	23
40	高德胜	37	73	蓝江	28	98	罗洪铁	23
42	俞吾金	36	73	李慎明	28	98	刘居安	23
42	顾海良	36	73	姜建成	28	98	唐国军	23
42	方世南	36	73	李萍	28	98	马长山	23
42	刘云山	36	73	秦宣	28	109	杨立英	22
46	谢晓娟	35	73	王永贵	28	109	叶小文	22
47	费孝通	34	79	陈万柏	27	109	金生鈜	22
48	荆学民	33	79	雷骥	27	109	李长春	22
48	梅荣政	33	79	龙静云	27	109	李强	22
50	余玉花	32	79	罗国杰	27	114	孔德永	21
50	张雷声	32	83	杨国荣	26	114	郭建宁	21
50	刘云林	32	83	孙正聿	26	114	孙迎光	21
50	戚万学	32	83	田心铭	26	114	石仲泉	21
50	万美容	32	86	李合亮	25	114	徐艳国	21
55	张康之	31	86	石中英	25	119	云杉	20
55	余谋昌	31	86	王东莉	25	119	岳金霞	20
55	江泽民	31	89	宇文利	24	119	周向军	20
55	李辽宁	31	89	张书林	24	119	周宏	20
55	胡凯	31	89	周琪	24	119	袁祖社	20
55	王树荫	31	89	周新城	24	119	贺来	20
61	俞良早	30	89	张华	24	119	郭毅然	20
61	戴木才	30	89	王小锡	24	119	陈先达	20
61	高兆明	30	89	吴忠民	24	119	黄蓉生	20
61	李辉	30	89	钱广荣	24	119	顾钰民	20
61	戴锐	30	89	王颖	24	119	汪信砚	20
61	万光侠	30	98	叶澜	23	119	马俊峰	20
61	石书臣	30	98	张毅翔	23	119	刘铁芳	20
68	张岱年	29	98	杨威	23			

整体而言，被引用较多的作者表示在特定研究领域中有相当重要的引领与启发作用。作者的被引用总数分析显示该作者的重要性，其论文有促进该领域发展的功能，而个别论文被引用的次数多，则显示该作品在整个领域的学术地位。思想政治教育领域的学者队伍存在着研究力量雄厚，但核心高贡献力学者较少的问题，如何调动思想政治教育领域学者的积极性，在已有科研队伍的基础上，在高贡献力科研工作人员的引领下，培育一支训练有素的科研人员队伍，是思想政治教育领域亟待解决的问题。

第四章

思想政治教育专业博士学位论文的
其他类型参考文献分析

　　思想政治教育专业博士学位论文的参考文献类型由图书、期刊、外文题录、硕士学位论文、博士学位论文、报纸、国际期刊、年鉴数据、重要会议、国际会议 10 种类型组成，本章将分析除图书、期刊之外的 8 种类型参考文献的特征，通过对思想政治教育博士学位论文提供养料的参考文献的分析，推断思想政治教育研究优势和劣势的影响因素，并找出完善思想政治教育研究的路径。

第一节　思想政治教育专业博士学位论文
学位论文参考文献

一　思想政治教育博士学位论文被引用的影响因素分析

　　807 篇博士学位论文，博硕士学位论文参考文献共 4824 条数据，涉及博士学位论文数据 2228 条，其中思想政治教育专业博士学位论文 516 条，248 篇博士学位论文作为参考文献出现在 571 篇博士学位论文中，占总博士学位论文的 30.7%，硕士学位论文数据 2596 条。807 篇思想政治教育专业博士学位论文，共 571 篇思想政治教育专业博士学位论文包含学位论文参考文献，涉及 3806 篇博硕士学位论文，其中包含思想政治教育专业博士学位论文 248 篇。参考文献每篇被平均参考 $\frac{4824}{3806} = 1.27$（次），

达到引用平均数的学位论文参考文献共 558 篇，$\frac{558}{3806} = 0.1466$，占学位论文参考文献的 14.66%；558 篇中，思想政治教育专业博士学位论文 112

篇，占 20.1%。

思想政治教育专业博士学位论文被思想政治教育专业博士学位论文参考，分析被参考的思想政治教育专业博士学位论文完成时间是否存在差异（见表 101）。

表 101   被思想政治教育专业博士学位论文引用的思想政治教育专业
博士学位论文的年度分布情况

| 序号 | 学位年度 | 被思想政治博士学位论文参考分布 | | 汇总 |
		否	是	
1	2006	1	0	1
2	2007	0	3	3
3	2008	1	8	9
4	2009	2	4	6
5	2010	24	34	58
6	2011	52	51	103
7	2012	66	61	127
8	2013	96	48	144
9	2014	118	27	145
10	2015	116	9	125
11	2016	86	0	86
汇总		562	245	807

经过卡方检验，$\chi^2 = 163.442$，$p = 0.000 < 0.05$，所以说明思想政治教育博士学位论文的被参考情况与学位论文的完成时间有关。数据显示，社会科学的研究有时需要时间的沉淀才可产生它的价值性。

思想政治教育专业博士学位论文被思想政治教育专业博士学位论文参考，是否存在学校性质的差异（见表 102）。

表102 被思想政治教育专业博士学位论文引用的思想政治教育专业博士
学位论文来源学校的性质分布情况

序号	院校类别	被思想政治博士学位论文参考分布		汇总
		否	是	
1	211	318	137	455
2	985	151	51	202
3	非211非985	93	57	150
汇总		562	245	807

经过卡方检验，$\chi^2 = 6.652$，$p = 0.036 < 0.05$，所以说明思想政治教育专业博士学位论文的被参考情况与学位论文的产生单位性质有关。国家要从科研资金的投入、研究人员配备等博士点建设的关键要素上，加强宏观调控，使思想政治教育专业博士点达到均衡发展。

思想政治教育专业博士学位论文被思想政治教育专业博士学位论文参考，是否存在是否是一级学科点差异（见表103）。

表103 被思想政治教育专业博士学位论文引用的思想政治教育专业
博士学位论文的学科点分布情况

序号	是否是一级学科点	被思想政治博士学位论文参考分布		汇总
		否	是	
1	否	278	117	395
2	是	284	128	412
汇总		562	245	807

经过卡方检验，$\chi^2 = 0.200$，$p = 0.655 > 0.05$，所以说明思想政治教育专业博士学位论文的被参考情况与学位论文的产生单位是否是一级学科点无关。

思想政治教育专业博士学位论文被思想政治教育专业博士学位论文参考，是否存在地区差异（见表104）。

表104　　被思想政治教育专业博士学位论文引用的思想政治教育专业
博士学位论文的地区分布情况

序号	地区	被思想政治博士学位论文参考分布		汇总
		否	是	
1	东北	126	49	175
2	华北	110	52	162
3	华东	169	71	240
4	华南	3	0	3
5	华中	98	45	143
6	西北	25	3	28
7	西南	31	25	56
汇总		562	245	807

经过卡方检验，$\chi^2 = 12.667$，$p = 0.049 < 0.05$，所以说明思想政治教育专业博士学位论文的被参考情况与学位论文的产生单位所处地区有关。地区差异影响学位论文的被引用情况。

思想政治教育专业博士学位论文被思想政治教育专业博士学位论文参考，是否存在学科点成立时间的差异（见表105）。

表105　　被思想政治教育专业博士学位论文引用的思想政治教育专业
博士学位论文的博士点成立时间分布情况

序号	学科点成立时间	被思想政治教育专业博士学位论文参考分布		汇总
		否	是	
1	1996	25	8	33
2	1998	60	31	91
3	2000	29	11	40
4	2003	112	63	175
5	2006	332	132	464
6	2010	4	0	4
汇总		562	245	807

经过卡方检验，$\chi^2 = 6.509$，$p = 0.26 > 0.05$，所以说明思想政治教育专业博士学位论文的被参考情况与学位论文的产生单位点的成立时间没有关系。

通过卡方检验，思想政治教育专业博士学位论文被思想政治教育专业博士学位论文引用的情况受论文完成时间、来源学校性质和学校所在地区三个因素的影响，不受学科点成立时间和是否是一级学科点两个因素的影响。在进行提升思想政治教育专业博士学位论文使用率方面的工作时，可从完成时间、来源学校性质和学校所在地区这三个方面入手进行对比研究，制定相应的政策为导向，扩大思想政治教育专业博士学位论文的影响力，推进思想政治教育学的发展。

二　学位论文类型参考文献的年度分布、老化速度和新颖度分析

思想政治教育专业博士学位论文的参考文献的老化速度和新颖度决定着博士学位论文的时效性，所以本部分对思想政治教育专业博士学位论文的学位论文类型参考文献的年度分布、老化速度和新颖度三个反映研究新颖度的指标进行分析。

（一）引用博硕士学位论文参考文献的年度分布（见表106）

表106　　　　　　　　学位论文类型参考文献的年度分布

序号	参考文献年度	参考文献数量	被参考数量百分比（%）	被参考数量累计百分比（%）
1	2016	1	0.02	0.02
2	2015	30	0.62	0.64
3	2014	108	2.24	2.88
4	2013	281	5.83	8.71
5	2012	466	9.66	18.37
6	2011	554	11.48	29.85
7	2010	522	10.82	40.67
8	2009	484	10.03	50.70
9	2008	567	11.75	62.46
10	2007	512	10.61	73.07
11	2006	449	9.31	82.38
12	2005	310	6.43	88.81

续表

序号	参考文献年度	参考文献数量	被参考数量百分比（%）	被参考数量累计百分比（%）
13	2004	264	5.47	94.28
14	2003	136	2.82	97.10
15	2002	89	1.84	98.94
16	2001	27	0.56	99.50
17	2000	17	0.35	99.85
18	1999	1	0.02	99.88
19	1998	2	0.04	99.92
20	1997	3	0.06	99.98
21	1994	1	0.02	100.00

（二）学位论文参考文献老化速度

代入 Burton 和 Kebler 公式：

令 $x = 1$（思想政治教育专业博士学位论文参考文献第一个 10 年，即 2007 年）

则 $y = 0.731$（2007 年被参考文献累计百分比）

而 $a + b = 1$，故 $b = 1 - a$

$$y = 1 - \left(\frac{a}{e^x} + \frac{b}{e^{2x}} \right)$$

$$0.731 = 1 - \left(\frac{a}{e^x} + \frac{b}{e^{2x}} \right)$$

$$0.269 = \frac{ae^x + 1 - a}{e^{2x}}$$

$$0.269e^2 = 1 + (e - 1) a$$

$$0.9877 = 1.7183a$$

$$a = 0.5748$$

$$x = \ln (a + \sqrt{a^2 + 2 - 2a})$$

$$x = \ln (0.5748 + \sqrt{0.5748^2 + 2 - 2 \times 0.5748})$$

$$x = \ln (0.5748 + 1.0866)$$

$$x = 0.508$$

博硕士学位论文文献老化期限 $= 0.508 \times 10 = 5.08$（年）

经过计算得到思想政治教育专业博硕士学位论文参考期刊文献老化期限是 5.08 年，意思是说 5 年前文献被参考的可能性已经降至 50% 以下。

（三）学位论文参考文献的新颖度

只统计文献使用的年度分布，并不能看出学科专门研究知识累积的速度是建基于多久前的文献所提供的知识，而新颖度的分析在探究博士学位论文研究者进行思想政治教育相关研究时，会引用距其多久前出版的期刊。故本书以论文出版年减去参考文献的出版年，再以 5 年为一单位，整理数据资料如表 107 所示。

表 107　　　　　　　　**参考文献与博士学位论文的年度差**

序号	博士学位论文与参考文献的时间差	参考文献数量	被参考次数百分比（%）	被参考次数累计百分比（%）
1	0—5 年	3040	63.02	63.02
2	6—11 年	1678	34.78	97.80
3	12 年及以上	106	2.20	100.00

由表 107 可知，思想政治教育专业博士学位论文的博硕士学位论文参考文献以其论文出版年当年至 5 年前的文献最多，占 63.02%，其后参考次数随年代推移而越来越少，呈现递减状况，与参考文献出版年代分布结果相一致，年代差最大的是 19 年。

这种现象说明了进行思想政治教育研究时，知识成果的启发与累积，大部分建立于近几年的知识成果上。然而使用 19 年以前的资料，只有 1 篇博士学位论文——《延安时期党领导思想文化战线的历史经验初探》。查阅这篇论文发现是我国党内思想政治早期的经验总结，有很深的理论价值。

三　高频被参考的学位论文的内容分析

本书将参考次数达到 4 次的论文文献定义为高频参考文献，共 96 篇论文文献，其中 34 篇为思想政治教育专业博士学位论文。96 篇高频被引学位论文文献，占 3806 篇的 2.5%，但被引次数 559 占总次数 4824 的 11.6%。并对这 96 篇文章的关键词进行分析，共涉及 297 个关键词，关键词的数量分布如表 108 所示。

表 108　　　　　　　　　高频被引用学位论文的关键词数量分布

序号	出现在博士学位论文篇章数	涉及的关键词数量	占比（%）	累计百分比（%）
1	1	246	82.83	82.83
2	2	31	10.44	93.27
3	3	8	2.69	95.96
4	4	3	1.01	96.97
5	5	6	2.02	98.99
6	6	1	0.34	99.33
7	9	1	0.34	99.66
8	31	1	0.34	100.00

　　由表 108 数据可见，297 个关键词，出现在 5 篇及以上的关键词只占 3.03%，但从关键词出现的次数看，重合度较低，研究范围广泛。下面通过词语间的联系，绘制语义的分布图（见图 50）。

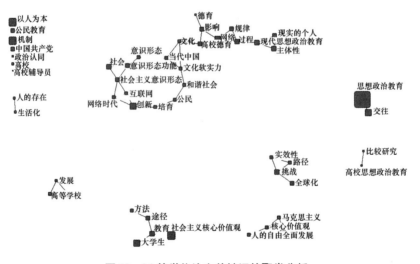

图 50　96 篇学位论文关键词的聚类分析

　　从图 50 可见几个团，也就是相对研究比较集中的内容之间的联系，思想政治教育专业博士学位论文参考较多的学位论文的研究内容主要集中在以下几个方面，最集中的研究内容是，以文化为基础的网络时代意识形态建设与网络时代高校德育建设的规律及现代思想政治教育的主体性，突出了网络时代的背景，网络时代多元文化冲击的条件下意识形态工作的重要性得到广泛的关注与研究；高校思想政治教育的比较研究；针对大学生开展社会主义核心价值观建设的方法和途径；马克思主义核心价值观的价值导向，以此看到在挖掘社会主义核心价值观的理论基础；全球化背景下，思想政治教育的挑战和路径；人的存在以生活化为落脚点，从成团的分析内容来看，思想政治教育专业博士学位论文参考的学位论文主要研究的内容基于时代的背景，与现实情况的联系较为紧密，突出了思想政治教育学科的应用性质，但对于基础理论的研究、历史的研究、比较的研究方面的参考文献较少，应该加强思想政治教育研究全方位的文献内容参考，以获得较系统的知识基础用以开展博士课题的研究。

第二节　外文题录参考文献

一　数据的采集

外文题录数据共13041条，807篇博士学位论文中，617篇博士学位论文有外文题录数据，占76.5%。13041条外文题录数据，有1148条数据没有题录的时间，占总数的8.8%。

二　不同学校使用外文题录的差异分析

807篇博士学位论文，来自于54所学校，以外文题录作为参考的学校52所，占96.3%，说明外文题录在思想政治教育研究领域的学校层面应用比较广泛。分析使用外文题录情况是否存在学校之间的差异（见表109）。

表109　　　　　　　　　不同学校使用外文题录的情况分布

序号	学校	选用外文题录人员分布		汇总
		选用	未选用	
1	安徽师范大学	1	1	2
2	北京交通大学	14	12	26
3	北京科技大学	6	1	7
4	大连理工大学	32	0	32
5	电子科技大学	9	5	14
6	东北林业大学	5	1	6

续表

序号	学校	选用外文题录人员分布		汇总
		选用	未选用	
7	东北师范大学	45	26	71
8	东南大学	4	4	8
9	福建师范大学	12	4	16
10	复旦大学	23	0	23
11	广西师范大学	1	1	2
12	哈尔滨工程大学	9	5	14
13	哈尔滨理工大学	12	0	12
14	哈尔滨师范大学	2	0	2
15	河北大学	6	8	14
16	河北师范大学	19	3	22
17	湖南大学	7	2	9
18	湖南师范大学	17	5	22
19	华东师范大学	7	1	8
20	华中师范大学	14	1	15
21	吉林大学	3	6	9
22	江西师范大学	6	1	7
23	兰州大学	3	1	4
24	辽宁大学	25	2	27
25	南昌大学	22	7	29
26	南京理工大学	22	3	25
27	南京师范大学	19	0	19
28	南开大学	4	5	9
29	山东大学	19	10	29
30	山东师范大学	11	3	14
31	陕西师范大学	7	7	14
32	上海大学	28	0	28
33	首都师范大学	8	3	11
34	苏州大学	18	3	21
35	武汉大学	25	8	33
36	武汉理工大学	4	0	4

续表

序号	学校	选用外文题录人员分布		汇总
		选用	未选用	
37	西安科技大学	3	1	4
38	西安理工大学	2	0	2
39	西北工业大学	2	1	3
40	西南财经大学	8	0	8
41	西南大学	14	5	19
42	西南交通大学	6	4	10
43	云南大学	5	0	5
44	浙江大学	2	0	2
45	郑州大学	6	5	11
46	中共中央党校	33	6	39
47	中国地质大学	27	4	31
48	中国地质大学（北京）	2	1	3
49	中国矿业大学	9	0	9
50	中国矿业大学（北京）	11	20	31
51	中南大学	17	1	18
52	中山大学	1	0	1
	汇总	617	187	804

经过卡方检验，$\chi^2 = 150.421$，$p = 0.000 < 0.05$，表明各学校之间使用外文题录存在显著性的差异。经过电话咨询 CNKI 数据库的工作人员，外文题录类型的参考文献是只有摘要没有正文的期刊文献。通过卡方检验，外文题录的使用存在学校间的差异。外文题录数据库是研究人员获得国际相关研究前沿和动态的渠道，加强思想政治教育研究的国际化研究，对待不同的学校要采取不同的政策引领，即使有相同的目标，也要采取不同的路径，或是不同的学校根据自身的特点制定可实现的目标，稳步地前进。接下来分析使用外文题录作为参考文献的博士学位论文研究的内容的集中性。

三　外文题录老化年限和新颖度分析

13041 条外文题录数据中，有 1151 条数据的时间为空，所以提取到时间的记录是 11890 条数据，占总数据的 91.2%，已经占到总数据的 80% 以上，所以有分析的意义。

表 110　　　　　　　　　　　　外文题录的年度分布

序号	年度	汇总	百分比（%）	累计百分比（%）
1	2016	1	0.01	0.01
2	2015	4	0.03	0.04
3	2014	24	0.20	0.24
4	2013	71	0.60	0.84
5	2012	81	0.68	1.52
6	2011	170	1.43	2.95
7	2010	177	1.49	4.44
8	2009	254	2.14	6.58
9	2008	266	2.24	8.81
10	2007	350	2.94	11.76

代入 Burton 和 Kebler 公式：

令 $x=1$（思想政治教育专业博士学位论文参考文献第一个 10 年，即 2007 年）

则 $y=0.118$（2007 年被参考文献累计百分比）

而 $a+b=1$，故 $b=1-a$

$$y=1-\left(\frac{a}{e^x}+\frac{b}{e^{2x}}\right)$$

$$0.118=1-\left(\frac{a}{e^x}+\frac{b}{e^{2x}}\right)$$

$$0.882=\frac{ae^x+1-a}{e^{2x}}$$

$$0.882e^2=1+(e-1)\,a$$

$$5.5173=1.7183a$$

$$a=3.2109$$

$$x=\ln\,(a+\sqrt{a^2+2-2a})$$

$$x=\ln\,(3.2109+\sqrt{3.2109^2+2-2\times3.2109})$$

$x = 1.7294$

外文题录文献老化期限 $= 1.7294 \times 10 = 17.294$ （年）

经过计算得到思想政治教育专业博士学位论文参考期刊文献老化期限是 17.294 年，意思是说 17 年前文献被参考的可能性已经降至 50% 以下。

只统计文献使用的年度分布，并不能看出学科专门研究知识累积的速度是建基于多久前的文献所提供的知识，而新颖度的分析在探究博士学位论文作者进行思想政治教育相关研究时，会引用距其多久前出版的期刊。故本书以论文出版年减去参考文献的出版年，再以 5 年为一单位，整理数据资料如表 111 所示。

表 111　　　　　　使用外文题录参考文献新颖度分析表

序号	年度差	汇总	占比（%）	累计百分比（%）
1	0—4 年	830	6.98	6.98
2	5—9 年	1610	13.54	20.52
3	10—14 年	2191	18.43	38.95
4	15—19 年	1809	15.21	54.16
5	20—24 年	1430	12.03	66.19
6	25—29 年	984	8.28	74.47
7	30—34 年	746	6.27	80.74
8	35—39 年	507	4.26	85.00
9	40—44 年	410	3.45	88.45
10	45—49 年	290	2.44	90.89
11	50—99 年	949	7.98	98.87
12	100 年及以上	134	1.13	100.00

由表 111 可知，思想政治教育专业博士学位论文的外文题录参考文献以其论文出版年当年至 19 年前的文献最多，占 54.16%，其后参考次数随年代推移而越来越少，呈现递减状况，与参考文献出版年代分布结果相一致，年代差最大的是 320 年。

四　使用外文题录的博士学位论文的研究内容分析

本书分析引用外文题录超过平均数 $\frac{13041}{617} = 21.14$ 的论文内容，共计

151 篇博士学位论文。151 篇博士学位论文包含 494 个关键词，关键词的次数分布如表 112 所示。

表 112   **引用外文题录次数达到平均数的思想政治教育专业**
博士学位论文关键词次数的分布表

序号	关键词次数分布	数量
1	≥10（出现在 10 篇及以上的关键词）	2
2	[5，10）（出现在 5 篇及以上，10 篇以下的关键词）	6
3	(1，5)（出现在 1 篇以上，5 篇以下的关键词）	47
4	1（出现在 1 篇的关键词）	439

出现 10 次以上的两个词语是大学生和思想政治教育，5 次及以上的分别是道德教育、教育、高校、美国、中国、公民，在以外文题录为参考文献且外文题录数量超过平均量的文章中，从词语的角度讲，还主要围绕高校大学生的思想政治教育进行与外文材料的对接与内容汲取。

下面我们通过构建关键词的相似性矩阵，以此构建关键词之间的网络关系图（见图 51）。表 113 是部分关键词的相似矩阵。

表 113   **引用外文题录次数达到平均数的思想政治教育专业博士**
学位论文关键词相似矩阵（部分）

	思想政治教育	大学生	道德教育	教育	高校	美国	中国	公民	国家认同	培育	社会主义核心价值体系
思想政治教育	1	0.0245	0	0	0.029	0.0072	0.0072	0	0	0	0
大学生	0.0245	1	0.0078	0.0357	0	0	0	0	0	0.0156	0
道德教育	0	0.0078	1	0	0.0208	0	0	0	0	0	0
教育	0	0.0357	0	1	0	0	0	0	0	0	0
高校	0.029	0	0.0208	0	1	0	0	0	0	0	0
美国	0.0072	0	0	0	0	1	0.25	0	0	0	0
中国	0.0072	0	0	0	0	0.25	1	0	0	0.0417	0
公民	0	0	0	0	0	0	0	1	0	0.05	0

续表

	思想政治教育	大学生	道德教育	教育	高校	美国	中国	公民	国家认同	培育	社会主义核心价值体系
国家认同	0	0	0	0	0	0	0	0	1	0	0
培育	0	0.0156	0	0	0	0	0.0417	0.05	0	1	0
社会主义核心价值体系	0	0	0	0	0	0	0	0	0	0	1

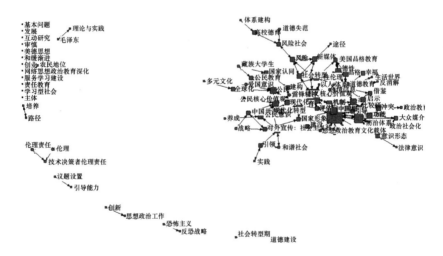

图51　依据关键词的相似矩阵构建的聚类图（1）

图51为出现次数前100位的词语构成的词语矩阵绘制的可视关系图，其阈值设置为0，即只要两个词同时出现，就会有相互关系。由图可见有一个大团，并不能清晰地见到主要叙述的内容。下面我们将分析出现在两篇以上的关键词，且阈值大于0.1的可视关系图。

由图52可见，研究分了几个团，清晰可见以外文题录为参考文献的文章从关键词的角度，主要相对集中在九个方面。一是现代化转型阶段公民意识的养成和用社会主义核心价值观的培育、建设以及用社会主义核心价值体系引领和谐社会的构建。二是中国共产党对外宣传国家形象的战略。三是政治教育比较研究中的借鉴以及冲突与启示。四是新媒体在社会转型期对于民主建设的风险和风险社会高校德育工作的研究。五是美国与

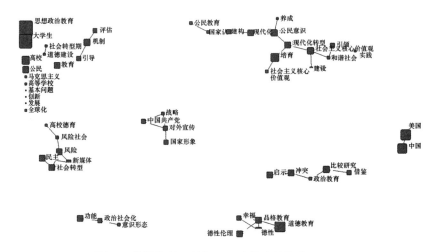

图52   依据关键词的相似矩阵构建的聚类图（2）

中国思想政治教育的对比研究。六是政治社会化的功能研究及其对意识形态建设的影响。七是德性伦理与品格教育、道德教育的基础研究。八是大学生思想政治教育的机制、评估及其引导。九是社会转型期的道德建设。这九个方面的内容参考外文题录相对集中的研究内容。从研究领域看，主要集中在思想政治教育的应用研究和思想政治教育的比较研究，而在思想政治教育基础理论研究、思想政治教育的历史研究、思想政治教育现实追踪等领域的研究还缺乏与外文题录文献的对话。图中思想政治教育、大学生等关键词虽然出现的频次很多，但是与其他关键词的相似性都在 0.1 以下，所以说明很多研究都涉及大学生和思想政治教育，但是它们并不集中在一定的研究范围内，提的多即面广，深入研究的少。

第三节   报纸参考文献

一   总体概况

共参考报纸文献 1277 条，占总共参考文献的 0.9%，共涉及 124 种报纸，而其中两种报纸中的文章占所有参考报纸文献的 58.0%，分别为人民日报和光明日报，占前 10 位的报纸名称及比例详见图 53 和表 114。

表 114   前 10 位报纸参考文献比例分布表

序号	去空格后的报纸名称	被参考的次数	总参考数量	此报纸占比（％）	累计占比（％）
1	人民日报	446	1277	34.93	34.93
2	光明日报	295	1277	23.10	58.03
3	中国教育报	76	1277	5.95	63.98
4	学习时报	59	1277	4.62	68.60
5	北京日报	32	1277	2.51	71.10
6	文汇报	18	1277	1.41	72.51
7	中国社会科学报	18	1277	1.41	73.92
8	解放军报	17	1277	1.33	75.25
9	人民法院报	17	1277	1.33	76.59
10	法制日报	15	1277	1.17	77.76

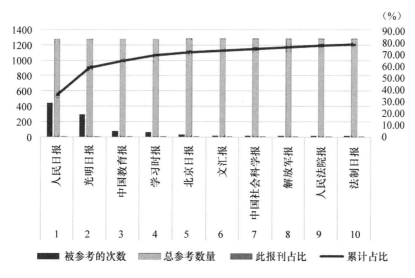

图 53   前 10 位报纸参考文献比例分布图

    报纸文献具有时效性强的特点，思想政治教育专业博士学位论文使用的报纸类型参考文献的来源主要为人民日报和光明日报，这两种报纸都是党报，是宣传统治阶级意志的重要载体，思想政治教育的功能之一是把人民群众的思想统一到以习近平同志为核心的党中央，为建设中国特色社会主义集结力量。思想政治教育要在中国共产党的领导下开展，保证政治方

向的正确性，思想政治教育专业博士学位论文的报纸类型参考文献以党报
为主要类型，符合思想政治教育学定位。参考党报的比例高，只是相对于
报纸文献类型来说，但报纸类型参考文献在思想政治教育专业博士学位论
文的参考文献中所占比例仅为 0.9%，在确保党报在报纸中占有的相对高
比例的前提下，还要提高报纸参考文献的使用率。

二　报纸的年度分布、老化年限和新颖度分析

报纸是时效性强的资料，分析作为思想政治教育专业博士学位论文参
考文献的报纸类型参考文献的老化年限和新颖度，从这一类型参考文献视
角的客观分析呈现思想政治教育博士学位论文的时效性。报纸类型参考文
献的年度分布详情见表115。

表115　思想政治教育专业博士学位论文报纸类型参考文献年度分布表

序号	年份	汇总	占比（%）	累计占比（%）
1	2016	12	0.94	0.94
2	2015	49	3.84	4.78
3	2014	69	5.40	10.18
4	2013	109	8.54	18.72
5	2012	115	9.01	27.72
6	2011	123	9.63	37.35
7	2010	110	8.61	45.97
8	2009	85	6.66	52.62
9	2008	93	7.28	59.91
10	2007	158	12.37	72.28
11	2006	110	8.61	80.89
12	2005	84	6.58	87.47
13	2004	70	5.48	92.95
14	2003	37	2.90	95.85
15	2002	23	1.80	97.65
16	2001	11	0.86	98.51
17	2000	19	1.49	100.00

思想政治教育专业博士学位论文的报纸参考文献新颖度分析，代入 Burton 和 Kebler 公式：

令 $x = 1$（思想政治教育专业博士学位论文参考文献第一个 10 年，即 2007 年）

则 $y = 0.7228$（2007 年被参考文献累计百分比）

而 $a + b = 1$，故 $b = 1 - a$

$$y = 1 - (\frac{a}{e^x} + \frac{b}{e^{2x}})$$

$$0.7228 = 1 - (\frac{a}{e^x} + \frac{1 - a}{e^{2x}})$$

$$0.2772 = \frac{ae^x + 1 - a}{e^{2x}}$$

$$0.2772 \, e^2 = 1 + (e - 1)a$$

$$1.0483 = 1.7183a$$

$$a = 0.6101$$

$$x = \ln(0.6101 + \sqrt{0.6101^2 + 2 - 2 \times 0.6101})$$

$$x = \ln(0.6101 + 1.0733)$$

$$x = \ln 1.6834$$

$$x = 0.5208$$

报纸文献老化期限 $= 0.5208 \times 10 = 5.208$（年）

由上述公式求得报纸文献老化期限是 5.208 年，意即 5 年后的报纸文献被利用的机会已降至 50% 以下。对应参考文献新颖度分析结果，把 1 年至 4 年学位论文作者参考报纸文献比例相加，占 54.19% 的结果相对应。至于这样的结果，思想政治教育学科在马克思主义理论一级学科下的二级学科中，主要偏重于实践，而报纸的老化期限是 5 年，说明论文研究内容的更新率较低，被新知识替代的速度偏慢，正如我们读报纸，如果不是特殊的原因，谁会读一个礼拜前的报纸呢？读报的优势是第一时间掌握讯息，而我们思想政治教育研究报纸老化期限却是 5 年，有必要引起研究人员的注意与重视。

思想政治教育博士学位论文的报纸参考文献年度差的分布（新颖度）如表 116 和图 54 所示。

表116   思想政治教育专业博士学位论文的报纸参考文献年度差的分布

年度差	汇总	总数	占比（%）	累计占比（%）
1	206	1277	16.13	16.13
2	183	1277	14.33	30.46
4	152	1277	11.90	42.36
3	151	1277	11.82	54.19
5	126	1277	9.87	64.06
6	119	1277	9.32	73.38
0	81	1277	6.34	79.72
7	78	1277	6.11	85.83
8	66	1277	5.17	90.99
9	46	1277	3.60	94.60
10	31	1277	2.43	97.02
11	14	1277	1.10	98.12
12	13	1277	1.02	99.14
15	4	1277	0.31	99.45
13	4	1277	0.31	99.77
14	2	1277	0.16	99.92
16	1	1277	0.08	100.00

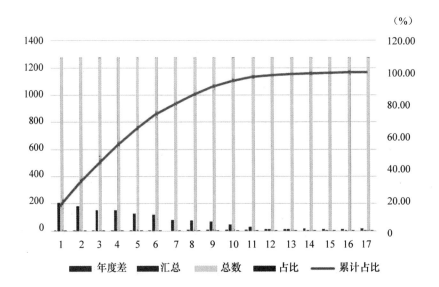

图54   思想政治教育专业博士学位论文的报纸参考文献年度差的分布

　　无论是从老化年限还是从新颖度角度，都显示思想政治教育专业博士学位论文报纸类型参考文献陈旧的特点，从思想政治教育博士学位论文的研究周期看，博士的培养年限一般为3—6年，可导致报纸类型参考文献陈旧。从报纸特性分析，思想政治教育专业博士学位论文的研究内容滞后于时政。根据思想政治教育专业博士培养方案和思想政治教育研究体系，基础理论的研究跨越时间长符合研究规律，而实践性研究的参考文献过于老化，将降低研究的时效性和针对性，影响研究成果指导实践的效果。

三　使用报纸参考文献的差异分析

　　下面选取报纸作为思想政治教育专业博士学位论文参考文献分析是否存在院校类别差异，即不同院校，在选取报纸类型参考文献时是否有不同的偏好，不同类别学校选用报纸参考文献的数量详情见表117。

表117　　　　　　　**不同类别学校选用报纸参考文献的数量分布**

序号	院校类别	使用报纸参考文献数量
1	非211非985院校	259
2	211院校	771
3	985院校	247
汇总		1277

　　从院校类别来看，院校性质不同的博士生在博士学位论文写作过程中，报纸资料的选择方面存在显著差异（$\chi^2 = 420.410$，$p < 0.001$）。

　　下面分析是否是一级学科点选用报纸参考文献是否存在差异，是否是一级学科点选用报纸参考文献的数量详情如表118所示。

表118　　　　　　　**是否是一级学科点选用报纸参考文献的数量**

序号	是否是一级学科点	使用报纸参考文献数量
1	否	665
2	是	612

　　从是否是一级学科点来看，是否是一级学科点的高校的博士生在博士学位论文写作过程中，报纸资料的选择方面不存在差异（$\chi^2 = 2.2$，$p = 0.138 > 0.05$）。

　　地域不同，是否会影响思想政治教育专业博士学位论文的报纸参考文献的选用数量。不同地域，选用报纸文献数量的分布详情如表 119 所示。

表 119　　　　　　　　　**不同地域选用报纸文献数量的分布**

序号	地区	使用报纸参考文献数量
1	东北	201
2	华北	300
3	华东	384
4	华中	273
5	西北	36
6	西南	83
汇总		1277

　　从学科点所在地区来看，所在地区不同高校的博士生在博士学位论文写作过程中，报纸资料的选择方面存在显著差异（$\chi^2 = 417.147$，p < 0.001）。

　　学科点成立时间不同，是否会影响思想政治教育专业博士学位论文的报纸参考文献的选用数量。不同学科点成立时间，选用报纸文献数量的分布详情如表 120 所示。

表 120　　　　　　　**不同学科点成立时间选用报纸文献数量的分布**

序号	学科点成立时间	使用报纸参考文献数量
1	1996	41
2	1998	129
3	2000	39
4	2003	255
5	2006	807
6	2010	6
汇总		1277

　　从学科点成立时间来看，学科点成立时间不同高校的博士生在博士学位论文写作过程中，报纸资料的选择方面存在显著差异（$\chi^2 = 2181.824$， p < 0.001）。

分政治背景统计的材料（党的十八大前后），看是否有差异，这项分析以时间为数据分组依据，党的十八大召开的时间是 2012 年 11 月 8 日，2012 年度提交的论文是在 6 月份，所以，2012 年博士学位论文作为党的十八大以前的研究成果（见表 121）。

表 121　　　　　党的十八大前后引用报纸参考文献的数量分布

序号	论文完成时间	使用报纸参考文献数量
1	党的十八大前	627
2	党的十八大后	650
汇总		1277

从博士学位论文完成时间来看，党的十八大前后博士生在博士学位论文写作过程中，报纸资料的选择方面不存在差异性（$\chi^2 = 0.414$，$p > 0.5$）。

经过学校类型、是否是一级学科点、地域、学科点成立时间和党的十八大前后几个指标的卡方检验得知，影响思想政治教育博士学位论文报纸类型参考文献使用量的指标是学校类型、地域和学科点成立时间，而是否是一级学科点和党的十八大前后对思想政治教育博士学位论文报纸类型参考文献的使用没有影响。是否是一级学科点对于报纸参考文献的使用情况没有影响。

四　每所学校使用报纸参考文献的情况分析

从图 55 和表 122 中可看出，没有学生使用报纸参考文献的学校共 9 所，占总体学校数量的 16.7%；使用报纸学生比例在 20% 及以下的学校共 5 所，占总体学校数量的 9.3%；使用报纸学生比例在 20% 以上、30% 及以下的学校共 8 所，占总体学校数量的 14.8%；使用报纸学生比例在 30% 以上、40% 及以下的学校共 9 所，占总体学校数量的 16.7%；使用报纸学生比例在 40% 以上、50% 及以下的学校共 12 所，占总体学校数量的 22.2%；使用报纸学生比例在 50% 以上的学校共 11 所，占总体学校数量的 20.4%。使用报纸参考文献的总体数量少，一方面的原因是每所学校使用报纸参考文献的学生比例偏低，且具体到每名博士生，其报纸参考的数量相对于图书、期刊，比例极低，应该加强思想政治教育博士生的报纸阅读力度，尤其是与国家政策息息相关的报纸，这是我国意识形态主要

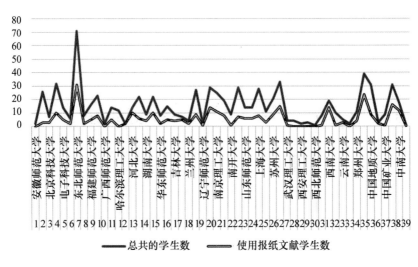

图 55　使用报纸参考文献的学生数量分布图

的体现路径，思想政治教育是实践性的学科，本应该在一定的理论基础上，大量地开展实践性的研究，思想政治教育专业博士生除了专业课的书本学习之外，报纸是最好的实事材料，甚至应该进行一些干预。

表 122　　　　　　　　　　　　　每所学校使用报纸参考文献的情况

序号	文献来源	总共的学生数	使用报纸文献学生数	序号	文献来源	总共的学生数	使用报纸文献学生数
1	安徽师范大学	2	0	13	哈尔滨理工大学	12	0
2	北京交通大学	26	3	14	哈尔滨师范大学	2	2
3	北京科技大学	7	3	15	河北大学	14	10
4	大连理工大学	32	10	16	河北师范大学	22	6
5	电子科技大学	14	5	17	湖南大学	9	4
6	东北林业大学	6	2	18	湖南师范大学	22	10
7	东北师范大学	71	31	19	华东师范大学	8	2
8	东南大学	8	2	20	华中师范大学	15	5
9	福建师范大学	16	5	21	吉林大学	9	4
10	复旦大学	23	8	22	江西师范大学	7	5
11	广西师范大学	2	0	23	兰州大学	4	2
12	哈尔滨工程大学	14	5	24	辽宁大学	27	9

续表

序号	文献来源	总共的学生数	使用报纸文献学生数	序号	文献来源	总共的学生数	使用报纸文献学生数
25	辽宁师范大学	2	1	40	西北工业大学	3	0
26	南昌大学	29	14	41	西北师范大学	1	0
27	南京理工大学	25	11	42	西南财经大学	8	1
28	南京师范大学	19	8	43	西南大学	19	14
29	南开大学	9	1	44	西南交通大学	10	1
30	山东大学	29	7	45	云南大学	5	3
31	山东师范大学	14	6	46	浙江大学	2	0
32	陕西师范大学	14	6	47	郑州大学	11	4
33	上海大学	28	8	48	中共中央党校	39	24
34	首都师范大学	11	3	49	中国地质大学	31	9
35	苏州大学	21	9	50	中国地质大学（北京）	3	2
36	武汉大学	33	15	51	中国矿业大学	9	1
37	武汉理工大学	4	1	52	中国矿业大学（北京）	31	16
38	西安科技大学	4	0	53	中南大学	18	12
39	西安理工大学	2	0	54	中山大学	1	0

第四节　国际期刊、国际会议、重要
会议、年鉴文献分析

一　国际期刊分析

807 篇博士学位论文中 239 篇有国际期刊参考文献，占比 29.62%。国际期刊参考数据共 1037 条，占参考文献总数 134893 的 0.77%。可见，思想政治教育博士学位论文的国际期刊参考率很低，与国际学术对话水平相对较低。在全球化的背景下，人员流动，尤其是高端人才流动比例增加，为了发挥思想政治教育学科的功能，即把人民群众的思想统一到中国特色社会主义建设中来，要充分了解国际的风云变化，全球一体化，意味着全球都将是一个联动的系统，想做好部分的工作，即我国的思想政治教育工作，既要着眼于具体研究，又要放眼于系统范围内，才能使思想政治教育研究工作系统化、针对性强，如马克思的辩证唯物主义思想，即整体与部分的关系，如果只见部分，不关注整体，必然达不到协调统一的步调，全球一体化的背景，要求思想政治教育的学术研究跟进时代步伐，才能有的放矢，下面本书分析引用国际期刊的参考文献的主要研究内容，以此分析哪些领域开始与国际对话，而哪些研究领域在与国际对话方面还是空白，为今后的研究提供信息参考。

1037 条国际期刊数据来自于 239 篇博士学位论文的参考文献，平均每篇文章参考 4.34 篇，可是实际参考次数分布如表 123 所示。

表 123　　思想政治教育专业博士学位论文参考国际期刊的数量分布

序号	参考国际期刊数量	博士学位论文数量	占比（%）	累计百分比（%）
1	1	82	34.31	34.31
2	2	42	17.57	51.88
3	3	39	16.32	68.20
4	4	21	8.79	76.99
5	5 篇及以上	55	23.01	100.00

可见，参考国际期刊数量达到参考平均数的博士学位论文占参考国际期刊博士学位论文的 23.01%，国际期刊参考文献总体占比低，而且在有国际期刊参考文献的博士学位论文中，达到平均水平的也偏低。接下来，分析引用国际参考文献的作者与学校性质、地域、是否是一级学科点及其点成立的时间是否相关。

经卡方检验，$\chi^2 = 6.521$，$p = 0.038$，说明学生选取国际期刊与学生所在学校的性质有显著性的差异（见表 124）。

表 124　参考国际期刊的思想政治教育专业博士学位论文来源院校性质分布

序号	院校类别	是否选用国际期刊作为参考文献		数量汇总
		是	否	
1	非 985 非 211	39	111	150
2	211	126	329	455
3	985	74	128	202
汇总		239	568	807

经卡方检验，$\chi^2 = 2.888$，$p = 0.089$，说明学生选取国际期刊与学生所在学校的博士点是否是一级学科点没有显著性的差异（见表125）。

表125　　　参考国际期刊的思想政治教育博士学位论文来源
院校是否是一级学科点的分布

序号	是否是一级学科点	是否选用国际期刊作为参考文献		数量汇总
		是	否	
1	否	128	267	395
2	是	111	301	412
汇总		239	568	807

经卡方检验，$\chi^2 = 14.329$，$p = 0.014$，说明学生选取国际期刊与学生所在学校的博士点成立时间有显著性的差异（见表126）。

表126　　参考国际期刊的思想政治教育博士学位论文来源博士点成立时间分布

序号	学科点成立时间	是否选用国际期刊作为参考文献		数量汇总
		是	否	
1	1996	5	28	33
2	1998	15	76	91
3	2000	13	27	40
4	2003	50	125	175
5	2006	155	309	464
6	2010	1	3	4
汇总		239	568	807

经卡方检验，$\chi^2 = 18.32$，$p = 0.005 < 0.5$，说明学生选取国际期刊与学生所在学校的地区有显著性的差异（见表127）。

表127　　参考国际期刊的思想政治教育博士学位论文来源地区分布

序号	地区	是否选用国际期刊作为参考文献		数量汇总
		是	否	
1	东北	62	113	175
2	华北	32	130	162

续表

序号	地区	是否选用国际期刊作为参考文献		数量汇总
		是	否	
3	华东	83	157	240
4	华南	0	3	3
5	华中	44	99	143
6	西北	4	24	28
7	西南	14	42	56
汇总		239	568	807

下面透过国际期刊的年度分布（见表128），了解国际期刊的老化速度。

表128   参考的国际期刊文献的年度分布

序号	年度	国际期刊文献数量	占比（%）	累计百分比（%）
1	2015	9	0.89	0.89
2	2014	18	1.77	2.66
3	2013	51	5.02	7.68
4	2012	59	5.81	13.48
5	2011	33	3.25	16.73
6	2010	53	5.22	21.95
7	2009	38	3.74	25.69
8	2008	57	5.61	31.30
9	2007	50	4.92	36.22

代入公式，计算得出：$a = 2.1607$，老化期限为13.064年，经过计算得到思想政治教育博士学位论文国际期刊文献老化期限是13.064年，意思是说13年前文献被参考的可能性已经降至50%以下。可见国际期刊的参考率偏低，且存在文献时间过于久远的问题。

从内容分析，参考国际期刊数量达到平均参考水平的博士学位论文的研究内容，以此探究与国际期刊思想有所接触的研究领域。55篇符合分析条件的博士学位论文，出现在2篇及以上摘要中的词语是1688个，图56是词语图。

图 56　参考国际期刊达到平均水平的思想政治教育专业博士学位论文摘要的词云图

词云图只能显示出现词语的频次多少，并不能构成语义网，即研究内容的阐释，下面通过构建词语相关网络来看研究的集中领域。

55篇博士学位论文，共有不重复关键词201个，出现在2篇及以上的关键词共13个，有大学生（10次）、思想政治教育（8次）、对策（3次）、思想政治理论课（2次）、运行机制（2次）、高校毕业生（2次）、创新（2次）、培育（2次）、机制（2次）、社会主义核心价值观（2次）、主体性（2次）、以人为本（2次）、完善（2次），单从文章关键词的角度分析，引用国际期刊的博士学位论文的研究内容并没有明显的集中现象，相对分散，因为关键词出现在1篇博士学位论文中的数量为188个，占所有关键词的93.5%，一方面说明研究问题很广泛，另一方面，说明学术用语需规范化，形成具有学科特色的专业用语，这对于一个学科的建设具有重要的意义。

下面我们依据55篇博士学位论文的摘要构建语义网的分析，构建语义网的词语选取条件是，出现在2篇及以上文章且出现的总次数大于或等于50次，以此保证词语的重要性和集中性，共有117个词语。构建117×117共现矩阵（见表129）和相似矩阵（见表130），部分截图如图57所示。

表 129 　　参考国际期刊文献达到平均水平的思想政治教育专业博士
学位论文摘要重要词语的共现矩阵（部分）

	包括	不同	部分	参与	产生	阐述	创新	创业	存在
包括	24	10	11	9	13	11	13	1	17
不同	10	20	7	7	9	9	11	3	15
部分	11	7	21	11	15	12	14	3	17
参与	9	7	11	19	13	9	11	2	14
产生	13	9	15	13	28	12	18	2	22
阐述	11	9	12	9	12	26	21	6	13
创新	13	11	14	11	18	21	32	5	23
创业	1	3	3	2	2	6	5	6	4
存在	17	15	17	14	22	13	23	4	37

表 130 　　参考国际期刊文献达到平均水平的思想政治教育专业博士
学位论文摘要重要词语的相似矩阵（部分）

	包括	不同	部分	参与	产生	阐述	创新	创业	存在
包括	1.00	0.46	0.49	0.42	0.50	0.44	0.47	0.08	0.57
不同	0.46	1.00	0.34	0.36	0.38	0.39	0.43	0.27	0.55
部分	0.49	0.34	1.00	0.55	0.62	0.51	0.54	0.27	0.61
参与	0.42	0.36	0.55	1.00	0.56	0.40	0.45	0.19	0.53
产生	0.50	0.38	0.62	0.56	1.00	0.44	0.60	0.15	0.68
阐述	0.44	0.39	0.51	0.40	0.44	1.00	0.73	0.48	0.42
创新	0.47	0.43	0.54	0.45	0.60	0.73	1.00	0.36	0.67
创业	0.08	0.27	0.27	0.19	0.15	0.48	0.36	1.00	0.27
存在	0.57	0.55	0.61	0.53	0.68	0.42	0.67	0.27	1.00

从摘要的语义网来看，词语之间关联度很紧密，对相似度在 0.5 及以上的词语之间才会有连线，可见很多词语之间都相互联系形成一个大网团，这说明词语相关度很高，但是相对杂乱，学术用语不规范。我们提高词语相似度，来分辨最集中的内容表达。最集中的论述就是注重社会现实问题的发展，思想政治教育理论研究具有的对社会指导的重要内容，核心

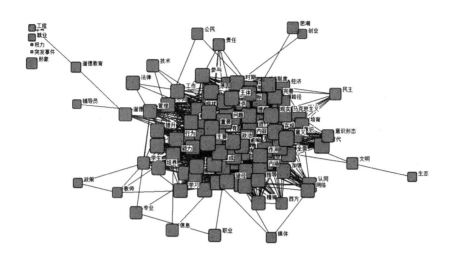

图 57　参考国际期刊文献达到平均水平的思想政治教育专业
博士学位论文摘要重要词语的聚类图

是理论联系实际，理论指导实践，实践提升理论，与思想政治教育学科的定位相符合。再扩展就是，在高校，对大学生进行德育教育的途径、意识形态教育的落实；大学生社会主义核心价值观的培育路径等。

　　研究的对象主要集中在大学生，从思想政治教育学科的属性即意识形态性上讲，思想政治教育的研究对象不仅仅有大学生这个群体，还有工人、农民、公务员、私营企业者等，从研究对象人这个角度看，研究对象不够广泛。

　　从理论支撑的角度，马克思主义提到的较多，而对于马克思主义中化的理论涉及的较少，譬如：毛泽东、邓小平、"三个代表"等论著都没有在团中有所体现。

二　国际会议分析

　　807 篇博士学位论文，其中 6 篇参考了国际会议论文，每篇都参考了一篇国际会议论文，总共 6 篇国际会议论文，分别来自国际儒学研究、中韩伦理学讨论会、国民教育理论与实践、中国跨文化交际国际学术研讨会、和谐社会公民社会与大众媒介、国际殖民主义教育文化 6 个会议。此数据表明，在思想政治教育研究领域，有影响的国际会议偏少，在全球化背景下，在文化多元影响的现实情况下，适当组织高水准的国际会议，有助于专家学者沟通思想，为思想政治教育研究注入新的血液，并与国际前沿思想类研究相融合，提高我国思想政治教育研究的国际热度，与国际接轨，创新研究视角。另外，思想政治教育学者应该适当参加思想政治教育相关领域的国家会议，有助于思想的碰撞，如经济、哲学、教育、管理、心理等国家会议，了解研究前沿，一方面是内容前沿，另一方面是方法前沿，其他领域研究的变动势必对人的思想产生影响，那么思想政治教育的研究可以拿到一手材料，进行针对性、预防性的思想政治教育。

三　重要会议分析

807 篇博士学位论文中 22 篇有重要会议的参考文献，占比 2.7%。重要会议参考数据 26 条，来自于心理、法制、新闻、专家论坛、文化、社科界年会等会议。这与思想政治教育学科的广泛性研究相对应。从会议参考文献的视角透视，博士生参加会议进行"以文会友"的活动较少，在读博过程中，正是博士生与专家学者思想交流的最好时机，既可以向各领域的专家学到专家们研究的视角、学习的态度，也可以与专家学者建立良好的学术交流，形成本领域的研究团队。以此为视角，建议思想政治教育博士培养过程中，加强会议交流，获得研究思想的流动，以促进思想政治教育研究的一体化，取长补短。

四　年鉴分析

807 篇博士学位论文中 16 篇有年鉴总库的参考文献，占比 2%。年鉴参考数据共 27 条，来自于上海交通大学年鉴、北京统计年鉴、博尔塔拉年鉴、国际统计年鉴、中国残疾人事业年鉴、中国法律发展报告、中国法律年鉴、中国教育经费统计年鉴、中国精神文明建设年鉴、中国民族统计、中国社会学年鉴、中国私营企业发展报告、中国思想政治工作年鉴、中国统计年鉴、中华人民共和国年鉴。虽然，年鉴数据在思想政治教育专业博士学位论文的研究中应用相对较少，但以此为视角，为思想政治教育研究人员提供文献的参考的另一个角度。

第五章

研究的结论与建议

本书通过对"参考文献"数据统计与分析研究，力求实现从"以小见大"到"以大见小"的转化。"以小见大"就是通过"参考文献"这一"小"的视角，总结分析思想政治教育专业博士学位论文写作中存在的诸多问题，探寻思想政治教育学专业在学科建设、人才培养、学术研究、学风建设、制度管理等方面存在的问题、原因及对策。"从大到小"就是在对思想政治教育专业学科建设等方面规律性认识的基础上提出合理化建议，用以指导思想政治教育专业人才培养。

第一节　结　论

本书以思想政治教育专业博士学位论文为研究对象，以博士学位论文题目、摘要、关键词等构成要素的描述性分析和参考文献的深入分析，来了解思想政治教育专业博士学位论文成果的概况，以此透视思想政治教育专业博士生培养的状况，继而试图为思想政治教育学科的发展提供一些建议。整个研究过程主要分为两个部分，第一部分是思想政治教育博士学位论文整体概况和"题目""摘要""关键词"等构成要素的分析，目的是了解思想政治教育专业博士学位论文十余年来的研究概况，从外看各种数量分布，从内看分析内容，即思想政治教育博士学位论文的研究在思想政治教育研究体系中的情况及特点。第二部分是以参考文献为计量单位，进行数据分析，一方面以此来了解使用参考文献的特性，另一方面使用分词、聚类、词频、可视化等方法对各种特征文献的摘要和关键词进行分析，以此了解思想政治教育专业博士学位论文研究领域及其与其他学科之间的关系，同时分析影响参考文献使用类型的影响因素。

一　思想政治教育专业博士学位论文参考文献的特性

（一）参考文献的时间特性

1. 参考文献出版年代分布状况。图书文献引用百分比占 5% 以上的年度为 2005 年，占 6.53%；2006 年，占 6.52%；2003 年，占 6.07%；2001 年，占 5.96%；2004 年，占 5.82%；2002 年，占 5.29%；总计占 36.2%，其他年度的图书参考文献，总体上随时间推移而越来越少。最早的图书参考文献年代是 1814 年，但只被参考 1 次。15 年之内的图书能满足研究者 50% 的使用需求。

期刊引用百分比最高的年度是 2009 年，占参考期刊文献的 9.41%；其次是 2007 年，占 9.15%；2010 年，占 9.02%；2008 年，占 8.96%。之后，随着年代的推移，引用的期刊文献呈线性递减。9 年之内的期刊能满足研究者 50% 的使用需求。

学位论文引用百分比最高的年度是 2008 年，占参考学位文献的 11.75%，2008 年之后和之前的学位论文的引用均呈现递减状态。5 年之内的学位论文能满足研究者 50% 的使用需求。

外文题录引用百分比最高的年度是 1997 年，占外文题录文献的 3.67%；其次是 1998 年，占 3.64%；2000 年，占 3.50%；1999 年，占 3.35%；1996 年，占 3.14%，这 4 年之前和之后的文献参考情况都出现递减。

2. 参考文献的新颖度。博士学位论文出版年与学位论文研究者参考的图书文献之间的 5—9 年的文献最多，占 29.01%；第二为 10—15 年，占 27.22%，其后被参考次数随年代推移而越来越少，呈现递减情况，与图书参考文献的出版年度分布结果一样。

博士学位论文出版年与期刊文献之间 0—4 年的文献最多，占 38.9%；第二为 5—9 年，占 37.0%，总计占比 75.9%，其后被参考次数随着年代推移而越来越少，呈现递减情况，与期刊参考文献的出版年度分布结果一样。

博士学位论文出版年与外文题录之间 19 年的文献最多，占 54.16%，与外文题录出版年代分布结果相一致，年代差最大的是 320 年。

3. 参考文献的老化速度。本书计算出图书文献的老化年限是 15.6 年，即 16 年前的图书文献被参考的机会降至 50% 以下。对应图书参考文

献新颖度分析结果，与博士学位论文作者使用距离博士学位论文发表年度
1—15 年图书文献占比 70.12% 的结果相呼应。

计算出期刊文献的老化年限是 9.06 年，即 9 年前的期刊文献被参考
的机会降至 50% 以下。对应期刊文献新颖度分析结果，与博士学位论文
作者使用距离博士学位论文发表年度 0—9 年期刊文献占比 75.9% 的结果
相呼应。

计算出学位论文文献的老化年限是 5.08 年，即 5 年前的学位论文文
献被参考的机会降至 50% 以下。计算出外文题录的老化年限是 17.294
年，即 17 年前的外文题录文献被参考的机会降至 50% 以下，与外文题录
新颖度的分析结果相一致。报纸的老化年限是 5.208 年，国际期刊的老化
年限是 13.064 年。

老化一般是文献因出版时间太久，而被使用的机会会随之减少，主要
原因是有些文献的内容不再新颖。这与思想政治教育学科具有应用性紧密
相关，意识形态是思想政治教育内容的一部分，思想政治教育要做好意识
形态的引领，要与时俱进。

老化年限相比较，外文题录（17.3 年）＞图书（15.6 年）＞国际期
刊（13.1 年）＞期刊（9.06 年）＞报纸（5.208 年）＞学位论文（5.1
年），可以看出最新颖的就是博士学位论文的参考文献，其次是报纸、期
刊、国际期刊、图书、外文题录。但是于思想政治教育学科的定位来讲，
思想政治教育学科要继承马克思主义学科的内涵，即要与时俱进，可是从
老化年限上来看，还存在着参考文献过于老、新颖度低的问题，文章的成
稿远远落后于现实实际，研究的新颖度存在不够新的问题，滞后于思想政
治教育实践发展。

（二）参考文献类型特性

参考文献的出版类型分别为图书（占 44.78%）、期刊（占
40.22%）、外文题录（占 9.67%）、学位论文（占 3.58%）、报纸（占
1.61%）、国际期刊（占 0.77%）、年鉴总库（占 0.02%）、重要会议
（占 0.02%）、国际会议（占 0.004%）。由此可知，思想政治教育博士学
位论文在进行研究时，是以图书和期刊两个类型的出版物为主，合起来的
比例为 85%。外文题录的引用位居第三。

（三）参考文献语言特性

外文题录的数据和国际期刊的数据均为英语，占到所有引用材料的

10.4%，从统计数据看出，思想政治教育博士学位论文的研究大量依靠中文文献，且国际期刊和外文题录的语言都是英语。

（四）高频参考文献的特性分析

1. 期刊的种类。涉及的排名前 10 位的期刊是，《思想政治教育导刊》《思想教育研究》《学校党建与思想教育》《思想理论教育》《思想政治教育研究》《马克思主义研究》《道德与文明》《教育研究》《求实》《哲学研究》。思想政治教育专业博士学位论文的期刊参考文献，来自于 4 个专辑 17 个专题，分别是教育综合、政治军事法律综合、教育理论与教育管理、高等教育、马克思主义、中国政治与国际政治、社会学及统计学、中国共产党、高等教育、伦理学、成人教育与特殊教育、思想政治教育、哲学、政党及群众组织等。这种分布符合思想政治教育学科的定位及思想政治教育学科的相关领域。总之，从期刊的选取上，都是在思想政治教育研究的范围内开展的。涉及的排名前 10 位的图书是，《邓小平文选》（1993、1994 年版）《现代思想政治教育学》《思想政治教育学原理》《马克思恩格斯选集》（1972、2001、2009 年版）《思想政治教育学前沿》《江泽民文选》《毛泽东选集》《正义论》《思想政治教育方法论》《思想政治教育有效性研究》，书籍的使用进一步表明思想政治教育以马克思主义理论与中国化的马克思主义理论为基础。

2. 除马克思主义经典作家和中央主要领导人外，有较大影响力的参考文献贡献者。在期刊类型文献中，被引用次数超过 50 的学者，分别为刘建军（134 次）、沈壮海（131 次）、鲁杰（118 次）、骆郁廷（114 次）、张耀灿（113 次）、郑永廷（107 次）、佘双好（101 次）、陈新汉（93 次）、侯惠勤（80 次）、万俊人（79 次）、张澍军（77 次）、邱柏生（74 次）、檀传宝（69 次）、杨晓慧（64 次）、陈秉公（64 次）、俞可平（61 次）、冯建军（57 次）、李德顺（57 次）、高国希（56 次）、刘书林（52 次）。由结果可知，思想政治教育学者占大多数，且年长者（大于 50 岁）居多，男性显著多于女性。在图书文献中，被引作者涉及面广的（涉及学校多）且每所学校都超过 10 名学生参考过的图书作者，分别为张耀灿、邱伟光、沈壮海、骆郁廷，结果呈现出思想政治教育领域的学术领军人物。

3. 最常被引用的文献。本书把被参考 8 次以上的期刊文献定义为高频参考文献，这种高频被引期刊文献共 80 篇，经过聚类分析，主要集中在思想政治教育的四个方面：第一方面是理论研究与问题认识方面；第二方面是文化基础与本质问题研究；第三方面是马克思主义实践与思想道德的发展；第四方面是社会主义核心价值体系的建设和社会认同的相关研究。在统计图书引用率的时候发现，马克思主义理论和思想政治教育基础图书利用率最高，如《思想政治教育学原理》的使用率为26.5%，《毛泽东选集》的使用率为18.09%，《列宁选集》的使用率为13.63%，《邓小平文选》的使用率为37.92%；《马克思恩格斯选集》的使用率为25.53%；《思想政治教育方法论》的使用率为17.22%。

（五）博士生的研究与导师的相关程度

807名博士生中，有293名博士生引用了自己导师的著作，涉及导师图书506本，占有图书参考文献的博士生的36.5%；参考数量从1本到8本不等，但分布最广的就是引用1本的，占57.7%，2本的占24.2%，3本的占10.9%，4本的占4.1%，5本的占2%，6、7、8本的均占0.3%，合计100%。而且导师著作在学生博士学位论文中的新颖度高于图书新颖度的平均值。807名博士生中，有270名博士生参考了导师发表的论文，共计660篇，其中包含博士生与导师合作的论文115篇。思想政治教育专业博士生导师与学生之间通过的文献相互交流的景象，可以表明思想政治教育博士生的研究领域研究较活跃，有利于调动博士生的研究热情，但同时也限制了固有研究的继承和深度研究。学科的发展，既需要横向的拓展，同时也需要纵深的发展。博士生的选题是在博士生导师的指导下进行，博士生导师是学科领域的学术带头人，与其博士生形成较稳固的学术团队，如果博士生在导师的研究课题基础上继续开展深度研究，那么将推进研究的纵深发展，但通过博士生参考导师著作的统计情况看，博士生在自己导师研究领域开展研究的数量较少，从学术团队建设角度看，有的没有形成利于知识纵深发展的研究团队。

（六）思想政治教育研究缺乏统一的获取渠道

从参考文献角度进行的思想政治教育博士学位论文的理论来源分析，思想政治教育领域的马克思主义经典作家和国家主要领导人著作如《毛泽东选集》《邓小平文选》《江泽民文选》《列宁全集》《马克思恩格斯全集》，理论基础著作如《思想政治教育学原理》等理论图书影响面较小，不利于博士生应用理论研究现实问题，缺乏理论基础指导的现实研究不利于问题本质的挖掘。

从共被引文献的视角分析，重合度较低，集中度低，规范度有待提高；博士生研究期间会议参加得少，参加学术会议，是一个领域内专家学者沟通思想的良好平台。今后多创办思想政治教育类高端研究会议，邀请思想政治教育界的专家学者参加，起到此领域传帮带的作用，增强知识的互动与融合，形成此领域没有地域限制的隐性学术团队，增加知识的运用与创新。

思想政治教育具有应用性学科的性质，在此定位上，及时掌握社会动态，多读党报，全面了解国家的政策，才能增强思想政治教育研究的时效性，发挥思想政治教育学科的功能。

二 思想政治教育专业博士学位论文主题的特性

经对思想政治教育博士点成立以来的到 2016 年度的 807 篇思想政治教育专业博士学位论文的题名、摘要、关键词进行主题统计分析，得出以下几点结论：

（一）有的研究缺乏对现实问题的回应

哲学社会科学研究的生命力在于解决现实问题，对于实践性较强的思想政治教育学科来讲，其研究成果的社会价值更能体现研究的内在价值。通过对题名、摘要、关键词的分词统计都显示了与社会现象紧密相连的问题没有得到力量相对集中的研究。思想政治教育是具有实践性与应用性的学科，要结合时代背景、地域背景、文化背景、历史背景，抓住舆情等方式体现出的思想变动情况，做好情况的统计收集，及时立足现有情况，在马克思主义理论和思想政治教育理论的指导下，开展有针对性的研究，提升思想政治教育研究成果回应重大社会现实问题的能力。

（二）部分博士生的马克思主义理论基础薄弱

研究的庞杂，表明思想政治教育学科的研究还没有形成长期稳定的学科研究方向，不利于学科的内涵建设，形成整个学科内的研究缺乏有深度、有影响、有建树的学术成果[1]。进一步加强思想政治教育专业博士生的马克思主义理论基础，培养透过现象看本质的能力，从零乱的现象中发

---

[1] 冯刚、郑永廷：《思想政治教育学科 30 年发展研究报告》，光明日报出版社 2014 年版，第 15 页。

现事物内部存在的必然联系，认清问题的演变过程，从客观事物存在和发展的规律出发，在实践中按照客观规律办事，推动思想政治教育学科建设从规模发展转向内涵式发展。

（三）研究力量分布不均衡

无论是从博士学位论文的内容分析，还是从参考文献的内容分析，其研究对象主要为大学生，可是思想政治教育学科涉及社会的各个层面和不同的群体。只要存在人的地方，就存在思想，就需要进行思想政治教育，提高思想政治素质和人的全面发展，都存在用科学的理论和精神引导和塑造人的问题。而现在，思想政治教育的研究绝大多数拘泥于高校，局限于大学生，这对我国思想政治教育研究来说，研究对象人群单一，不利于形成推动人民整体思想素质提升的理论动力，达不到思想政治教育全覆盖。

以上分析的三个视角显示出的问题，究其根源是思想政治教育博士生的研究缺乏思想政治教育体系的指导和思想政治教育研究的系统思考，使得思想政治教育领域的部分研究者对于思想政治教育研究的整体现状把握不清，没有形成稳固的研究链条，对于相同问题在不同环境不同时代表现出的不同状态缺乏本质的挖掘，使得研究表面化，造成研究的平面化，缺乏研究的深入。

三　思想政治教育专业博士生撰写学位论文的问题概述

本书试图从博士学位论文的参考文献和主题分析中发现的问题，挖掘出背后蕴含的思想政治教育专业博士生撰写学位论文存在的问题，分析如下。

（一）部分博士生存在理论基础知识相对薄弱的问题

1. 思想政治教育专业的学生有"在马研马，在马信马"的责任和义务。学习马克思主义理论要注重其整体性，切不可断章取义，而从参考文献视角看，在统计的 54 所学校中，有 5 所学校的博士生没有引用过《邓小平文选》，占学校数量的 9.3%；有 17 所学校的博士生没有引用过《江泽民文选》，占学校数量的 31.5%；有 16 所学校的博士生没有引用过《列宁全集》，占学校数量的 29.6%；有 6 所学校没有引用过《马克思恩格斯全集》，占学校数量的 11.1%；有 11 所学校没有引用过《毛泽东选集》，占学校数量的 20.4%。可见，在思想政治教育专业博士生的培养过程中，学科相关马克思主义经典作家和新中国各代领导人的著作使用率偏低。

2. 从 807 篇博士学位论文的研究主题角度看，文章之间的关系很稀疏，缺乏问题之间必然的联系，思想政治教育专业博士生在选题的过程中，在马克思主义理论的指导下，加强现实问题历史维度的思考，同时要清楚思想政治教育学科的发展历史，清楚自己研究的问题的"前身"，把握问题发展的脉络，促进研究内容的体系化构建，研究人员形成研究合力，利于研究的纵深发展，推进学科的内涵式发展。

（二）回应社会现实问题有待加强

1. 参考文献的使用年限、老化速度和新颖度等指标显示，807 篇博士学位论文参考文献的总体状况是与博士学位论文完成时间的间隔较长，思想政治教育学科是实践性较强的学科，在马克思主义理论学科体系中的突出特点也是应用性，应用性体现在面向现实生活中的实际问题而进行研究。以现实生活中的实际问题为依托，利用马克思主义的理论和观点解决实际问题，并能潜移默化地影响人民群众自觉应用马克思主义理论来处理问题，这是思想政治教育学的一个目标。当前信息时代的背景下，人民群众的思想意识受到很多因素的影响，且具有传播速度快的特点，要加强思想政治教育学的时效性的途径，就是关注社会现实问题，使马克思主义的理论和观点有力及时地回应社会现实问题，在人民群众中形成信服马克思主义的风气，继而自觉地应用马克思主义理论，成为坚定的马克思主义人。思想政治教育专业博士生一方面要以文献的方式关注了解社会现实问题；另一方面要接触社会，用自己的心和眼去观察问题，提高研究成果的社会应用价值。

2. 从 807 篇博士学位论文题目、关键词、摘要进行的主题分析显示，在思想政治教育研究相对"聚焦"的研究领域，较缺乏思想政治教育现实追踪研究。根据张雷声教授在《马克思主义理论学科体系建构与建设研究》中提到的思想政治教育学科研究领域大致分为思想政治教育基础理论研究、思想政治教育应用研究、思想政治教育历史研究、思想政治教育比较研究、思想政治教育现实追踪研究等，在现实追踪研究方面要有思想政治教育的专业眼光，要善于对现实生活中的思想政治现象进行观察，揭示思想政治教育的内涵。思想政治教育专业博士生要锻炼用专业目光发现现实问题的能力，增强回应社会问题的水平，以自己的研究成果影响人民群众的思想观念。

（三）信息素养能力有待提升

1. 信息检索能力的增强。807 篇博士学位论文参考文献的种类和数量的分布显示，其文献采用种类的数量存在很大差异，如国际期刊文献的使用率占 0.77%、年鉴总库文献的使用率占 0.02%、重要会议文献的使用率占 0.02%、国际会议文献的使用率占 0.004%。文献是学者进行研究获得相关材料的主要来源，为了体现思想政治教育学研究的活力和把握问题的全面性，要增加文献种类和广度，使研究具有全面性和整体性。

2. 外语能力的提升。意识形态教育是思想政治教育的重要内容之一，意识形态教育不是我国独属的教育，每个国家都重视符合自己国家政治观念的意识形态教育。思想政治教育专业的博士生既可以通过掌握国外的意识形态进展，及时了解国外思想动态，并从马克思主义的观点出发分析问题，找到其内涵，做好我国人民群众的思想引领，减少外国不良思潮的影响；又可以关注其他国家进行意识形态教育的教育方式，如载体、方法、形式等影响意识形态教育成效的因素，吸取国外先进的做法，为我们所用。习总书记多次强调要发展就要改革，就要开放，我们不仅要在经济方面加强开放，在思想政治研究方面，也要结合我国的实际，对其他国家思想政治教育方面的研究改良移植，以促进我国思想政治教育的研究。

（四）科研规范性有待提高

思想政治教育博士学位论文是思想政治教育研究领域学历教育最高的研究成果，在领域内有着较高的学术参考价值，在对 807 篇博士学位论文进行分析的过程中，包括数据的采集整理、主题的分析（关键词、摘要的分析）和参考文献的分析，发现存在一些不规范的地方。

1. 文章关键词的表述需要规范。在统计博士学位论文、高频被参考学位论文、高频被参考期刊论文的关键词词频时发现，词语的使用重合度低，但深度挖掘后发现，有很多近义词的使用，而规范的学术研究应该有规范的语言，以达到同样的事物用同样的表达，既有利于知识的研究、知识点的积累，也有利于学者以文献为途径的相互沟通，使本学科的发展更趋于规范化。

2. 参考文献的标注要执行《文后参考文献著录规则》（GB 7714—

87）。正如马克思所言，任何学科的科学化都应该与数学挂钩。与数学挂钩的基础是数据，数据分析的前提是数据的规范化，规范化的基础是数据格式的统一、数据的完整、数据的唯一，在对思想政治教育专业博士学位论文分析的过程中，整理数据发现每所学校，甚至每所学校的博士学位论文参考文献的格式都不一样，存在的格式问题主要有：格式方面包括全、半角符号的使用，空格的使用方面；内容方面包括提供的信息不一致，而使用计算机进行操作时只识别统一的数据。

数据和用语的不规范，将限制思想政治教育研究人员通过文献形式进行沟通交流，因为相同的意思不同的表达方式不仅造成研究人员无法高效科学沟通，而且在研究成果指导实践的过程中也将造成语义的障碍，作为科学化的发展，研究用语与数据都要有一定的规范化建设，以此促进学科的科学化进程。

四　思想政治教育专业博士培养的问题

博士学位论文既是博士生在求学阶段最终研究成果的体现，也是学校对博士生教育培养成效的转化，通过博士学位论文撰写过程中体现出的问题，试图还原博士培养相关的方面。

（一）需要凝练研究方向

1. 各种参考文献的使用率情况呈现出，参考文献的重合度非常低，期刊文献共引程度很低，仅为理论数量的0.001%，表明期刊参考文献之间关系的稀疏和思想政治教育学科体系的零散。每篇参考文献几乎是孤立的个体，且38696篇期刊文献仅被使用1次，占期刊参考文献的86.7%。表明思想政治教育专业博士生研究的多元。

2. 基于文章题名、关键词、摘要进行的主题分析，没有形成以研究方向为指导的分类研究，即807篇思想政治教育专业博士学位论文研究在一定程度上没有呈现出围绕学科方向的研究体系。

（二）课程体系有待进一步完善

1. 参考文献中经典著作使用的情况，反映部分学生马克思主义理论的薄弱，反映出在思想政治教育专业博士教育过程中关于马克思主义理论相关课程的开设有待完善。

2. 807篇博士学位论文整体研究回应社会现实问题有待加强的情况，反映出学校对于时事政治和社会现实问题的课程设置有待加强。

3. 拓宽思想政治教育专业博士生的学术交流途径。从 807 篇思想政治教育博士学位论文参考文献类型看，重要会议文献的使用率占 0.02%、国际会议文献的使用率占 0.004%，体现着学术交流平台的不完善。

（三）博士生导师要加强对博士生的指导

加强思想政治教育研究方向和前沿性问题的把握与引领。从参考文献的老化和新颖度视角，呈现出研究材料的相对陈旧，博士生导师在指导过程中，加强前沿问题的分析与指导，促使思想政治教育专业博士生的研究成果跟上时代的步伐。

1. 注重科研团队的建立。分析的数据中，807 名博士生中只有 270 名参考了自己导师的期刊文章，占比 33.5%；293 名博士生参考了自己导师的著作，占比 36.3%。数据显示，思想政治教育专业博士学位论文与导师的研究关联性较低，不利于学术团队的构建。

2. 个别导师成果的影响力有待提升。807 篇思想政治教育专业博士学位论文有 60406 项著作参考文献，其中 807 名博士生的导师著作为 3742 项，导师著作的贡献率为 6.2%，而且大部分导师的著作涉及的学校数量少，著作被参考的比例较低，807 篇博士学位论文的 244 名导师中，有 33 名导师的著作只在一所学校有影响，即只被这一所学校的思想政治教育专业博士生参考。

五　思想政治教育学科建设的问题

本书试图从博士生论文文本数据反映出的问题追踪到学科发展存在的一些问题，具体如下所述。

（一）学术成果的影响力有待进一步提升

1. 需提高学术成果的影响力和贡献力。通过 807 篇思想政治教育专业博士学位论文的参考文献数据的分析，有著作类文献 60406 项，涉及 23698 本著作，其中，15361 本著作只被一名博士生参考，占所有著作总量的 64.8%；有期刊类文献 54249 项，涉及 44630 篇期刊文献，其中，38696 篇期刊文献只被一名博士生参考，占所有期刊文献总量的 86.7%，表明思想政治教育领域相关的著作和期刊类文献对学科的贡献率较低。截止到本书的统计日期，807 篇被分析的博士学位论文被引用的为 629 篇，但引用率在 1% 以下的占 94.1%，表明思想政治教育专业博士学位论文整体贡献力较低。

2. 完善思想政治教育学者交流传播的平台。通过 807 篇博士学位论文包含的期刊文献的期刊分布，数字呈现超过一半的思想政治教育研究相关的期刊文章散落在非思想政治教育学科杂志和思想政治教育专栏，期刊作为学者沟通学术思想的重要途径，在思想政治教育学研究领域显得并不规范与畅通，不利于学术思想的沟通。会议参考文献的低使用率也反映出学术沟通平台还不完善。

3. 加强对外学术交流。807 篇博士学位论文的参考文献的类型上，其国际期刊文献、国际会议文献分别占比 0.8%、0.004%，从这一视角反映着思想政治教育学科对外学术交流方面有待提升。从其论文主题分析的视角，体现着对外比较研究领域的论文偏少。一方面，不利于思想政治教育领域学者具有开阔的国际视野；另一方面，不利于我国主流意识形态影响世界，传递中国声音。

（二）高层次人才队伍结构有待优化

1. 年龄、性别方面有待优化。807 篇博士学位论文的参考文献数据呈现：思想政治教育领域的高贡献力学者没有形成合理的年龄梯队格局，40 岁以下的高贡献力思想政治教育学者仅占 13%，而高贡献力学者中 60% 的年龄超过 50 岁。高贡献力的思想政治教育学者中，男女比例大约为 17:3，男女性别比例的差距较大，不利于发挥女性学者的科研优势。

2. 博士点的建设有待优化。思想政治教育领域高贡献力的学者主要集中在武汉大学、南京师范大学、中国人民大学、北京大学、复旦大学、华东师范大学、华中师范大学、中国社会科学院、中央党校、北京师范大学、东北师范大学、吉林大学、西南大学、中南大学这 14 所高校，从国家全局出发，高贡献力学者分布的不均衡不利于学科的整体发展。

（三）需加强学术资源共享

CNKI 数据平台是我国科研人员获得文献的主要来源平台，本书的研究数据来自于 CNKI 期刊网，共涉及 54 所学校，而截止到 2013 年，我国通过十二次学位授权审核，全国总计共有 75 个思想政治教育学科博士点，如表 131 所示。

表 131　　　　　　　　　　　　思想政治教育的博士点

序号	学校名称	审批年份	序号	学校名称	审批年份	序号	学校名称	审批年份
1	武汉大学	1996	26	陕西师范大学	2003	51	湖北大学	2006
2	中国人民大学	1996	27	吉林大学	2003	52	湖南大学	2006
3	清华大学	1996	28	中共中央党校	2003	53	中南大学	2006
4	东北师范大学	1998	29	北京交通大学	2006	54	湖南师范大学	2006
5	中山大学	1998	30	北京科技大学	2006	55	广西师范大学	2006
6	南京师范大学	1998	31	河北大学	2006	56	西南大学	2006
7	北京师范大学	2000	32	辽宁大学	2006	57	西南交通大学	2006
8	浙江大学	2000	33	大连理工大学	2006	58	电子科技大学	2006
9	南京政治学院	2000	34	哈尔滨理工大学	2006	59	西南财经大学	2006
10	华南师范大学	2000	35	哈尔滨工程大学	2006	60	云南大学	2006
11	北京大学	2000	36	东北林业大学	2006	61	西安理工大学	2006
12	华中师范大学	2000	37	同济大学	2006	62	西安科技大学	2006
13	复旦大学	2000	38	上海大学	2006	63	西北师范大学	2006
14	南开大学	2003	39	苏州大学	2006	64	海军大连舰艇学院	2006
15	山东大学	2003	40	东南大学	2006	65	西安政治学院	2006
16	南京大学	2003	41	南京理工大学	2006	66	中国政法大学	2010
17	西安交通大学	2003	42	中国矿业大学	2006	67	山西大学	2010
18	辽宁师范大学	2003	43	河海大学	2006	68	兰州大学	2010
19	哈尔滨师范大学	2003	44	西北工业大学	2006	69	中国社会科学院研究生院	2010
20	首都师范大学	2003	45	安徽师范大学	2006	70	国防科技大学	2010
21	天津师范大学	2003	46	南昌大学	2006	71	上海财经大学	2010
22	河北师范大学	2003	47	江西师范大学	2006	72	湖南科技大学	2013
23	山东师范大学	2003	48	郑州大学	2006	73	贵州师范大学	2013
24	华东师范大学	2003	49	中国地质大学	2006	74	新疆师范大学	2013
25	福建师范大学	2003	50	武汉理工大学	2006	75	海南师范大学	2013

经过与本书中涉及的 52 所学校比较后，缺少 23 所学校的数据，详情见表 132。

表132　　　　　　　　　　　**缺少的博士点数据**

序号	学校名称	审批年份	统计中是否有	序号	学校名称	审批年份	统计中是否有
1	中国人民大学	1996	无	13	海军大连舰艇学院	2006	无
2	清华大学	1996	无	14	西安政治学院	2006	无
3	北京师范大学	2000	无	15	中国政法大学	2010	无
4	南京政治学院	2000	无	16	山西大学	2010	无
5	华南师范大学	2000	无	17	中国社会科学院研究生院	2010	无
6	北京大学	2000	无	18	国防科技大学	2010	无
7	南京大学	2003	无	19	上海财经大学	2010	无
8	西安交通大学	2003	无	20	湖南科技大学	2013	无
9	天津师范大学	2003	无	21	贵州师范大学	2013	无
10	同济大学	2006	无	22	新疆师范大学	2013	无
11	河海大学	2006	无	23	海南师范大学	2013	无
12	湖北大学	2006	无				

原因分析：中国社会科学院研究生院、山西大学、上海财经大学、南京大学、湖南科技大学5个一级学科博士点不招收思想政治教育专业博士研究生。[①] 南京政治学院因涉密未提供相关信息。其他17所学校未提供博士学位论文的原因未知（见表133）。

表133　　　CNKI中缺少17所学校思想政治教育专业博士学位论文数据

序号	学校名称	审批年份	统计中是否有	序号	学校名称	审批年份	统计中是否有
1	中国人民大学	1996	无	10	湖北大学	2006	无
2	清华大学	1996	无	11	海军大连舰艇学院	2006	无
3	北京师范大学	2000	无	12	西安政治学院	2006	无
4	华南师范大学	2000	无	13	中国政法大学	2010	无
5	北京大学	2000	无	14	国防科技大学	2010	无
6	西安交通大学	2003	无	15	贵州师范大学	2013	无
7	天津师范大学	2003	无	16	新疆师范大学	2013	无
8	同济大学	2006	无	17	海南师范大学	2013	无
9	河海大学	2006	无				

---

①　沈壮海：《思想政治教育发展报告2014/2015》，高等教育出版社2016年版，第12页。

参照由高等教育出版社出版，沈壮海教授 2016 年主编的《思想政治教育发展报告 2014/2015》的调研数据。在这 17 所学校中，有 4 所学校没有参加调研，分别为同济大学、海军大连舰艇学院、西安政治学院和国防科技大学。

我们统计的 54 所学校的数据中，7 所学校没有在《思想政治教育发展报告 2014/2015》的调研中，分别为电子科技大学、河北师范大学、湖南师范大学、华东师范大学、南京理工大学、陕西师范大学、中共中央党校。

以上的统计说明，思想政治教育学科建设过程中，对于相关资料和数据的收集没有统一的途径，不利于博士研究生了解本专业的整体发展概况。在当今信息化背景下，"分享"思想的畅行，在科学研究领域，应加快研究信息的有效沟通交流，提升国家相关学科的整体水平的提高。

（四）思想政治教育学科需加强与相关领域之间的学术交流

本书以参考文献为分析视角，目的是探讨思想政治教育研究的学术知识交流状况，并不是要找出此领域研究的首席研究者或做价值的评判，故在作者和文献参考量等的排名上，本书的解释意义是对思想政治教育领域研究，具备引起研究影响的排序。下面是本书分析思想政治教育研究领域学术交流状况的结论。

1. 从各种参考文献的参考率说明结论。从参考文献的分类看，参考文献主要集中在图书和期刊类，而在每类中，高频被参考文献的引用率并不高，尤其是一些经典著作的引用，还存在偏低的现象。

2. 从期刊论文共引文分析情况。目的是从参考文献的集群现象中，看出思想政治教育理论对思想政治教育问题的解答，发现其知识架构和研究范式。可是，在进行期刊文献共现分析时，只有 12 篇论文，具有共引文现象，无法利用这种集群分析的办法，一方面说明思想政治教育博士学位论文参考的期刊论文知识较分散，没有形成类；另一方面说明期刊论文的传播广度较低，没有建立应有的期刊论文间的对话体系。

第二节　建议

博士学位论文写作、博士生培养、学科之间的关系密不可分，学科特点决定着博士培养的目标，博士培养目标决定着博士培养过程，培养过程的学术成效直接由博士学位论文体现。本书的研究切入点是基于参考文献和主题分析的思想政治教育专业博士学位论文的分析，以此追踪到思想政治教育专业博士培养、思想政治教育学科中相关的因素，本节依据思想政治教育专业博士学位论文、思想政治教育专业博士培养、思想政治教育学科，研究范围从小到大发现的问题，尝试从思想政治教育学科、思想政治教育专业博士培养、思想政治教育专业博士学位论文这三个由大到小的层次，提一些有关三方面的建议，具体如下。

一　思想政治教育学科建设方面

（一）加强马克思主义理论对思想政治教育研究的理论指导，夯实学科理论基础

思想政治教育是马克思主义理论学科体系下的二级学科，马克思主义理论和中国化马克思主义理论是思想政治教育学科坚实的理论基础，作为具有阶级性、实践性的学科，为保障研究的科学性，必须坚持马克思主义理论和中国化马克思主义理论的指导，提高马克思主义理论和中国化马克思主义理论图书的引用。

（二）凝练学科的研究方向

学科的建设规律是现有整体的把握与建设，在整体框架清晰完善的基础上，深化分支学科的完善与深化，并理顺分支之间的逻辑关系。思想政治教育学科是马克思主义理论一级学科下的一个二级学科，思想政治教育学科的建设要在马克思主义理论学科的整体框架内进行，思想政治教育学科的发展要依托马克思主义理论学科，注重思想政治教育学科与马克思主义理论学科其他 5 个学科的交叉与融合，促进马克思主义理论学科的整体发展，以整体促部分，在马克思主义理论学科的发展下，带动思想政治教育等 7 个二级学科的协调发展，7 个二级学科的发展提升推动马克思主义理论学科的繁荣。

根据研究领域的不同，思想政治教育学科具有不同的研究方向，围绕着思想政治教育学科发展整体性的前提，各个方向的研究不断深化，研究方向之间存在内在的逻辑体系，使思想政治教育研究系统化、科学化、纵深化。现阶段的分支学科包括：思想政治教育原理、思想政治教育方法论、思想政治教育发展史、比较思想政治教育、思想政治教育心理学、网

络思想政治教育等。① 在不断深化和扩展思想政治教育各分支学科建设的基础上，不断推进思想政治教育学科的整体发展。在凝练学科研究方向的基础上，创新课程体系，既要加强本学科纵向课程体系的科学化、合理化、贯通性，也要加强横向与其他学科的融合，如政治、心理、哲学、教育，在开设通识教育、选修教育的同时，充分利用网络化的教学平台，拓宽思想政治教育研究者的视野。请业内的专业学者，从不同的视角拍摄专题教育纪录片，达到活跃思想政治教育研究者的视野、思路的效果。

除了具有坚实的马克思主义基本理论的扎实基础外，还需具有关注民生、关注祖国命运的情怀，只有把思想政治教育融入现实生活中，且把这种教育与国家的前途命运置于系统中去考虑，才可使整个思想政治教育研究系统充满生机，出现繁荣的状态。在当今全球化的时代背景下，我国受到来自全球的多元化价值观的影响与冲击，如何在坚定新时代中国特色社会主义思想内容的基础上，以开放的心态、批判的思维接受多元化价值观的影响，成为我们每个思想政治教育研究者迫在眉睫的研究内容。

进行思想政治教育研究，要杜绝浮躁的心态，我们研究的步调既要对历史的进程了如指掌，增加研究问题的历史维度，也要随时掌握新发生的变化情况，我们充分利用学术团队的合作与协作精神，做到研究纵向有继承，横向有补充，加速我们发现规律，完善全球一体化背景下，思想政治教育工作的理论创新。所以思想研究是系统化过程，无论是从国家角度还是从个人角度，系统将意味着全面深刻，思想政治教育研究者将其视为世代相继承的学问，在这一过程中戒骄戒躁，踏实地抓住本质的研究。

（三）增强研究问题的历史维度

思想政治教育学具有很强的意识形态性，因此，研究思想政治教育问题，就必须与历史发展的一定阶段相联系，既要看到不同历史阶段出现的思想政治教育研究情况，又要分析形成思想政治教育研究情况的政治的、经济的、历史的和社会的原因。

德国的唯物史观是以一定历史时期的物质经济生活条件来说明一起历

---

① 冯刚、郑永廷：《思想政治教育学科 30 年发展研究报告》，光明日报出版社 2014 年版，第 15 页。

史事变和观念、一切政治的、哲学和宗教的。① 及时发现观念的转变，而观念的转变与社会物质水平高度相关，恩格斯说过："一个新的纲领毕竟总是一面公开树立起来的旗帜，而外界就根据它来判断这个党。"②

（四）以更广阔的视野开展思想政治教育学研究

思想政治教育学科的定位是对人民群众进行广泛的教育，最终使人民群众能够用马克思主义理论武装头脑，并能自觉运用马克思主义理论指导实践工作，坚定理想信念。随着时间的推移和社会的进步，教育的内容、途径、环境等重要因素都应与时俱进地发展，这对思想政治教育学的研究提出了更高的要求。

习近平提出，理论的生命力在于创新③，并明确指出，哲学社会科学创新的增长点："哲学社会科学创新可大可小，揭示一条规律是创新，提出一种学说是创新，阐明一个道理是创新，创造一种解决问题的办法也是创新。"④ 譬如：从解决问题的创新办法视角看，现阶段，数据科学发展的基础上，社会计算相关知识取得很大进步，促使基于思想政治教育内容、途径、载体等关键因素的演变而透视出思想政治教育研究的发展趋势成为可能，思想政治教育学科是为统治阶级服务的，具有意识形态性属性，从量化客观角度分析思想政治教育学研究走向，以此分析出与国家意识形态导向的匹配度，及时为思想政治教育学科的发展把脉，发挥思想政治教育学科的作用。基于数据科学的进步，社会网络概念可以引入思想政治教育研究领域，思想政治教育的对象是人，而人都从属于某个社交网络，从进行思想政治教育学研究的对象视角出发，可以根据人与人之间的交往来确定划分相关交往网络，以社交网络为单位来开展思想政治教育研究。同时，可以分析出社交网络的中心人物，通过分析中心人物的思想动态，就可掌握此社交网络的动态，中心人物的思想意识会通过社交，潜移默化地影响社交网络其他人员的思想意识。人们所构建的社会网络在选举活动期间往往会强化他们的政治倾向，而且，这些同样的社会网络还可以为人们提供源源不断的政治信息，对接受者而言，其中有些信息是不正确

---

① 《马克思恩格斯选集》第2卷，人民出版社2012年版，第259页。

② 《马克思恩格斯文集》第3卷，人民出版社2009年版，第415页。

③ 《习近平谈治国理政》第二卷，外文出版社2017年版，第342页。

④ 《习近平谈治国理政》第二卷，外文出版社2017年版，第342页。

的，也有可能会被误解。① 开展思想政治教育研究和实践工作，需要注重社交网络和社会背景，层级抓住社交网络的中心人物，使思想政治教育的研究和实践工作更有针对性，具体的实施办法与方案需要研究人员在理论基础之上进行学理性的分析。

创新思想政治教育学科，一方面，从学科自身的研究入手进行创新；另一方面，关注其他学科乃至实践的创新，对接思想政治教育学科的特点，进行知识的"移植"，这种"移植"注重知识点的匹配度和适应度，以及其在思想政治教育学科中发挥作用的可持续性和可扩展性的增长点，这就如同医学上的器官移植，在外界指标都匹配的前提下，还要关注器官的排异反应和后续发挥功能作用的程度，及时关注，及时矫正，促进在新的活体中积极发挥器官的作用。总之，思想政治教育学科的研究需要在更广阔的视野进行。

（五）加强思想政治教育研究的系统性和连续性

思想政治教育研究的来源是思想政治教育的实践，最终要指导思想政治教育实践。个人是进行思想政治教育的最小个体，从纵向分析，每个人都经历婴幼儿、儿童、少年、青年和老年的年龄阶段，而思想的形成不是一朝一夕的事情，现阶段，我国进行思想政治教育研究的主体对象聚焦在大学生这个群体，而大学生的思想的形成是由儿童、少年时期发展演变而来的，思想政治教育成果的有效性取决于思想政治教育的针对性，从个人角度讲，不应该把对人的思想政治教育实践和研究工作只聚焦于大学生这一个阶段，还应该注重系统化的教育研究和实践，前有幼儿教育、小学教育、初中教育，后有研究生教育、成人继续教育等教育阶段，每个阶段根据人的发展规律有不同的认知，不同阶段采取不同的有效的思想政治教育内容和方式，可以使人这个最小的受教单位一生中都得到正确的思想引领，使人民群众自觉地贯彻党中央制定的理论和路线方针政策。从横向分析，每个人都从属于一个家庭，家庭是人最初的社会组织，且是一生都涉及的组织，那么家庭隐含的思想政治教育的价值是无限的，正所谓"天下之本在家"②。家庭教育涉及很多方面，但最重要的是品德教育，是如

---

① ［美］安东尼·奥罗姆：《政治社会学导论》，上海人民出版社2014年版，第211—212页。

② （东汉）荀悦：《申鉴·政体》。

何做人的教育①。品德教育是思想政治教育的组成部分，家庭教育的主要施教者是家庭的长者，而不同家庭的成员受教育背景、成长背景、时代背景等因素的影响，具有不同的道德水平，家庭的品德教育开展得深入到位，且做到润物细无声的教育状态，需要党中央根据国家发展的战略方针制定家庭人员应具备素质的价值导向，并通过不同家庭的互相帮扶达成家庭教育的协调发展、共同发展，充分发挥每个家庭的社会功能，且牢记"积善之家，必有余庆；积不善之家，必有余殃"②。作为思想政治教育的研究者，积极探索并营造注重家庭、注重家教、注重家风的良好社会主义家庭新风尚，多元载体协调推进思想政治教育的研究与实践，使国家意志成为家庭意志，家庭意志成为每个家庭成员的意志。

（六）注重思想政治教育实施主体与被施客体的分类研究

一切的研究都源于实践，在思想政治教育实践过程中，没有绝对的思想政治教育的施教者与受教者，两者是相对且可以相互转化的，思想政治教育的目标是把人民群众的思想统一到党中央的认知上来，使人民群众的思想、意志与行动与党中央保持高度一致。每个人既是独立的个体，又都从属于社会的某一组织，作为个人，我们每一个人都要接受思想政治教育，用马克思主义理论武装头脑，自觉地运用马克思主义理论分析实践中遇到的问题，坚定马克思主义信念。但作为个人，每个人受教育背景、成长背景、环境背景等因素的影响，具有不同的接受和理解能力，基于这种现实情况，思想政治教育学的研究者，在充分考虑对被施教者具有影响的背景因素的基础上，划分被施教者的类型，研究对施教者进行思想政治教育的内容、方式，提高教育的有效性和针对性，既能充分利用有限的教育资源，又能使教育效果最大化。对于施教者，面对不同的受教者，采取不同的教育内容、教育方法、教育手段等与教育相关的关键项，对受教者认知层次的划分，可以反过来影响对施教者的研究，包括施教者应具备的知识背景、工作背景等对施教有影响的因素，最终达到施教者、受教者双方在提升受教者政治思想意识最大的匹配度。

在思想政治教育实施主客体研究过程中，还要注重事情的发展性，每个人在受教施教的过程中，都会发生主观性的改变，这也是教育效果的体

---

① 《习近平谈治国理政》第二卷，外文出版社 2017 年版，第 354 页。

② 詹石窗《应用国学》，人民出版社 2020 年版，第 448 页。

现，是一个动态的过程，那么对于施教、受教方的影响因素、教育内容、教育途径、教育方式等也要进行跟进式的研究，跟上主客体的思想意识的转变，针对个人，其思想意识的转变过程是一个系统性的工程，既要注重思想政治教育的连续性，也要关注思想政治教育的阶段性，使思想政治教育贯穿每个人的一生，加强这方面的科学研究，针对个人的思想政治教育系统研究。针对思想政治教育的途径、载体、渠道等教育的方式形成多元化的互补式的教育，使思想政治教育无处不在，而受教育者既能感受到有形的思想政治教育形式，又能在"无感知"的状态下自然地接受思想政治教育，形成人人都拥护党的领导、能用马克思主义理论解决实际问题的良好的社会状态。需要对思想政治教育体系的构建提出新的目标，而这一体系是协调性、互相促进的发展，任何事情都不是孤立存在的，体系内的因素会互相制约、互相促进，协调好思想政治教育体系内因素，减少短板现象，做到协调性的发展，达到互赢的状态。

（七）丰富思想政治教育学的研究对象

只有全党思想和意志统一了，才能统一全国各族人民思想和意志。[①]在不同发展水平上，在不同历史时期，不同思想认识的人，不同阶层的人，对社会公平正义的认识和诉求也会不同。[②] 我们党的宗旨是全心全意为人民服务，而思想政治教育的宗旨是以人为对象，使人民群众的思想、意志和行动统一到党中央的决定中来。思想政治教育的研究工作是为了指导思想政治教育的实践工作，思想政治教育工作的实践是直接接触人民群众的，这是一个双向互动的过程，一方面，可以对人民群众做思想政治教育工作；另一方面，可以直接了解人民群众的思想状态，习近平同志在中共十八届三中全会第二次全体会议上的讲话中提到，在全面深化改革进程中，遇到关系复杂、难以权衡的利益问题，要认真想一想群众实际情况究竟怎样？群众到底在期待什么？群众利益如何保障？群众对我们的改革是否满意？提高改革决策的科学性，很重要的一条就是要广泛听取群众意见和建议，及时总结群众创造的新鲜经验，充分调动群众推进改革的积极性、主动性、创造性，把最广大人民的智慧和力量凝聚到改革上来，同人

---

① 《习近平谈治国理政》第一卷，外文出版社 2018 年版，第 90 页。
② 《习近平谈治国理政》第一卷，外文出版社 2018 年版，第 96 页。

民一道把改革推向前进。① 思想政治教育工作具备与群众紧密联系的特性，充分发挥思想政治教育工作的这一特性，为党的决策提供第一手来自于人民群众思想的真实的情况。现阶段，思想政治教育专业博士学位论文的研究对象多集中在大学生，而大学生只是人民群众中的一个群体，如果按照人民群众群体的政治属性，可以分为共产党员和党外人士；如果按照职业特点，可以分为知识分子、军队、农民和工人……按照不同的关键项区分，会有多种人民群众群体的划分方法。不同的身份，其教育背景、工作背景等对人的思想有所影响的关键性因素将有所不同，那么思想政治教育的研究和实践工作，要在考虑这些关键性影响因素的基础之上，针对不同的对象，开展有其针对性的思想政治教育研究和实践工作，无论是思想政治教育的内容、环境载体的构建、教育的方法、教育的成效等思想政治教育的研究和实践工作的关键项都将有所不同，基于不同人群的不同认知，构建具有成效的思想政治教育研究和实践体系，使得思想政治教育研究和实践工作都具有群众性、时效性和成效性。

（八）提升思想政治教育研究者的业务素养

要想把思想政治教育学研究做得科学合理化，必须掌握马克思主义理论这个系统化的体系，以及它的 6 个学科之间的内在逻辑关系，找准思想政治教育学科在马克思主义理论体系中的位置，找准定位，更好地开展思想政治教育研究与实践。

坚持马克思主义理论的整体性，在思想政治教育学科上的落脚点，是把思想政治教育学科置于马克思主义理论一级学科整体定位与特点之中，去建设与完善思想政治教育学科的定义、功能、价值等理论建设。思想政治教育学科是马克思主义理论学科的落脚点与归宿，这是由马克思主义一级学科体系的内在要求决定的，也是由思想政治教育学科的内在本质决定的。② 与马克思主义理论学科的其他 6 个二级学科相比，思想政治教育学科更突出其教育维度。马克思主义理论学科的整体性正体现在多维研究的特点，使其全面化、系统化，杜绝片面化、单一化。马克思主义理论学科的 7 个二级学科中，马克思主义基本原理学科是其他 6 个二级学科的理论

基础，其他 6 个二级学科是马克思主义基本理论知识与具体领域相结合开展的研究，以此找到马克思主义基本原理学科研究和建设的趋向。

加强外文文献的阅读与知识的汲取，面对世界范围内各种思想文化交流交融交锋更加频繁，国际思想文化领域斗争深刻复杂，人们思想、行为的独立性、选择性、多样性明显增强等现实状况，① 思想政治教育研究要满足矛盾凸显期的社会需求，立足思想政治教育研究的本质和功能定位，加强对各国开展思想政治教育相关的文献进行及时地掌握与消化，把好的研究、好的方法消化为己所用，推动思想政治教育领域的国际化的接轨，做到"知己知彼，百战不殆"。

既要提高对世界思想政治教育、公民教育的概况了解，吸取与消化精华，为我所用，又要做到在世界各种思潮的交融与交锋中，有中国的发声。

作为思想政治教育的研究人员，既要具备扎实的马克思主义基本理论的基础知识，又要及时更新知识，不断优化自己的知识结构，不断提高与时代发展和事业要求相适应的素质和能力。

（九）形成百家争鸣的学术氛围

思想政治教育是一门党性很强的学科，要为党的事业服务，它是一门学科，就要通过不断完善自身的理论体系，来完成服务党的事业的目标。要创新理论，必须有良好的学术交流与争鸣的氛围，促进研究者之间思想的交流，促进学术流派的形成，造就百花齐放的景象。不仅在文献这个平台通过创办和培育高质量的学科期刊和专栏节目，还要通过举办专业国内和国际会议的渠道，创造学者们思想交锋的平台，为促进学科交流发展提供良好的平台。

（十）加强思想政治教育学研究的理论思维，创新思想政治教育学的研究

哲学社会科学创新可大可小，揭示一条规律是创新，提出一种学说是创新，阐明一个道理是创新，创造一种解决问题的办法也是创新。② 而研究和创新都始于实践中的问题，要想理论创新，一定要关注实际问题，

---

① 冯刚、郑永廷：《思想政治教育学科 30 年发展研究报告》，光明日报出版社 2014 年版，前言第 2 页。

② 《习近平谈治国理政》第二卷，外文出版社 2017 年版，第 342 页。

"问题就是时代的口号，是它表现自己精神状态的最实际的呼声"①。思想政治教育学的研究对象和实践工作的对象都是人，人的思想随着时代背景的变化而变化，无论是做思想政治教育研究工作还是实践工作，都必须深入到群众中，从群众中得到第一手准确的群众思想动态材料，并在理论基础支撑之上，结合时代背景、经济背景、教育背景等因素，对实际问题作出抽象概括，并在已有的理论框架之下进行分析并推进已有理论框架的创新，完成理论创新，以此更好地指导实践工作。当代中国的伟大社会变革，不是简单延续我国历史文化的母版，不是简单套用马克思主义经典作家设想的模板，不是其他国家社会主义实践的再版，也不是国外现代化发展的翻版，不可能找到现成的教科书。② 现今我国正处在经济改革的深水区，经济基础决定上层建筑，且影响着与上层建筑息息相关的意识形态领域，作为思想政治教育的研究人员和实践工作人员，要全面深入到人民群众之中，且抓住不同领域人民群众中突出的实际问题和切实关系到人民群众利益的问题，及时掌握人民群众的思想、意志和行动的概况，进行适合我国现阶段实际情况的思想政治教育研究工作，使研究具有时效性，符合思想政治教育学的学科定位，精准指导思想政治教育的实践工作。

二 思想政治教育专业博士培养方面

（一）课程体系设置方面

1. 建立思想政治教育专业博士生核心课程包。在博士生导师的指导下，虽然每名博士生结合自己的专业特长有自己的研究方向，阅读的图书不尽相同，但思想政治教育专业博士生的根本属性是思想政治教育专业，决定了每名博士生在马克思主义理论的指导下开展研究。

2. 以选修课的形式拓宽课程体系的广度与力度。如前所述，思想政治教育学与教育学、心理学、政治学等学科有不可分割的关系，从爬楼的角度，这是增加思想政治教育这座大楼的宽度，也可说是雄伟度。进行思想政治教育，要做到有的放矢，"矢"就是思想政治教育研究与实践工作，而"的"就是思想政治教育的对象，要想用好"矢"，就要充分了解"的"。那么，思想政治教育的对象是人，要想有功效地进行思想政治教

---

① 《马克思恩格斯全集》第40卷，人民出版社1982年版，第289—290页。
② 《习近平谈治国理政》第二卷，外文出版社2017年版，第344页。

育，就要充分地了解人，而人的研究分为心理、行动等方面，那么从心理的角度讲，为了提高思想政治教育理论与实践工作的成效，就要掌握教育对象的心理状态，教育对象或是单独的人，或是某一特定群体，在这种情况下，我们首先要掌握教育对象的整体心理状态，这就需要在心理学的理论基础之上，利用心理学研究的方法，熟知研究对象的心理特点，在这种背景下，才可能有针对性地开展思想政治教育工作，把思想政治教育工作做活。测量与统计是心理学重要的研究办法，现阶段的思想政治教育比较偏重于在经验基础上进行定性分析，而较少采用定量分析的方法，这是不利于思想政治教育发展的，[①] 那么在思想政治教育培养的本科、硕士、博士阶段，应该加入研究方法这门课程，使思想政治教育培养的人才的初始阶段就会受到科学化的训练。当然，思想政治教育学属于社会科学研究，很多指标不会像数学等理科专业那样任何指标都可以被准确地量化，而且几乎不受背景因素（社会背景、时代背景、地域背景等）的影响，所以，思想政治教育的研究要在定性与定量结合的基础上开展，任何研究都是为了解决实际问题而进行的，所以结合实际需要，既不深化量化方法，也不排斥方法的多元性，目标是增强研究的科学性。

思想政治教育学科在马克思主义理论学科中，基本属性是教育，既然是教育，那么教育学的理论及研究方法均适用于思想政治教育。2017 年 1 月14 日，14 所大学的教育科学学院院（部）长，30 多家教育杂志主编聚首华东师范大学，共商加快教育研究发展、提高教育研究质量之策，大家一致认为，提升中国教育研究的质量和影响力，必须加强实证研究，促进研究范式转型（靳晓燕，2017）。我国思想政治教育现阶段大多数论文停留在主观性的思辨和应然性的畅想，所以论文出现平面化现象，如果想让学术研究有科学的积累增长，并科学地发展，必然要与实证相联系，因为实证的本质是一切研究基于事实和证据之上。而科学研究的目的在于构建理论，即发现真理并总结规律，这种规律不受人的意志的影响，完全是客观事物总体体现出的规律，科学研究具有三个根本功能：一是揭露客观事实；二是揭露客观事物之间的相互关系；三是基于客观事物的事实、客观事物之间的关系，发现客观事物的发展趋势，这三个基本功能，只有通

---

① 陈万柏、张耀灿：《思想政治教育学原理》，高等教育出版社 2007 年版，第 163—164 页。

过实证研究。思想政治教育学科属于社会科学研究，要想达到科学研究的三个根本功能，必须重视实证研究在思想政治教育学科之中的应用。且在《教育的科学研究》一书中，作者通过推理论证，实证研究在教育学如同在物理学、分子生物学、经济学中一样可用。

任何研究，都存在成效性问题，从资源有限性的角度，任何研究如果有成效，那么继续开展，如果没有成效，那么就要改变策略与方法。那么成效性怎么衡量呢？不同立场、不同视角对同一个问题的成效性衡量，都会存在着差异，那么衡量的基础就要求有科学的尺度，尽量减少主观方面的影响，那么，量化研究是通过数据与实践，对研究的结果以及影响进行量化，比如，网络舆情对人民群众思想的影响，可以通过网民在一段时间内浏览的网页、跟帖情况，进行文本数据的抓取，通过数据分析，基于相关理论基础，得出相应的结论。针对结论，根据参加测量的民众群体，基于民主群体的特点，进行有效的思想政治教育研究及实践工作，经过一段时间后，对固定的群体的网络行为进行测量，得出相应的结论，并与之前的结论做一数据化的比较，衡量此次思想政治教育是否有成效，如果有，那么可以针对此类情况，上升到理论，为今后网络舆情工作做一指导；如果没有成效，那么通过分析舆情的特点、思想政治教育的方法、内容、测量群体的特点等条件进行理性分析，及时调整相关的内容，为下一次的研究奠定基础。

（二）以马克思主义为指导，培养博士生的人文情怀，拓展研究维度

思想政治教育的目标是育人，学者拥有关心社会现实的人文情怀，才可以做出符合实际的研究，才可以真正育人。思想政治教育是国家的系统过程，也是我们每个中华民族儿女的系统过程，思想政治教育的研究也应该系统化、全局化，并增强其协同性，譬如，人从出生到死亡，根据成长地点不同，应该开展不同的思想政治教育，内容不同、方法不同、方式不同，把思想政治教育的滴灌式教育实实在在地回归到现实生活之中，使人的各个阶段，如出生、幼儿园、小学、初中、高中、大学、研究生、博士生、工作、退休、夕阳等过程，都有与其相对应的思想政治教育活动，从活动中发展出或是提炼出思想政治教育的理论化问题，使思想政治教育周而复始地系统化。而不仅仅停留在大学阶段，因为对于人这个个体而言，思想意识的形成不是一朝一夕的事情，思想意识都将是随着时间的增长、阅历的增加逐渐改变与形成的，思想意识既不是与生俱来的，也不是固定

不变的，它是一个可变项，前面提到，思想政治教育研究提供的是基本理论与方法，要与具体条件相融合才能产生有效的作用，而不是僵硬的教条主义，照搬其已有理论，要在已有理论的基础上，结合实际条件，产生与具体实践相适应的理论，这样，理论之间也会有系统，就如大树有树根、树枝与树叶一样，理论之间是有组织关系的，即学科是有系统的。所以，针对个人的教育，要注意其纵向问题，即时间的延续。而相对于国家，人是分成不同群体的，那么每个群体或有自己特有的特性，群体之间又有着明显的差异，全体人民群众都可以被归到固定的群体之中，群体的划分首先要保障每个人民群众都在其中，其次要保证群体的特征要穷尽，即分类要全，在群体划分中，要注意其横向问题，即群体之间是平等的，没有主次之分，没有重要不重要之分，譬如，如果以工作群体分，可分为工人、农民、知识分子、国家机关工作人员、中国人民解放军、自主经营者、青少年、儿童；如果以婚姻分类标准的话，可分为未婚的、已婚的、离异的、再婚的，在未婚的里面再分为城乡的、农村的，在城乡的里面再分为30 岁以下的、30—40 岁的、40 岁以上的；如果从性别上分，可分为男性、女性，性别里面又可按照年龄、社会角色等不同的类别进行详细的分类与比较；等等。在横向的分类里面，还要有纵向的因素，横纵交错，使分类完整细致，最终把我们的思想政治教育研究工作深入到每个群体之中，使我们的研究契合思想政治教育工作的原则，即一定的阶级或群体帮助人民群众形成适合社会发展步伐的思想，改变偏离社会发展的思想所进行的努力，其目的是使人民群众的思想符合社会发展的规律，以便更好地改造客观世界。思想工作与思想政治工作并不是一个概念，思想政治工作是思想工作的政治部分，主要是政治领域的意识形态方面的实践活动，但是，人的思想，或是整个社会的意识形态是错综复杂的，一切都要结合实际。思想政治教育的主要或基本内容，是受政治制约的思想教育，是侧重于思想理论方面的政治教育。

思想政治教育的研究对象是人，而人分布在社会中的各行各业之中，要想真正做好思想政治教育研究，就要发现实际问题，实际问题在思想政治教育本位，即意识形态领域的研究之外，还应该挖掘现行意识形态的影响因素，如应该与社会治理、政治认同等原因相连接，建立起多系统、全方位的联系，做到思想政治教育工作的针对性、时效性，推进主流意识形态的灌输。

抓住思想政治教育研究的内涵与外延，即把思想政治教育放在相关系统进行综合性的定位研究，也要抓住思想政治教育独一无二的学科特点，开展自己的研究。思想政治教育学是具有实践性的学科，来自于实践，又要高于并指导实践。思想政治教育学的特点和内涵决定了思想政治教育学多汲取人类文明一切有益成果，并利用马克思主义辩证唯物史观的方法论进行与时代、民族相适应的接纳与改进，指导我国思想政治教育工作。

（三）专家学者队伍建设

1. 打破校际壁垒，建设一体化的专家学者队伍。思想政治教育学科为中国共产党的事业而服务，现在从思想政治教育知识利用率的角度看，高贡献力的学者多集中分布在几所少数院校，为了促进学科的整体进步，既要充分调动高贡献力学者的个人科研积极性，还要在政策上形成高贡献力学者是整个思想政治教育学科的学术带头人，明确高贡献力学者的学科中心点定位，加强高贡献力学者对于思想政治教育研究领域的引领和指导，使思想政治教育学科在全国范围内齐头并进，使得不同学校的思想政治教育博士点既有自身特色，又有整体水平的提高。

2. 延迟思想政治教育博士生导师的退休年龄。思想政治教育研究领域高贡献力学者60%在50岁以上，40岁以下占13%，说明思想政治教育研究领域高贡献力的学者年龄偏高，这与思想政治教育学科的学科性质有关，它作为哲学社会科学体系的一员，是在对社会有深刻洞察的基础上开展研究的，而深刻的洞察力受到研究者的阅历和视野影响，是经过时间的打磨和知识的积累，才可以达到对问题的分析一针见血，在尊重学科特点的基础上，为了发挥研究人员价值最大化，应该延迟思想政治教育博士生导师的退休年龄，为学科的发展进步贡献自己的能力。

（四）博士研究生研究成果的共享

博士阶段的培养，最终代表博士生学术水平的博士学位论文，都将入教育部的平台进行统一盲审，严把论文的质量关。为了促进学术交流，且对整个学科的研究概况有比较清晰的了解，那么所有学校的思想政治教育博士学位论文，剔除涉及国家机密的论文，其他论文都应有一个统一的平台，供博士生参考，这样既可以避免重复研究，造成学术研究的资源浪费，又可以在已有研究中进行深入的研究，为博士生深化专业研究提供坚实的学术支持。

三　思想政治教育专业博士生撰写博士学位论文方面

（一）以马克思主义为指导，加强与多学科的交叉研究

习近平提出要完善我国哲学社会科学学科体系，注重交叉学科的建设，将学科设置同社会发展取得关联。马克思主义学科作为思想指导学科，我国任何其他哲学社会科学学科都是在遵循马克思主义理论的基础之上创建并完善的，马克思主义学科对其他哲学社会科学学科具有指导性，思想政治教育学科作为马克思主义理论一级学科下的二级学科，属于我国哲学社会科学学科体系的一部分，必然与我国其他哲学社会科学具有联系。为了突出我国哲学社会科学学科体系的整体性和协调性，下面从分析思想政治教育学科与其他哲学社会科学的关系入手，试图找到思想政治教育学科与其他学科的辩证统一关系。

1. 加强与艺术学科的知识借鉴与融合。从思想政治教育学的目标看，就是把人民群众培育成思想、意志、行动与党中央决策相一致的公民，也就是与统治阶级主流意识形态相一致的意识。培育要通过一定的内容和载体呈现在人民群众面前。对文艺来讲，思想和价值观念是灵魂，一切表现形式都是表达一定思想和价值观念的载体。① 文艺是人民群众喜闻乐见的思想体现方式，承担着基于时代背景下，基于人民群众的认知、情感、思想去创作作品，且将统治阶级的主流意识形态融于作品之中，对人民群众的思想意识起到引领的作用。文艺，是对人民群众进行思想政治教育的重要载体，可以从国家发展征程中，抽象提取各个阶段取得胜利的缩影，通过文艺这一载体，振奋人民群众的精神，凝聚人民群众的力量，激励人民群众合力建设祖国。文艺与思想政治教育要互相促进，以文艺形式开展思想政治教育研究和实践工作时，要遵循文艺的特点、规律，文艺是以人民为中心，文艺展现以主流意识形态为引领，思想政治教育内容以文艺展现为载体，相互协同取得凝心聚力的效果。人与动物最大的区别，就是除了物质层面的需求，还有精神的追求，把握思想政治教育的关键性要素，两者做到相辅相成，共同进步。

2. 加强与传播学科的知识借鉴与融合。思想政治教育的对象是人，是面向广大人民群众的，那么面对庞大的人民群众群体，有限的思想政治

---

① 《习近平谈治国理政》第二卷，外文出版社 2017 年版，第 351 页。

教育研究和实践的工作人员只有想办法提高工作效能来提升思想政治教育的影响面，这就要借助传播学的知识，开展思想政治教育研究的传播规律，传播分为研究者之间的传播，即知识的相互沟通协作创新；被教育者之间思想意识的传播；教育者与被教育者之间的互动传播等模式。鉴于微信、互联网等新兴媒体在人民群众中被广泛使用的基础，构成人与人之间的网络化结构，使人与人之间的信念影响从单向性变成多向性，对传统思想政治教育模式提出挑战，要在传播媒介创新的基础上，充分构建思想政治教育研究和实践新的思维模式，适应环境的改变，跟上时代的潮流，从而使思想政治教育研究和实践工作可以借助新的互联网平台进行创新性研究和工作。互联网是信息的载体，从互联网信息的价值导向挖掘出发布人，分析其特征，顺藤摸瓜地挖掘出易受影响人群的特征，有针对性地开展思想政治教育实践和研究工作，并开发出如同医学方面的疫苗，对容易受到负面价值导向影响的人群提前开展思想政治教育。时刻关注着传播领域载体的创新，从思想政治教育的研究和实践双层面进行跟进式的工作，最终目标就是把国家主流意识形态内化于人民群众心中，外化于人民群众的行动上，使人民在中国共产党的领导下坚定理想信念。

3. 加强与文化类学科的知识借鉴与融合。就思想政治教育而言，学界认为文化软实力与思想政治教育具有内在的契合性，两者相互联系、密不可分，文化软实力与思想政治教育关系研究已然成为思想政治教育学科研究的新兴领域。[①] 文化自信是"四个自信的基础"，也是思想政治教育的内在精神动力，文化是思想政治教育的重要内容，文化事业的繁荣可以丰富人民群众的精神世界。通过传播中国优秀传统文化，让人民群众了解思想政治教育的精神内涵，通过文化潜移默化的内在影响，使人民群众自愿自觉地受到主流意识形态的引领。通过文化的传播，使得融于其中的国家价值得到广泛有效的传播，中国价值代表着文化前进的方向，文化是开展思想政治教育的"土壤"，文化先进的体现，增强人民群众的信心。

4. 加强与经济类学科的知识借鉴与融合。从思想政治教育学的目标看，最终是引领人民群众进入一个人人平等的富足社会。邓小平同志强调，要把是否有利于发展社会主义社会的生产力、是否有利于增强社会主

---

① 北京大学马克思主义学院组编：《马克思主义理论学科学术发展报告（2015）》，中国人民大学出版社2016年版，第406页。

义国家的综合实力、是否有利于提高人民的生活水平作为判断一切工作是非得失的标准。① 掌握经济学的原理，熟知经济学的发展规律，结合经济学的理论对现实发展的阶段、现况的科学分析，使人民群众坚定社会主义经济制度，譬如当下，应该对我国经济发展新常态要深化理解、统一认识，认清新变化、新情况、新问题，用新办法跟上新形势，增强加快转变经济发展方式的自觉性和主动性。② 思想政治教育学科有目标性地进行由经济方面形成的人民群众思想波动、变化和发展的趋势的科学总结，有针对性地开展经济学视角下的思想政治教育学的研究和实践工作，把人民群众的思想和行动统一到党中央的认识上来。英格尔哈特认为，在最近的30 年中，生活在西方工业化民主国家的公民所持有的价值观一直是在发生变化的，这种转变同西方工业化国家经济结构的变化是息息相关的，包括从主要的制造业向高新技术的转变。且人民群众的价值观会影响到政治意识，政治学家拉塞尔·达尔顿（Russell Dalton）的四国公民价值取向的一项研究表明，后物质主义者很显然更加倾向于左翼政党，而物质主义者则更倾向于右翼政党。③ 可见，人民群众的价值观会为生活社会中的经济结构所影响，要引领人民群众的价值观，就必然要认清且深刻理解影响人民群众价值观的关键因素，做到有的放矢地进行思想政治教育研究和开展思想政治教育工作。

5. 加强与历史类学科知识的借鉴与融合。从思想政治教育的目标看，思想政治教育引领意识形态，但这种引领并不是无源之水，我们进行思想政治教育的根源是我们党从诞生到改革开放再到新时代，都是因为有成功的思想政治教育贯穿其中，使党的事业取得一个又一个的进步，我们思想政治教育有营养丰富的土壤，可借鉴历史学科的研究方法、研究视野和研究内容等知识梳理我党思想政治教育的发展历史，既可以总结成功失败的例子，也可以增强思想政治教育学施教者和受教者的自信。从近代史、现代史、革命史的角度充分了解中国的历史，更能坚定中国共产党的领导是使中国走向复兴、走进新时代的唯一正确的领导核心。马克思说："人们自己创造自己的历史，但是他们并不是随心所欲地创造，并不是在他们自

---

① 《习近平谈治国理政》第二卷，外文出版社 2017 年版，第 7 页。
② 《习近平谈治国理政》第二卷，外文出版社 2017 年版，第 234 页。
③ ［美］安东尼·奥罗姆：《政治社会学导论》，上海人民出版社 2014 年版，第 209 页。

己选定的条件下创造，而是在直接碰到的、既定的、从过去继承下来的条件下创造。"① 思想政治教育学的学科建设和实践工作，同样有其历史背景、时代背景，从过去继承下来的条件下不断结合时代特征而发展。中国近代史以来的全部历史告诉我们，中国的事情必须按照中国的特点、中国的实际来办，这是解决中国问题的正确之道。② 把我们党的思想政治教育工作从实践和理论的角度，找到学科自信，充分汲取历史发展中的营养，并把这种营养为学科所用，增强"四个自信"。充分发扬并不断增强思想政治教育学在党的事业中发挥的积极作用。

　　6. 加强其他与思想政治教育学相关哲学社会科学学科的知识借鉴与融合。从哲学社会科学的定位看，从马克思的辩证唯物主义的世界观和方法论的视角看，任何事物都不是孤立存在的，而是存在相互联系的，根据不同学科的不同定位，找出学科间相互促进的点，以点带面，形成学科间相互促进发展的良好态势。譬如，思想政治教育的对象是人，人根据不同的背景可以区分为不同的群体和层次，那么进行思想政治教育内容和形式时，就要利用心理学的相关理论知识，根据不同背景的人群的心理共同点，开展有效的思想政治教育研究和实践工作。思想政治教育的职责就是组织、引导广大群众学习、理解、认同主流意识形态的准则，实现主导意识形态的目标。③ 统治阶级为了维护其根本利益，巩固其统治，无一例外地都要坚持和发展占统治地位的意识形态，排斥和反对其他意识形态的影响与冲突。④ 思想政治教育的特质是"管"人的精神世界中较大的事情，是以政治（包括广义政治、狭义阶级政治及其历史过程）的意义规范规约思想教育、政治教育、道德规范乃至法制教育、心理健康教育等内涵边界。⑤ 做好思想政治教育的学术和实践工作，要以政治的意义运用政治学的相关理论开展思想政治教育的研究和实践工作。

　　7. 增强思想政治教育学科与相关学科的协同发展。协同发展，包含

---

① 《马克思恩格斯文集》第 2 卷，人民出版社 2009 年版，第 470—471 页。
② 《习近平谈治国理政》第二卷，外文出版社 2017 年版，第 13 页。
③ 北京大学马克思主义学院主编：《马克思主义理论学科学术发展报告》，中国人民大学出版社 2016 年版，第 358 页。
④ 郑永廷：《论社会意识形态与思想政治教育的内在联系》，《中国高校社会科学》2015 年第 6 期。
⑤ 张澍军：《论"政治"在思想政治教育中的规范规约作用——"思想政治教育观"创新探讨之二》，《东北师大学报》（哲学社会科学版）2015 年第 1 期。

着发展的协同、成效的协同、互相作用的协同。一方面，加强马克思主义理论学科体系的系统发展，即马克思主义理论一级学科下的 7 个二级学科之间的协同发展；另一方面，基于思想政治教育学科的定位和特点，加强思想政治教育学科对其他学科的渗透研究，其他学科对思想政治教育学科的体现，如果思想政治教育学科发展缓慢，将制约其他学科培养人的功能；如果思想政治教育学科发展科学化、专业化，将推进其他学科培养人的功能，学科设置最终是为了培养建设祖国的栋梁之材，思想政治教育学科培养的思想与主流意识形态相一致的人才，而其他学科相对于思想政治教育学科，更注重技能的培养，而技能需要方向的引导，我国所有学科的属性都是中国特色，这就要求思想政治教育学科切实担负起学科责任，即注重自身的科学发展的同时，融于其他学科，体现所用学科中国特色这一基本属性。

（二）增强研究的时效性

社会科学研究的最终目标是使人们生活和谐幸福，所以社会科学研究要紧跟社会的变化、时代的变化。科学研究符合马克思主义基本原理，是在继承中有所创新。而思想政治教育专业博士学位论文引用的报纸的老化率和期刊的老化率都相对时间较长，那么博士学位论文的研究对于博士学位论文所处的社会意识形态的把握相对落后，不利于形成及时指导思想政治教育实践的科学研究著作，或是说与现实存在脱节现象。针对这样的现象，要求思想政治教育的学者们要紧跟社会的变化，一方面，从实践中体察情形的变化，增强个人获取信息的敏感性；另一方面，跟紧文献变化的速度；再一方面，对于研究成果，及时发表。且透过现象抓住本质，增加研究的时效性，这也是思想政治教育学科的定位所决定的。

实现思想政治教育效果考察的标准化过程，如标准差的问题。不同地域、不同时代、不同文化等背景下，开展思想政治教育研究和实践工作，必然存在不同的内容、不同的形式。

四　增强思想政治教育有效性的监督与评价

通过思想政治教育专业博士学位论文的数据实证分析，发现研究中存在的问题，如博士学位论文撰写过程中存在的问题，具体包括部分博士生理论基础有待加强、博士学位论文成果回应社会重大现实问题不够、部分博士生信息检索能力有待提升、部分博士生的写作规范性有待提升。思想政治教育专业博士培养过程中存在的问题，具体包括研究方向的设置有待凝练、博士生的课程体系有待进一步完善、博士生导师需加强对博士生的指导。思想政治教育学科建设与发展过程中存在的问题，具体包括研究成果的影响力有待进一步提升、高层次人才队伍结构有待优化、学术资源共享有待完善、思想政治教育学科需加强与相关领域之间的学术交流。为了促进思想政治教育研究的科学化、规范化、专业化，要增强思想政治教育研究有效性的监督与评价。

结　语

　　本书旨在精细诊断我国思想政治教育学科建设现状、博士点地域分布、博士培养现状以及存在问题，进而总结思想政治教育学科建设发展的规律，为推进我国社会主义意识形态建设贡献应有的力量。通过研究得出以下结论。

　　第一，加强马克思主义理论对思想政治教育研究的指导，夯实学科理论基础。思想政治教育专业博士学位论文的参考文献数据分析显示，涉及的54所学校中，9.3%的学校的博士生没有引用过《邓小平文选》，31.5%的学校的博士生没有引用过《江泽民文选》，29.6%的学校的博士生没有引用过《列宁全集》，11.1%的学校的博士生没有引用过《马克思恩格斯全集》，20.4%的学校的博士生没有引用过《毛泽东选集》。没有马克思主义理论指导地位，容易出现研究偏差，不利于时代新人培养。因此，应当加强马克思主义理论对思想政治教育研究的指导，夯实学科理论基础。

　　第二，凝练学科研究方向，促进学科的科学化发展。思想政治教育专业博士学位论文的各种参考文献的使用率情况呈现出，参考文献的重合度非常低，期刊文献共引文程度很低，仅为理论数量的0.001%，表明期刊参考文献之间关系的稀疏和思想政治教育学科体系的零散。每篇参考文献几乎都是孤立的个体，且38696篇期刊文献仅被使用1次，占期刊参考文献的86.7%。表明思想政治教育专业博士生研究的多元。为了完善学科研究体系，推进学科的纵深发展，建议凝练学科研究方向。

　　第三，打破校际壁垒，建设一体化的专家学者队伍。通过对期刊参考文献的分析，呈现出思想政治教育领域高贡献力的学者主要集中在武汉大学、南京师范大学、中国人民大学、北京大学、复旦大学、华东师范大学、华中师范大学、中国社会科学院、中央党校、北京师范大学、东北师范大学、吉林大学、西南大学、中南大学这14所高校。为了推进学科的整体发展，建议打破校际壁垒，建设一体化的专家学者队伍，加强高贡献力学者对思想政治教育研究领域的引领和指导，使思想政治教育学科在全国范围内齐头并进，使得不同学校的思想政治教育博士点既有自身特色，又有整体水平的提高。

第四，加强与多学科交叉，以更广阔的视野开展思想政治教育研究。思想政治教育博士学位论文的著作类参考文献呈现出，高频被参考的著作除了马克思主义经典作家著作和中国主要领导人著作，主要涉及政治类、教育类、伦理类、经济学类、文化理论类的著作，而经济学类、文化理论类占比也均为1.92%，为了突出我国哲学社会科学学科体系的整体性和协调性，思想政治教育研究在坚持马克思主义理论指导、学科定位的基础上，加强与其他哲学社会科学的融合，扩大思想政治教育的研究视野，提升研究成果回应重大理论和现实问题的效力。

第五，提升思想政治教育研究者的业务素养。既要加强研究者的理论素养，也需提高信息检索素养，思想政治教育专业博士学位论文的国际期刊文献的使用率为0.77%、年鉴总库文献的使用率为0.02%、重要会议文献的使用率为0.02%、国际会议文献的使用率为0.004%。为了体现思想政治教育学研究的活力和把握问题的全面性，要增加文献种类和广度，提高对世界思想政治教育、公民教育的概况了解，吸取与消化精华为我所用，做到在世界各种思潮的交融与交锋中有中国的发声。

第六，以马克思主义为指导，完善必修课、选修课、实践课等多维度的博士生课程体系设置。思想政治教育专业博士学位论文的参考文献统计分析呈现出，807名博士生，有164名博士生没有读过《邓小平文选》《江泽民文选》《列宁全集》《马克思恩格斯全集》《毛泽东选集》《思想政治教育学原理》6册图书的任一本，占博士生的20.32%；有164名博士生只读过6册中的一本，占博士生的20.32%；121名博士生读过6册，占15%。所以为了提升博士生的理论素养，建议建立思想政治教育专业博士生核心课程包。通过选修课加强通识教育，促进多学科交叉研究。以实践课为载体，培养思想政治教育专业博士生的人文情怀，提升研究成果回应社会现实问题的效度。

第七，增强思想政治教育研究有效性的监督与评价。通过思想政治教育专业博士学位论文数据的实证分析，发现了研究中存在的问题，如博士学位论文撰写过程中存在的问题，具体包括部分博士生理论基础有待加强、博士学位论文成果回应社会重大现实问题不够、部分博士生信息检索能力有待提升、部分博士生的写作规范性有待提升。思想政治教育专业博士培养过程中存在的问题，具体包括研究方向的设置有待凝练、博士生的课程体系有待进一步完善、博士生导师需加强对博士生的指导。思想政治教育学科建设与发展过程中存在的问题，具体包括研究成果的影响力有待进一步提升、高层次人才队伍结构有待优化、学术资源共享有待完善、思想政治教育学科需加强与相关领域之间的学术交流。为了促进思想政治教育研究的科学化、规范化、专业化，要增强思想政治教育研究有效性的监督与评价。

　　以上结论使本书基本实现了预期目标。但由于本人水平能力和材料搜集的局限，仍然存在诸多不足，很多问题有待进一步加深研究，特别是对思想政治教育专业博士生的知识背景、选题背景等方面的研究比较薄弱，数据缺乏相应的"温度"，需在今后研究中深入探讨。

附　　录

附录一　思想政治教育博士学位论文来源单位相关情况表

序号	学科点成立时间	是否是一级学科点	地区	院校类别	学校	备注
1	2006	否	华东		安徽师范大学	
2	2006	是	华北	211	北京交通大学	
3	2006	否	华北	211	北京科技大学	
4	2006	是	东北	985	大连理工大学	211
5	2006	否	西南	985	电子科技大学	211
6	2006	否	东北	211	东北林业大学	
7	1998	是	东北	211	东北师范大学	
8	2006	否	华东	985	东南大学	211
9	2003	是	华东		福建师范大学	
10	2000	是	华东	985	复旦大学	211
11	2006	是	华南		广西师范大学	
12	2006	否	东北	211	哈尔滨工程大学	
13	2006	否	东北		哈尔滨理工大学	
14	2003	否	东北		哈尔滨师范大学	
15	2006	否	华北		河北大学	
16	2003	否	华北		河北师范大学	
17	2006	是	华中	985	湖南大学	211
18	2006	否	华中	211	湖南师范大学	
19	2003	是	华东	985	华东师范大学	211
20	2000	是	华中	211	华中师范大学	
21	2003	是	东北	985	吉林大学	211
22	2006	是	华东		江西师范大学	

序号	学科点成立时间	是否是一级学科点	地区	院校类别	学校	备注
23	2010	是	西北	985	兰州大学	211
24	2006	否	东北	211	辽宁大学	
25	2003	否	东北		辽宁师范大学	
26	2006	否	华东	211	南昌大学	
27	2006	否	华东	211	南京理工大学	
28	1998	是	华东	211	南京师范大学	
29	2003	是	华北	985	南开大学	211
30	2003	是	华东	985	山东大学	211
31	2003	否	华东		山东师范大学	
32	2003	是	西北	211	陕西师范大学	
33	2006	否	华东	211	上海大学	
34	2003	是	华北		首都师范大学	
35	2006	否	华东	211	苏州大学	
36	1996	是	华中	985	武汉大学	211
37	2006	是	华中	211	武汉理工大学	
38	2006	否	西北		西安科技大学	
39	2006	否	西北		西安理工大学	
40	2006	否	西北	985	西北工业大学	211
41	2006	否	西北		西北师范大学	
42	2006	否	西南	211	西南财经大学	
43	2006	否	西南	211	西南大学	
44	2006	否	西南	211	西南交通大学	
45	2006	否	西南	211	云南大学	
46	2000	是	华东	985	浙江大学	211
47	2006	是	华中	211	郑州大学	
48	2003	是	华北		中共中央党校	
49	2006	否	华中	211	中国地质大学	
50	2006	否	华北	211	中国地质大学（北京）	
51	2006	否	华东	211	中国矿业大学	
52	2006	否	华北	211	中国矿业大学（北京）	
53	2006	是	华中	985	中南大学	211
54	1998	是	华南	985	中山大学	211

附录二　培养单位的博士学位论文数量统计表

序号	文献来源	论文数量汇总	序号	文献来源	论文数量汇总
1	东北师范大学	71	28	首都师范大学	11
2	中共中央党校	39	29	郑州大学	11
3	武汉大学	33	30	西南交通大学	10
4	大连理工大学	32	31	湖南大学	9
5	中国地质大学	31	32	吉林大学	9
6	中国矿业大学（北京）	31	33	南开大学	9
7	南昌大学	29	34	中国矿业大学	9
8	山东大学	29	35	东南大学	8
9	上海大学	28	36	华东师范大学	8
10	辽宁大学	27	37	西南财经大学	8
11	北京交通大学	26	38	北京科技大学	7
12	南京理工大学	25	39	江西师范大学	7
13	复旦大学	23	40	东北林业大学	6
14	河北师范大学	22	41	云南大学	5
15	湖南师范大学	22	42	兰州大学	4
16	苏州大学	21	43	武汉理工大学	4
17	南京师范大学	19	44	西安科技大学	4
18	西南大学	19	45	西北工业大学	3
19	中南大学	18	46	中国地质大学（北京）	3
20	福建师范大学	16	47	安徽师范大学	2
21	华中师范大学	15	48	广西师范大学	2
22	电子科技大学	14	49	哈尔滨师范大学	2
23	哈尔滨工程大学	14	50	辽宁师范大学	2
24	河北大学	14	51	西安理工大学	2
25	山东师范大学	14	52	浙江大学	2
26	陕西师范大学	14	53	西北师范大学	1
27	哈尔滨理工大学	12	54	中山大学	1

附录三 思想政治教育专业博士生导师指导 博士学位论文的数量

序号	导师	文献来源	指导论文的数量	序号	导师	文献来源	指导论文的数量	序号	导师	文献来源	指导论文的数量
1	曹孟勤	南京师范大学	1	19	崔华华	西北工业大学	1	37	费艳颖	大连理工大学	2
2	陈勃	南昌大学	3	20	崔宜明	上海大学	2	38	冯刚	东北师范大学	2
3	陈成文	湖南师范大学	9	21	戴钢书	电子科技大学	8	39	傅安洲	中国地质大学	7
4	陈桂蓉	福建师范大学	2	22	戴艳军	大连理工大学	6	40	傅康生	南京师范大学	1
5	陈世润	南昌大学	6	23	戴焰军	中共中央党校	15	41	高国希	复旦大学	11
6	陈树文	北京交通大学	3	24	邓球柏	首都师范大学	2	42	高军	哈尔滨理工大学	10
7	陈文斌	东北林业大学	6	25	邓如辛	吉林大学	1	43	高军	哈尔滨师范大学	1
8	陈晓龙	西北师范大学	1	26	邓卓明	西南大学	2	44	高晚欣	哈尔滨工程大学	3
9	陈新汉	上海大学	6	27	丁三青	中国矿业大学	1	45	耿丽华	辽宁大学	1
10	陈信凌	南昌大学	1	28	丁振国	中国地质大学	5	46	宫敬才	河北大学	4
11	陈勇	中国矿业大学	1	29	董有德	上海大学	1	47	宫志峰	山东师范大学	3
12	陈勇	中国矿业大学（北京）	7	30	董云川	云南大学	2	48	辜堪生	西南财经大学	2
13	程森成	武汉理工大学	1	31	杜君	吉林大学	4	49	桂翔	中国矿业大学（北京）	1
14	程祥国	南昌大学	1	32	段若鹏	中共中央党校	11	50	郭彩琴	苏州大学	2
15	程样国	南昌大学	6	33	段治文	浙江大学	1	51	郭淑新	安徽师范大学	1
16	程早霞	哈尔滨工程大学	2	34	范军	东北师范大学	1	52	韩秋红	东北师范大学	1
17	程竹汝	上海大学	2	35	范树成	河北师范大学	5	53	韩喜平	吉林大学	2
18	池忠军	中国矿业大学	3	36	房广顺	辽宁大学	3	54	韩源	西南财经大学	3

续表

序号	导师	文献来源	指导论文的数量	序号	导师	文献来源	指导论文的数量	序号	导师	文献来源	指导论文的数量
55	韩振峰	北京交通大学	1	75	荆学民	北京交通大学	3	95	林建成	北京交通大学	4
56	韩振峰	河北大学	6	76	柯文进	中国矿业大学（北京）	6	96	刘从德	华中师范大学	2
57	何一成	湖南师范大学	8	77	赖雄麟	西安科技大学	2	97	刘海燕	中国地质大学（北京）	1
58	洪晓楠	大连理工大学	4	78	冷溶、韩振峰	河北大学	1	98	刘和忠	东北师范大学	2
59	胡伯项	南昌大学	6	79	李刚、石磊	西安科技大学	1	99	刘鸿鹤	大连理工大学	3
60	胡凯	中南大学	4	80	李桂梅	湖南师范大学	5	100	刘建军	中国矿业大学（北京）	2
61	胡树祥	电子科技大学	3	81	李浩	南京理工大学	1	101	刘军	哈尔滨工程大学	2
62	胡松	南昌大学	3	82	李建平	福建师范大学	1	102	刘克利、陈宇翔	湖南大学	2
63	胡永新	南昌大学	1	83	李建强	河北师范大学	4	103	刘克利、柳礼泉	湖南大学	1
64	黄德林	中国地质大学	5	84	李俊奎	南京理工大学	4	104	刘克利、龙献忠	湖南大学	1
65	黄蓉生	武汉大学	1	85	李康平	江西师范大学	1	105	刘魁	南京理工大学	5
66	黄蓉生	西南大学	8	86	李康平、祝黄河	江西师范大学	1	106	刘书林	中国矿业大学（北京）	2
67	黄瑞雄	广西师范大学	2	87	李萍	中山大学	1	107	刘新庚	中南大学	8
68	黄钊	武汉大学	4	88	李松林	首都师范大学	3	108	刘秀萍	北京交通大学	2
69	季芳桐	南京理工大学	5	89	李素霞	河北师范大学	1	109	刘艳红	东南大学	1
70	江秀东	陕西师范大学	1	90	李晓光	北京科技大学	2	110	刘云林	南京师范大学	7
71	江秀乐	陕西师范大学	8	91	李忠军	东北师范大学	1	111	刘则渊、戴艳军	大连理工大学	1
72	姜建成	苏州大学	8	92	李祖超	中国地质大学	4	112	刘铮	上海大学	2
73	姜树卿	哈尔滨工程大学	3	93	廉永杰	西安理工大学	2	113	刘志超	辽宁大学	2
74	蒋笃运	郑州大学	1	94	林伯海	西南交通大学	4	114	刘志刚	河北大学	1

序号	导师	文献来源	指导论文的数量	序号	导师	文献来源	指导论文的数量	序号	导师	文献来源	指导论文的数量
115	柳礼泉	湖南大学	4	135	聂月岩	首都师范大学	2	155	苏振芳、陈桂蓉	福建师范大学	1
116	龙静云	华中师范大学	7	136	彭庆红	北京科技大学	2	156	苏志宏	西南交通大学	2
117	龙献忠	湖南大学	1	137	平章起	南开大学	4	157	隋淑芬	首都师范大学	1
118	娄淑华	吉林大学	1	138	钱广荣	安徽师范大学	1	158	孙建社	南京师范大学	1
119	卢黎歌、赖雄麟	西安科技大学	1	139	秦绍德	复旦大学	1	159	孙熙国	山东大学	2
120	陆俊	北京科技大学	1	140	秦树理	郑州大学	2	160	孙迎光	南京师范大学	5
121	陆树程	苏州大学	5	141	秦在东	华中师范大学	3	161	谭世贵	南京理工大学	6
122	路日亮	北京交通大学	7	142	邱柏生	复旦大学	11	162	谭书敏	中国矿业大学	1
123	罗承选	中国矿业大学	2	143	曲建武	辽宁大学	7	163	陶倩	上海大学	3
124	罗洪铁	西南大学	6	144	曲建武	辽宁师范大学	2	164	田国秀	首都师范大学	1
125	罗映光	电子科技大学	1	145	佘双好	武汉大学	4	165	田建国	山东大学	1
126	骆郁廷	武汉大学	5	146	申来津	武汉理工大学	2	166	田霞	中国矿业大学（北京）	7
127	马永庆	山东师范大学	4	147	沈瑞英	上海大学	1	167	田秀云	河北师范大学	8
128	马云志	兰州大学	2	148	沈壮海	武汉大学	3	168	万斌、马建青	浙江大学	1
129	梅萍	华中师范大学	1	149	时立荣	北京科技大学	1	169	万光侠	山东师范大学	7
130	门忠民	陕西师范大学	4	150	史少博	哈尔滨工程大学	1	170	汪荣有	江西师范大学	2
131	孟庆瑜	河北大学	1	151	宋福范	中共中央党校	4	171	王炳林	中国地质大学（北京）	1
132	闵春发	苏州大学	6	152	苏杭	中国矿业大学（北京）	6	172	王东虓	郑州大学	4
133	穆伟山	郑州大学	1	153	苏升乾	云南大学	3	173	王凤鸣	河北大学	1
134	倪素香	武汉大学	4	154	苏振芳	福建师范大学	10	174	王景斌	东北师范大学	2

序号	导师	文献来源	指导论文的数量	序号	导师	文献来源	指导论文的数量	序号	导师	文献来源	指导论文的数量
175	王军	河北师范大学	1	195	文晓明	南京师范大学	1	215	杨晓慧	东北师范大学	12
176	王立仁	东北师范大学	10	196	吴德勤	上海大学	2	216	叶金福、秦燕	西北工业大学	1
177	王立新	南京师范大学	1	197	吴东华	中国地质大学	5	217	叶美霞	南京理工大学	4
178	王平	东北师范大学	10	198	武东生	南开大学	5	218	余仰涛	武汉大学	2
179	王淑芹	首都师范大学	1	199	项久雨	武汉大学	6	219	余玉花	华东师范大学	8
180	王淑荣	吉林大学	1	200	肖平	西南交通大学	3	220	员智凯	西北工业大学	1
181	王树荫	首都师范大学	1	201	谢晓娟	辽宁大学	7	221	袁祖社	陕西师范大学	1
182	王顺洪	西南交通大学	1	202	忻平	上海大学	1	222	臧宏	东北师范大学	2
183	王天恩	上海大学	7	203	熊建生	武汉大学	4	223	曾长秋	中南大学	4
184	王小锡	南京师范大学	1	204	徐成芳	大连理工大学	2	224	曾狄	西南财经大学	3
185	王续琨	大连理工大学	1	205	徐国亮	山东大学	3	225	詹世友	南昌大学	1
186	王学俭	兰州大学	2	206	徐建军	中南大学	2	226	张芳霖	南昌大学	1
187	王莹	河北师范大学	2	207	徐艳玲	山东大学	6	227	张骥	河北师范大学	1
188	王永友	西南大学	1	208	徐仲伟	西南大学	1	228	张锦高	中国地质大学	5
189	王跃	南京师范大学	1	209	许苏明	东南大学	4	229	张雷声	北京交通大学	2
190	王占仁	东北师范大学	1	210	许苏明、胡汉辉	东南大学	1	230	张森林	东北师范大学	1
191	王忠桥	哈尔滨师范大学	1	211	颜吾佴	北京交通大学	4	231	张澍军	东北师范大学	16
192	魏福明	东南大学	1	212	杨俊一	上海大学	1	232	张祥浩	东南大学	1
193	魏纪林	武汉理工大学	1	213	杨立英	福建师范大学	2	233	张晓燕	中共中央党校	9
194	魏晓文	大连理工大学	8	214	杨连生	大连理工大学	5	234	张耀灿	华中师范大学	2

续表

序号	导师	文献来源	指导论文的数量	序号	导师	文献来源	指导论文的数量	序号	导师	文献来源	指导论文的数量
235	张震	电子科技大学	2	241	周浩波	辽宁大学	7	247	祝福恩	哈尔滨工程大学	3
236	赵达薇	哈尔滨理工大学	2	242	周文彰	中国地质大学（北京）	1	248	祝黄河	江西师范大学	2
237	赵继伦	东北师范大学	10	243	周向军	山东大学	16	249	邹放鸣	中国矿业大学	1
238	赵山明	郑州大学	1	244	周勇	西南大学	1	250	左鹏	北京科技大学	1
239	郑永扣	郑州大学	1	245	朱贵昌	山东大学	1				
240	郑永扣、郭彦森	郑州大学	1	246	朱虹	江西师范大学	1				

附录四　每所学校不同年份的发文量

序号	文献来源	学位年度	数量汇总	序号	文献来源	学位年度	数量汇总	序号	文献来源	学位年度	数量汇总
1	安徽师范大学	2014	2	19	电子科技大学	2013	4	37	福建师范大学	2010	1
2	北京交通大学	2011	2	20	电子科技大学	2014	4	38	福建师范大学	2011	1
3	北京交通大学	2012	3	21	东北林业大学	2010	1	39	福建师范大学	2012	2
4	北京交通大学	2013	6	22	东北林业大学	2011	1	40	福建师范大学	2013	1
5	北京交通大学	2014	8	23	东北林业大学	2012	3	41	福建师范大学	2014	3
6	北京交通大学	2015	5	24	东北林业大学	2015	1	42	福建师范大学	2015	2
7	北京交通大学	2016	2	25	东北师范大学	2009	1	43	福建师范大学	2016	3
8	北京科技大学	2015	3	26	东北师范大学	2010	4	44	复旦大学	2010	1
9	北京科技大学	2016	4	27	东北师范大学	2011	8	45	复旦大学	2011	4
10	大连理工大学	2009	1	28	东北师范大学	2012	11	46	复旦大学	2012	5
11	大连理工大学	2011	2	29	东北师范大学	2013	11	47	复旦大学	2013	6
12	大连理工大学	2012	10	30	东北师范大学	2014	12	48	复旦大学	2014	7
13	大连理工大学	2013	3	31	东北师范大学	2015	15	49	广西师范大学	2014	2
14	大连理工大学	2014	5	32	东北师范大学	2016	9	50	哈尔滨工程大学	2011	6
15	大连理工大学	2015	11	33	东南大学	2014	1	51	哈尔滨工程大学	2012	5
16	电子科技大学	2010	1	34	东南大学	2015	4	52	哈尔滨工程大学	2013	3
17	电子科技大学	2011	3	35	东南大学	2016	3	53	哈尔滨理工大学	2011	2
18	电子科技大学	2012	2	36	福建师范大学	2008	3	54	哈尔滨理工大学	2013	5

序号	文献来源	学位年度	数量汇总	序号	文献来源	学位年度	数量汇总	序号	文献来源	学位年度	数量汇总
55	哈尔滨理工大学	2014	4	84	华东师范大学	2011	1	113	辽宁大学	2016	5
56	哈尔滨理工大学	2015	1	85	华东师范大学	2012	2	114	辽宁师范大学	2009	1
57	哈尔滨师范大学	2012	1	86	华东师范大学	2014	3	115	辽宁师范大学	2011	1
58	哈尔滨师范大学	2013	1	87	华中师范大学	2007	2	116	南昌大学	2010	2
59	河北大学	2010	2	88	华中师范大学	2011	1	117	南昌大学	2011	5
60	河北大学	2011	3	89	华中师范大学	2012	1	118	南昌大学	2012	4
61	河北大学	2012	2	90	华中师范大学	2013	6	119	南昌大学	2013	5
62	河北大学	2013	3	91	华中师范大学	2014	4	120	南昌大学	2014	5
63	河北大学	2014	1	92	华中师范大学	2015	1	121	南昌大学	2015	4
64	河北大学	2015	3	93	吉林大学	2010	1	122	南昌大学	2016	4
65	河北师范大学	2010	4	94	吉林大学	2011	1	123	南京理工大学	2010	2
66	河北师范大学	2011	2	95	吉林大学	2012	1	124	南京理工大学	2011	6
67	河北师范大学	2012	3	96	吉林大学	2013	2	125	南京理工大学	2012	7
68	河北师范大学	2013	1	97	吉林大学	2015	1	126	南京理工大学	2013	7
69	河北师范大学	2014	2	98	吉林大学	2016	3	127	南京理工大学	2014	1
70	河北师范大学	2015	6	99	江西师范大学	2010	1	128	南京理工大学	2015	2
71	河北师范大学	2016	4	100	江西师范大学	2011	1	129	南京师范大学	2011	1
72	湖南大学	2011	1	101	江西师范大学	2012	1	130	南京师范大学	2012	2
73	湖南大学	2012	1	102	江西师范大学	2013	1	131	南京师范大学	2013	3
74	湖南大学	2014	3	103	江西师范大学	2014	2	132	南京师范大学	2014	9
75	湖南大学	2015	3	104	江西师范大学	2015	1	133	南京师范大学	2015	2
76	湖南大学	2016	1	105	兰州大学	2014	1	134	南京师范大学	2016	2
77	湖南师范大学	2011	3	106	兰州大学	2015	3	135	南开大学	2010	1
78	湖南师范大学	2012	3	107	辽宁大学	2010	4	136	南开大学	2013	4
79	湖南师范大学	2013	2	108	辽宁大学	2011	1	137	南开大学	2014	4
80	湖南师范大学	2014	5	109	辽宁大学	2012	2	138	山东大学	2012	2
81	湖南师范大学	2015	8	110	辽宁大学	2013	2	139	山东大学	2013	3
82	湖南师范大学	2016	1	111	辽宁大学	2014	4	140	山东大学	2014	4
83	华东师范大学	2010	2	112	辽宁大学	2015	9	141	山东大学	2015	6

续表

序号	文献来源	学位年度	数量汇总	序号	文献来源	学位年度	数量汇总	序号	文献来源	学位年度	数量汇总
142	山东大学	2016	14	171	苏州大学	2013	3	200	西南交通大学	2013	3
143	山东师范大学	2007	1	172	苏州大学	2014	5	201	西南交通大学	2014	4
144	山东师范大学	2008	1	173	苏州大学	2015	2	202	西南交通大学	2016	2
145	山东师范大学	2009	1	174	苏州大学	2016	4	203	云南大学	2013	2
146	山东师范大学	2010	1	175	武汉大学	2010	8	204	云南大学	2015	2
147	山东师范大学	2011	1	176	武汉大学	2011	1	205	云南大学	2016	1
148	山东师范大学	2012	1	177	武汉大学	2012	12	206	浙江大学	2014	2
149	山东师范大学	2013	3	178	武汉大学	2013	10	207	郑州大学	2010	1
150	山东师范大学	2014	2	179	武汉大学	2014	2	208	郑州大学	2011	1
151	山东师范大学	2015	3	180	武汉理工大学	2010	1	209	郑州大学	2013	4
152	陕西师范大学	2011	3	181	武汉理工大学	2012	1	210	郑州大学	2014	1
153	陕西师范大学	2012	3	182	武汉理工大学	2013	1	211	郑州大学	2015	1
154	陕西师范大学	2013	2	183	武汉理工大学	2014	1	212	郑州大学	2016	3
155	陕西师范大学	2014	1	184	西安科技大学	2013	3	213	中共中央党校	2008	4
156	陕西师范大学	2015	5	185	西安科技大学	2016	1	214	中共中央党校	2009	2
157	上海大学	2008	1	186	西安理工大学	2010	2	215	中共中央党校	2010	4
158	上海大学	2010	5	187	西北工业大学	2014	1	216	中共中央党校	2011	6
159	上海大学	2011	5	188	西北工业大学	2015	2	217	中共中央党校	2012	4
160	上海大学	2012	3	189	西北师范大学	2010	1	218	中共中央党校	2013	7
161	上海大学	2013	4	190	西南财经大学	2011	4	219	中共中央党校	2014	5
162	上海大学	2014	4	191	西南财经大学	2012	1	220	中共中央党校	2015	2
163	上海大学	2015	3	192	西南财经大学	2013	2	221	中共中央党校	2016	5
164	上海大学	2016	3	193	西南财经大学	2014	1	222	中国地质大学	2012	4
165	首都师范大学	2011	7	194	西南大学	2011	10	223	中国地质大学	2013	6
166	首都师范大学	2013	1	195	西南大学	2012	3	224	中国地质大学	2014	11
167	首都师范大学	2014	3	196	西南大学	2013	3	225	中国地质大学	2015	4
168	苏州大学	2010	1	197	西南大学	2015	2	226	中国地质大学	2016	6
169	苏州大学	2011	2	198	西南大学	2016	1	227	中国地质大学（北京）	2015	2
170	苏州大学	2012	4	199	西南交通大学	2012	1	228	中国地质大学（北京）	2016	1

续表

序号	文献来源	学位年度	数量汇总	序号	文献来源	学位年度	数量汇总	序号	文献来源	学位年度	数量汇总
229	中国矿业大学	2010	1	235	中国矿业大学（北京）	2011	5	241	中南大学	2010	5
230	中国矿业大学	2011	2	236	中国矿业大学（北京）	2012	5	242	中南大学	2012	12
231	中国矿业大学	2013	1	237	中国矿业大学（北京）	2013	9	243	中南大学	2013	1
232	中国矿业大学	2014	3	238	中国矿业大学（北京）	2014	3	244	中山大学	2006	1
233	中国矿业大学	2015	2	239	中国矿业大学（北京）	2015	4				
234	中国矿业大学（北京）	2010	1	240	中国矿业大学（北京）	2016	4				

附录五　培养单位博士学位论文的关键词数量区间分布

序号	文献来源	最多关键词数量	最少关键词数量	序号	文献来源	最多关键词数量	最少关键词数量
1	安徽师范大学	5	4	16	河北师范大学	6	3
2	北京交通大学	10	3	17	湖南大学	6	3
3	北京科技大学	5	3	18	湖南师范大学	5	3
4	大连理工大学	7	3	19	华东师范大学	5	3
5	电子科技大学	5	3	20	华中师范大学	6	3
6	东北林业大学	5	3	21	吉林大学	4	3
7	东北师范大学	7	3	22	江西师范大学	6	2
8	东南大学	5	3	23	兰州大学	5	3
9	福建师范大学	5	2	24	辽宁大学	5	3
10	复旦大学	8	3	25	辽宁师范大学	4	3
11	广西师范大学	4	4	26	南昌大学	7	3
12	哈尔滨工程大学	5	3	27	南京理工大学	7	3
13	哈尔滨理工大学	5	3	28	南京师范大学	7	3
14	哈尔滨师范大学	4	3	29	南开大学	5	3
15	河北大学	7	3	30	山东大学	6	3

续表

序号	文献来源	最多关键词数量	最少关键词数量	序号	文献来源	最多关键词数量	最少关键词数量
31	山东师范大学	5	3	43	西南大学	5	3
32	陕西师范大学	6	3	44	西南交通大学	7	3
33	上海大学	6	3	45	云南大学	5	3
34	首都师范大学	6	3	46	浙江大学	4	3
35	苏州大学	11	3	47	郑州大学	7	4
36	武汉大学	6	3	48	中共中央党校	8	3
37	武汉理工大学	5	4	49	中国地质大学	5	3
38	西安科技大学	6	4	50	中国地质大学（北京）	4	3
39	西安理工大学	4	4	51	中国矿业大学	6	3
40	西北工业大学	5	3	52	中国矿业大学（北京）	6	3
41	西北师范大学	2	2	53	中南大学	6	3
42	西南财经大学	8	3	54	中山大学	3	3

附录六　培养单位博士学位论文题目字符数区间

序号	文献来源	题名最多字符数	题名最少字符数	序号	文献来源	题名最多字符数	题名最少字符数
1	安徽师范大学	17	16	15	河北大学	21	9
2	北京交通大学	21	8	16	河北师范大学	23	5
3	北京科技大学	22	8	17	湖南大学	19	8
4	大连理工大学	23	10	18	湖南师范大学	27	9
5	电子科技大学	20	9	19	华东师范大学	20	10
6	东北林业大学	21	13	20	华中师范大学	20	8
7	东北师范大学	22	5	21	吉林大学	29	12
8	东南大学	18	12	22	江西师范大学	21	10
9	福建师范大学	22	11	23	兰州大学	15	8
10	复旦大学	26	5	24	辽宁大学	22	6
11	广西师范大学	20	17	25	辽宁师范大学	16	16
12	哈尔滨工程大学	25	10	26	南昌大学	27	5
13	哈尔滨理工大学	23	11	27	南京理工大学	20	6
14	哈尔滨师范大学	20	20	28	南京师范大学	21	8

续表

序号	文献来源	题名最多字符数	题名最少字符数	序号	文献来源	题名最多字符数	题名最少字符数
29	南开大学	21	11	42	西南财经大学	19	12
30	山东大学	29	8	43	西南大学	20	11
31	山东师范大学	18	11	44	西南交通大学	23	11
32	陕西师范大学	29	8	45	云南大学	20	10
33	上海大学	26	6	46	浙江大学	20	17
34	首都师范大学	18	9	47	郑州大学	21	6
35	苏州大学	22	3	48	中共中央党校	21	5
36	武汉大学	23	5	49	中国地质大学	28	9
37	武汉理工大学	19	14	50	中国地质大学（北京）	14	10
38	西安科技大学	25	12	51	中国矿业大学	20	11
39	西安理工大学	12	5	52	中国矿业大学（北京）	24	10
40	西北工业大学	23	15	53	中南大学	37	11
41	西北师范大学	19	19	54	中山大学	12	12

附录七　同一所学校不同年度摘要的字符数区间

序号	文献来源	学位年度	摘要字符数之最大值	摘要字符数之最小值	极值之差	序号	文献来源	学位年度	摘要字符数之最大值	摘要字符数之最小值	极值之差
1	安徽师范大学	2014	1853	1542	311	13	大连理工大学	2013	1716	941	775
2	北京交通大学	2011	4378	3169	1209	14	大连理工大学	2014	1239	822	417
3	北京交通大学	2012	2113	1265	848	15	大连理工大学	2015	1102	931	171
4	北京交通大学	2013	2745	758	1987	16	电子科技大学	2010	1257	1257	0
5	北京交通大学	2014	2348	597	1751	17	电子科技大学	2011	2511	791	1720
6	北京交通大学	2015	2741	882	1859	18	电子科技大学	2012	1680	976	704
7	北京交通大学	2016	1352	627	725	19	电子科技大学	2013	1566	1189	377
8	北京科技大学	2015	941	650	291	20	电子科技大学	2014	2045	1156	889
9	北京科技大学	2016	1197	775	422	21	东北林业大学	2010	1451	1451	0
10	大连理工大学	2009	873	873	0	22	东北林业大学	2011	854	854	0
11	大连理工大学	2011	1029	903	126	23	东北林业大学	2012	1869	1347	522
12	大连理工大学	2012	1381	814	567	24	东北林业大学	2015	1051	1051	0

序号	文献来源	学位年度	摘要字符数之最大值	摘要字符数之最小值	极值之差	序号	文献来源	学位年度	摘要字符数之最大值	摘要字符数之最小值	极值之差
25	东北师范大学	2009	1194	1194	0	52	哈尔滨工程大学	2013	1634	1293	341
26	东北师范大学	2010	1786	1070	716	53	哈尔滨理工大学	2011	1091	850	241
27	东北师范大学	2011	2105	893	1212	54	哈尔滨理工大学	2013	1627	1016	611
28	东北师范大学	2012	2220	813	1407	55	哈尔滨理工大学	2014	2004	1160	844
29	东北师范大学	2013	4031	857	3174	56	哈尔滨理工大学	2015	1047	1047	0
30	东北师范大学	2014	2410	1100	1310	57	哈尔滨师范大学	2012	1242	1242	0
31	东北师范大学	2015	2084	617	1467	58	哈尔滨师范大学	2013	2172	2172	0
32	东北师范大学	2016	2014	1219	795	59	河北大学	2010	2819	1202	1617
33	东南大学	2014	1397	1397	0	60	河北大学	2011	2117	732	1385
34	东南大学	2015	2096	1141	955	61	河北大学	2012	1737	1541	196
35	东南大学	2016	2640	1597	1043	62	河北大学	2013	1485	1044	441
36	福建师范大学	2008	732	518	214	63	河北大学	2014	1212	1212	0
37	福建师范大学	2010	758	758	0	64	河北大学	2015	3732	2188	1544
38	福建师范大学	2011	908	908	0	65	河北师范大学	2010	3851	2931	920
39	福建师范大学	2012	1036	541	495	66	河北师范大学	2011	3068	2349	719
40	福建师范大学	2013	800	800	0	67	河北师范大学	2012	2983	2084	899
41	福建师范大学	2014	1208	489	719	68	河北师范大学	2013	3791	3791	0
42	福建师范大学	2015	1705	829	876	69	河北师范大学	2014	2926	2147	779
43	福建师范大学	2016	2425	474	1951	70	河北师范大学	2015	3026	2145	881
44	复旦大学	2010	810	810	0	71	河北师范大学	2016	2850	2053	797
45	复旦大学	2011	3055	941	2114	72	湖南大学	2011	1604	1604	0
46	复旦大学	2012	2336	861	1475	73	湖南大学	2012	2060	2060	0
47	复旦大学	2013	1918	1044	874	74	湖南大学	2014	1853	1467	386
48	复旦大学	2014	2521	746	1775	75	湖南大学	2015	1739	1373	366
49	广西师范大学	2014	2335	1817	518	76	湖南大学	2016	1312	1312	0
50	哈尔滨工程大学	2011	1632	760	872	77	湖南师范大学	2011	1403	982	421
51	哈尔滨工程大学	2012	1516	725	791	78	湖南师范大学	2012	1190	984	206

续表

序号	文献来源	学位年度	摘要字符数之最大值	摘要字符数之最小值	极值之差	序号	文献来源	学位年度	摘要字符数之最大值	摘要字符数之最小值	极值之差
79	湖南师范大学	2013	1721	1239	482	109	辽宁大学	2012	1019	555	464
80	湖南师范大学	2014	1072	592	480	110	辽宁大学	2013	1765	824	941
81	湖南师范大学	2015	1479	809	670	111	辽宁大学	2014	1567	1142	425
82	湖南师范大学	2016	805	805	0	112	辽宁大学	2015	1873	837	1036
83	华东师范大学	2010	1765	1700	65	113	辽宁大学	2016	1943	1213	730
84	华东师范大学	2011	1583	1583	0	114	辽宁师范大学	2009	1134	1134	0
85	华东师范大学	2012	1869	1861	8	115	辽宁师范大学	2011	1269	1269	0
86	华东师范大学	2014	1794	1592	202	116	南昌大学	2010	1615	1258	357
87	华中师范大学	2007	3692	628	3064	117	南昌大学	2011	1621	823	798
88	华中师范大学	2011	2385	2385	0	118	南昌大学	2012	1890	1003	887
89	华中师范大学	2012	1355	1355	0	119	南昌大学	2013	1877	943	934
90	华中师范大学	2013	2224	1159	1065	120	南昌大学	2014	1496	463	1033
91	华中师范大学	2014	1217	809	408	121	南昌大学	2015	1621	954	667
92	华中师范大学	2015	2542	2542	0	122	南昌大学	2016	1742	869	873
93	吉林大学	2010	298	298	0	123	南京理工大学	2010	830	745	85
94	吉林大学	2011	2026	2026	0	124	南京理工大学	2011	1735	815	920
95	吉林大学	2012	2442	2442	0	125	南京理工大学	2012	1728	738	990
96	吉林大学	2013	1569	1410	159	126	南京理工大学	2013	2149	878	1271
97	吉林大学	2015	1724	1724	0	127	南京理工大学	2014	1052	1052	0
98	吉林大学	2016	2229	1719	510	128	南京理工大学	2015	1000	968	32
99	江西师范大学	2010	1340	1340	0	129	南京师范大学	2011	990	990	0
100	江西师范大学	2011	1093	1093	0	130	南京师范大学	2012	1571	879	692
101	江西师范大学	2012	1707	1707	0	131	南京师范大学	2013	1814	1103	711
102	江西师范大学	2013	2208	2208	0	132	南京师范大学	2014	1659	687	972
103	江西师范大学	2014	1624	1473	151	133	南京师范大学	2015	2034	1025	1009
104	江西师范大学	2015	1895	1895	0	134	南京师范大学	2016	1604	1526	78
105	兰州大学	2014	2189	2189	0	135	南开大学	2010	1676	1676	0
106	兰州大学	2015	2757	1762	995	136	南开大学	2013	2151	1449	702
107	辽宁大学	2010	1970	1212	758	137	南开大学	2014	1597	1125	472
108	辽宁大学	2011	772	772	0	138	山东大学	2012	4328	1999	2329

序号	文献来源	学位年度	摘要字符数之最大值	摘要字符数之最小值	极值之差	序号	文献来源	学位年度	摘要字符数之最大值	摘要字符数之最小值	极值之差
139	山东大学	2013	3338	2311	1027	169	苏州大学	2011	1844	1185	659
140	山东大学	2014	4062	2660	1402	170	苏州大学	2012	1980	1507	473
141	山东大学	2015	4205	2362	1843	171	苏州大学	2013	1290	949	341
142	山东大学	2016	4563	1829	2734	172	苏州大学	2014	4220	868	3352
143	山东师范大学	2007	1897	1897	0	173	苏州大学	2015	2117	1348	769
144	山东师范大学	2008	2074	2074	0	174	苏州大学	2016	2074	1118	956
145	山东师范大学	2009	2086	2086	0	175	武汉大学	2010	2358	1330	1028
146	山东师范大学	2010	2761	2761	0	176	武汉大学	2011	2830	2830	0
147	山东师范大学	2011	3927	3927	0	177	武汉大学	2012	2359	854	1505
148	山东师范大学	2012	2867	2867	0	178	武汉大学	2013	2419	660	1759
149	山东师范大学	2013	3308	2528	780	179	武汉大学	2014	1388	1233	155
150	山东师范大学	2014	2303	1799	504	180	武汉理工大学	2010	1969	1969	0
151	山东师范大学	2015	2124	1593	531	181	武汉理工大学	2012	2552	2552	0
152	陕西师范大学	2011	2067	1148	919	182	武汉理工大学	2013	2712	2712	0
153	陕西师范大学	2012	1828	1216	612	183	武汉理工大学	2014	3928	3928	0
154	陕西师范大学	2013	1791	1533	258	184	西安科技大学	2013	1941	1484	457
155	陕西师范大学	2014	1107	1107	0	185	西安科技大学	2016	720	720	0
156	陕西师范大学	2015	1678	1061	617	186	西安理工大学	2010	1723	983	740
157	上海大学	2008	2843	2843	0	187	西北工业大学	2014	2112	2112	0
158	上海大学	2010	1998	793	1205	188	西北工业大学	2015	2512	1490	1022
159	上海大学	2011	1715	1156	559	189	西北师范大学	2010	1712	1712	0
160	上海大学	2012	1535	798	737	190	西南财经大学	2011	3152	2919	233
161	上海大学	2013	1581	755	826	191	西南财经大学	2012	2495	2495	0
162	上海大学	2014	1512	846	666	192	西南财经大学	2013	2994	2534	460
163	上海大学	2015	1824	1066	758	193	西南财经大学	2014	3083	3083	0
164	上海大学	2016	1878	1372	506	194	西南大学	2011	3044	752	2292
165	首都师范大学	2011	2028	758	1270	195	西南大学	2012	1588	1137	451
166	首都师范大学	2013	1024	1024	0	196	西南大学	2013	1551	915	636
167	首都师范大学	2014	1909	1162	747	197	西南大学	2015	2169	1632	537
168	苏州大学	2010	1663	1663	0	198	西南大学	2016	1555	1555	0

续表

序号	文献来源	学位年度	摘要字符数之最大值	摘要字符数之最小值	极值之差	序号	文献来源	学位年度	摘要字符数之最大值	摘要字符数之最小值	极值之差
199	西南交通大学	2012	2359	2359	0	222	中国地质大学	2012	5805	3898	1907
200	西南交通大学	2013	1611	1529	82	223	中国地质大学	2013	4300	2679	1621
201	西南交通大学	2014	1631	1167	464	224	中国地质大学	2014	4417	1153	3264
202	西南交通大学	2016	2130	1821	309	225	中国地质大学	2015	3679	2079	1600
203	云南大学	2013	1280	901	379	226	中国地质大学	2016	3563	1570	1993
204	云南大学	2015	1285	842	443	227	中国地质大学（北京）	2015	1406	1019	387
205	云南大学	2016	1614	1614	0	228	中国地质大学（北京）	2016	1330	1330	0
206	浙江大学	2014	1257	1000	257	229	中国矿业大学	2010	1544	1544	0
207	郑州大学	2010	2543	2543	0	230	中国矿业大学	2011	1949	1463	486
208	郑州大学	2011	2159	2159	0	231	中国矿业大学	2013	1717	1717	0
209	郑州大学	2013	2539	1408	1131	232	中国矿业大学	2014	1671	1062	609
210	郑州大学	2014	1871	1871	0	233	中国矿业大学	2015	1252	1249	3
211	郑州大学	2015	1561	1561	0	234	中国矿业大学（北京）	2010	260	260	0
212	郑州大学	2016	2285	1821	464	235	中国矿业大学（北京）	2011	1453	294	1159
213	中共中央党校	2008	2580	1722	858	236	中国矿业大学（北京）	2012	342	290	52
214	中共中央党校	2009	2480	1551	929	237	中国矿业大学（北京）	2013	414	281	133
215	中共中央党校	2010	2023	1009	1014	238	中国矿业大学（北京）	2014	393	226	167
216	中共中央党校	2011	2223	1390	833	239	中国矿业大学（北京）	2015	4369	1420	2949
217	中共中央党校	2012	3147	1004	2143	240	中国矿业大学（北京）	2016	2770	1010	1760
218	中共中央党校	2013	2056	1405	651	241	中南大学	2010	2148	790	1358
219	中共中央党校	2014	2285	1300	985	242	中南大学	2012	1977	841	1136
220	中共中央党校	2015	2661	1486	1175	243	中南大学	2013	766	766	0
221	中共中央党校	2016	1705	1032	673	244	中山大学	2006	1101	1101	0

附录八　出现在20%文章摘录中的217个词语的树状聚类图

参考文献

（一）经典文献

《马克思恩格斯选集》（第 2 卷），人民出版社 2012 年版。

《列宁选集》（第 1—4 卷），人民出版社 1995 年版。

《邓小平文选》（第 2 卷），人民出版社 1994 年版。

《胡锦涛文选》（第 1—3 卷），人民出版社 2016 年版。

《江泽民文选》（第 1—3 卷），人民出版社 2006 年版。

《毛泽东选集》（第 1、3、4 卷），人民出版社 1991 年版。

《彭真文选》（1941—1990），人民出版社 1991 年版。

《习近平谈治国理政》（第一卷），外文出版社 2014 年版。

《习近平谈治国理政》（第二卷），外文出版社 2017 年版。

（二）中文专著

［美］安东尼·奥罗姆：《政治社会学导论》，上海人民出版社 2014 年版。

Robert Paul Wolff：《哲学是什么》，重庆大学出版社 2011 年版。

艾四林、吴潜涛：《高校马克思主义理论学科发展报告（2014）》，高等教育出版社 2015 年版。

白显良：《思想政治教育的马克思主义理论基础研究》，人民出版社 2014 年版。

北京大学马克思主义学院：《马克思主义理论学科学术发展报告（2015）》，中国人民大学出版社 2016 年版。

曹清燕：《思想政治教育目的研究——基于马克思主义人学视角》，中国社会科学出版社 2011 年版。

陈大柔、丛杭青：《思想政治教育心理学》，中国大百科全书出版社 1995 年版。

陈届、张玉刚主编：《新编文献学》，军事医学科学出版社 1999 年版。

陈立思：《比较思想政治教育》，中国人民大学出版社 2011 年版。

陈万柏、张耀灿：《思想政治教育学原理》，高等教育出版社 2011 年版。

冯刚、郑永廷：《思想政治教育学科 30 年发展研究报告》，光明日报出版社 2014 年版。

郝清杰：《马克思主义理论学科博士生培养大家谈》，高等教育出版社 2017 年版。

何晓群：《多元统计分析》，中国人民大学出版社 2004 年版。

教育部思想政治工作司：《加强和改进大学生思想政治教育重要文献选编（1978—2014）》，知识产权出版社 2015 年版。

教育部思想政治工作司：《马克思主义思想政治教育经典著作选读》，高等教育出版社 2011 年版。

教育部思想政治工作司、全国高校思想政治教育研究会：《思想政治教育学科设立 30 周年高校思想政治教育创新发展研究》，中国书籍出版社 2015 年版。

金瑜：《心理测量》，华东师范大学出版社 2005 年版。

雷洪：《社会理想与精神追求——民族精神的实证研究》，人民出版社 2009 年版。

李才俊、李渝萱、李儆一：《高校"六维一体"思想政治教育机制研究》，新华出版社 2017 年版。

李合亮：《解析与建构当代中国思想政治教育的哲学反思》，人民出版社 2010 年版。

李俊奎：《思想政治教育效益论》，中国社会科学出版社 2012 年版。

李明：《R 语言与网站分析》，机械工业出版社 2015 年版。

林伟：《政治社会化与大学生理想信念教育》，浙江大学出版社 2014 年版。

罗洪铁：《思想政治教育学理论的形成和发展研究》，中国文史出版社 2014 年版。

马振清：《思想政治教育前沿问题研究》，国家行政学院出版社 2014 年版。

任强：《量化数据分析：通过社会研究检验想法》，社会科学文献出版社
2012 年版。

沈壮海：《思想政治教育发展报告 2014/2015》，高等教育出版社 2016
年版。

沈壮海：《中国大学生思想政治教育发展报告 2016》，北京师范大学出版
集团 2017 年版。

盛骤：《概率论数数理统计》，高等教育出版社 1979 年版。

宋俊成：《高校思想政治教育学科建设研究——以学科政策内容分析为视
角》，社会科学文献出版社 2017 年版。

孙弘安、王太钧：《用红色文化引领大学生思想政治教育》，中国文史出
版社 2015 年版。

孙其昂：《思想政治教育现代转型研究》，学习出版社 2015 年版。

田克勤：《中国化马克思主义概论》，中国人民大学出版社 2016 年版。

万光侠：《思想政治教育的人学基础》，人民出版社 2006 年版。

王平：《马克思主义经典著作导读（第二版）》，中国人民大学出版社
2017 年版。

王树荫：《中国共产党思想政治教育史》，中国人民大学出版社 2016
年版。

吴琼：《思想政治教育话语发展研究》，中国社会科学出版社 2017 年版。

武松、潘发明：《SPSS 统计分析大全》，清华大学出版社 2014 年版。

谢晓娟、王东红：《多学科视角下的思想政治教育研究》，中国书籍出版
社 2015 年版。

熊建生：《思想政治教育内容的结构论》，中国社会科学出版社 2012
年版。

徐子沛：《大数据》，广西师范大学出版社 2013 年版。

袁张帆：《思想政治教育语言研究》，社会科学文献出版社 2017 年版。

张雷声：《马克思主义理论学科体系建构与建设研究》，经济科学出版社
2011 年版。

张彭军：《思想政治教育理论前沿论略》，人民出版社 2015 年版。

张耀灿、徐志远：《现代思想政治教育学科论》，湖北人民出版社 2003
年版。

赵平：《定性数据的统计分析》，社会科学文献出版社 2014 年版。

周中之、石书臣：《现代思想政治教育理论与实践探微》，人民出版社
　　2009 年版。

陈志华：《坚持思想政治教育的本质属性——政治性与科学性的统一》，
　　《理论与改革》2006 年第 5 期。

胡子详、余娇：《大数据时代大学生思想政治教育载体变革及对策研究》，
　　《思想教育研究》2015 年第 2 期。

黄蓉生：《社会主义核心价值观的文化视域思考》，《中国高校社会科学》
　　2015 年第 1 期。

黄少成、傅安洲：《论思想政治教育学基本范畴与一般范畴的区别》，《湖
　　北社会科学》2015 年第 5 期。

李红革、王威峰：《新时期大学生思想政治教育体系的构建》，《吉首大学
　　学报》（社会科学版）2014 年第 3 期。

刘宏达：《当前大学生思想政治教育的几个前沿问题》，《江汉论坛》2015
　　年第 12 期。

刘新庚、张博文：《思想政治教育学科范畴体系建构的科学取向与模型设
　　计》，《学校党建与思想教育》2017 年第 13 期。

骆郁廷：《思想政治教育的本质在于思想掌握群众》，《马克思主义研究》
　　2012 年第 9 期。

吕新发、丁立磊：《社会主义核心价值观的功能与实现条件》，《思想理论
　　教育导刊》2015 年第 12 期。

钱蓉、柴英：《历史学研究现状与发展趋势》，《史学研究》2017 年第
　　10 期。

桑玉成、周光俊：《从政治学博士学位论文看我国政治学研究之取向》，
　　《政治学研究》2016 年第 4 期。

佘双好：《关于思想政治教育学科发展的战略思考》，《学校党建与思想教
　　育》2014 年第 23 期。

佘双好、邢鹏飞：《思想政治教育学科博士点建设现状与特点分析》，《思
　　想政治课研究》2014 年第 4 期。

佘双好、邢鹏飞：《关于思想政治教育专业建设和人才培养的综合研究》，
　　《思想政治教育研究》2014 年第 6 期。

佘双好、邢鹏飞：《思想政治教育本科专业建设现状、存在问题及对策建
　　议》，《思想政治教育研究》2014 年第 2 期。

宋德发：《非名牌大学如何培养出名牌博士？——周益春教授的博士生培养之道》，《学位与研究生教育》2012 年第 8 期。

苏振芳：《规范学科性质和学科特点促进思想政治教育创新发展》，《思想教育研究》2015 年第 1 期。

孙其昂：《关于思想政治教育的本质探讨》，《南京师范大学学报》（社会科学版）2002 年第 5 期。

王学俭：《融入日常生活：思想政治教育的微观建构》，《思想教育研究》2015 年第 2 期。

谢俊、齐亚菲：《用"中国梦"引领大学生的理想信念教育》，《思想理论教育导刊》2015 年第 7 期。

袁振国：《实证研究是教育学走向科学的必要途径》，《华东师范大学学报》（教育科学版）2017 年第 3 期。

张澍军：《论"政治"在思想政治教育中的规范规约作用——"思想政治教育观"创新探讨之二》，《东北师大学报》（哲学社会科学版）2015 年第 1 期。

郑敬斌、王立仁：《论思想政治教育内容体系的系统构建》，《东北师大学报》（哲学社会科学版）2012 年第 2 期。

郑永廷：《论社会意识形态与思想政治教育的内在联系》，《中国高校社会科学》2015 年第 6 期。

郑永廷、张国启：《论思想政治教育学科建设与发展》，《思想教育研究》2006 年第 2 期。

钟杨、韩舒立：《当代中国政治学科发展状况评估——基于〈政治学研究〉的文本分析》，《政治学研究》2017 年第 2 期。

邹绍清：《论大数据嵌入青年社会主义核心价值观培育的战略契合及思维变革》，《马克思主义研究》2015 年第 6 期。

（三）外文文献

JE Andrews, "An Author Co-Citation Analysis of Medical Informatics" *Journal of the Medical Library Association JMLA*, 2003, 91 (1).

LJ Ponzi, "The Intellectual Structure and Interdisciplinary Breadth of Knowledge Management: a Bibliometric Study of Its Early Stage of Development", *Scientometrics*, 2002, 55 (2).

Price, D. J. de S. , "Networks of Scientific Papers: the Pattern of Bibliograph-
    ic References Indicates the Nature of the Scientific Research Front", *Sci-
    ence*, 1965.

后　　记

　　读博对于我来说是找寻自我、发现自我、塑造自我的过程。这一切都源于王凤鸣教授，王老师带我入门，他用他的人格魅力和知识底蕴深深地影响着我，他把他的视野和胸怀落地于文章和文字，每天指引着我学习、学知识、学做人处事，让我深切地感受到学术即人生。我作为一名理科生，是王老师以特有的视野和博大的胸怀，给我找到理科生研究思想政治教育问题的切入点，几度犹豫几度彷徨，是王老师的不断鼓励，使我坚持走下来。王老师带我进入社会科学数据研究的前沿，帮我创造去清华、华南理工大学、南京大学与社科领域大数据研究的开拓者们学习的机会，使我结识志同道合的学者。王老师对我知识匮乏的包容、学术上的指点……这些点点滴滴，都成为照亮我前行的"灯"，使我变得勇敢。

　　感谢导师组张秋山教授、田海舰教授、孟庆瑜教授、吕红平教授、冯军教授、柴素芳教授、苏永生教授对本书的指导。感谢我的高中同学程志国，作为从日本留学回来的程序研发人员，几度在深夜跟我一起讨论修改本书相关的程序，为本书提供了坚实的技术保障，让想法得以变成现实。感谢台湾世新大学的庄文忠教授，给我进行计量研究方法的单独辅导。感谢我的博士同学颜士义、梁枫、滑晓军、马靖芳、贾少涵，大家在学习的过程中互帮互助。本书的产生，是集多人智慧于一体的，只是由于我自己才疏学浅，让它还存在这样或那样的问题。

　　读博的过程，除了知识的系统掌握，于我最大的收获莫过于思考问题的方式、角度的改变，对人生认知的提升，让我切身地体会到相对于有形的物质，精神、思想、意识等无形的东西才是人的灵魂，是真正区别于他人的本质物质。读博的过程，影响着我对待人生的看法，对于孩子的教育及对待身边人的态度，我确确实实地被教育了。

　　现在很享受可以这样心无旁骛地做学问的状态，愿自己至此以后永远有这样的安静时光，除了学术抑或有些人生整体架构的思考。曾经，只是单纯地喜欢数学的推理、逻辑的演绎、思维的奥秘，时至今日才明白，数学不是束之高阁的学问，它是来自于生活又广泛影响生活的学科。如今，在王老师的指导下，将数学与思想政治教育的部分内容融合在一起，对问题进行分析，应用得还有些浅显，但这是我研究的起点，我希望自己在这条路上可以越走越远，也希望为思政学科的建设尽自己的绵薄之力，我爱数学，我爱思政，它们在一起一定会产生"1＋1＞2"的效应。

　　感谢我的姥姥，她虽然在1997年离开了这个世界，但我相信她一直以另一种方式存在，在我身边陪伴着我。姥姥让我在充满爱的宽松环境下长大，为我的心灵播撒了爱的种子，使我一直怀着善念与人交往。人活在世上终有离去，那么，就把自己的生命放在自然规律中去看待，把自然规律放在自己的人生去品味。姥姥，我想您！

　　感谢我的父母，把我养育成人，在我不惑之年还帮我料理家务，让我安心地做学问，没有他们的辛勤付出，不会有我的今天。感谢我的孩子刘知源小朋友，他给了我源源不断追求进步的动力。感谢孩子的爸爸刘培培，他以他特有的视角，从大学生思想政治教育的研究和实践中给我提供了大量的信息。

　　最后，想拥抱一下我自己，作为集学生、教职工、女儿、母亲、妻子多角色于一身的人，为了保证本书进度，我每天凌晨4点前起床，本书的初稿是在医院的病床上完成的，边治疗边思考边写论文，甚至与主治医生请教沟通医学统计方面的知识。没有辛苦，只有充实，这一切都是因为我爱它，它是我精神世界的孩子，它不完美，甚至还不完整，但我有信心坚持下去，这只是一个起点。王老师的一句话常常鼓舞着我："只要下功夫，一定能出好文章！"我要在实证思政学的方向勇敢地走下去！使自己成为像王老师一样给别人带去光明和希望的人。

　　本书的出版也得益于中国社会科学出版社的支持和鼓励。感谢刘艳编辑，她对本书视如己出的认真态度和夯实的专业基础确保了本书的顺利出版。